第一卷　绪　论　　王余光　陆滢竹◎著

第二卷　先秦秦汉魏晋南北朝图书馆学史　　何官峰◎著

第三卷　隋唐五代图书馆学史　　赵　晓◎著

第四卷　宋辽夏金元图书馆学史　　钱　昆◎著

第五卷　明代图书馆学史　　熊　静◎著

第六卷　清代图书馆学史　　熊　静◎著

第七卷　民国图书馆学理论　　王莞菁◎著

第八卷　民国图书馆学教育　　郑丽芬◎著

第九卷　民国图书馆学学术团体　　王　玮◎著

第十卷　民国图书馆学学者　　李诗苗◎著

　　　　民国文献学学者　　李诗苗◎编著

国家社科基金重大项目『中国图书馆学史』（13&ZD153）结项成果

主编　王余光

副主编　熊　静　吴永贵

中国图书馆学史

第一卷

王余光　何官峰　陆滢竹　著

时代出版传媒股份有限公司
安徽教育出版社

图书在版编目（CIP）数据

中国图书馆学史. 第一卷 / 王余光主编；熊静，吴永贵副主编；王余光，何官峰，陆滢竹著. -- 合肥：安徽教育出版社，2024.5
ISBN 978-7-5748-0241-4

Ⅰ.①中… Ⅱ.①王… ②吴… ③熊… ④何… ⑤陆… Ⅲ.①图书馆学史－研究－中国 Ⅳ.①G250.92

中国国家版本馆CIP数据核字（2024）第093933号

中国图书馆学史·第一卷
ZHONGGUO TUSHUGUANXUE SHI·DI-YI JUAN

出 版 人：费世平
策划编辑：江 舟
统筹编辑：江 舟 陶忠娣
责任编辑：陶忠娣 祝 筠 陈彩霞
装帧设计：张鑫坤
技术编辑：陈善军

出版发行：安徽教育出版社
地 址：合肥市经开区繁华大道西路398号 邮编230601
网 址：http://www.ahep.com.cn
营销电话：(0551)63683012，63683013
排 版：安徽时代华印出版服务有限责任公司
印 刷：安徽新华印刷股份有限公司

开 本：710 mm×1010 mm 1/16
印 张：23
字 数：269千字
版 次：2024年5月第1版
印 次：2024年5月第1次印刷
定 价：158.00元

（如发现印装质量问题，影响阅读，请与本社营销部联系调换）

《尚书·金縢》

六彜欲神監焉小約劑萬民約也丹圖未聞或有彫器簠簋之屬有圖象者與春秋傳曰斐豹隸也著於丹書今俗語有鐵券丹書豈此舊典之遺言

耳而辟藏其不信者服墨刑爭訟罪罰刑鄭司農云謂書有謬誤不正者爲之閒藏取本刑書以正之當者開時先祭之玄謂訟訟約若宋仲幾薛宰者也辟藏開府視約書不信不如約其戶也耳讀曰刵謂殺雞取血釁其戶

六官辟藏其不信者殺之大亂謂晉文公請隧以葬者六官辟藏明罪大也六官初受盟約之貳

若有訟者則

若大亂則

司盟掌盟載之灋策殺牲取血坎其牲加書於

《老子骑牛图》　　[明]张路绘

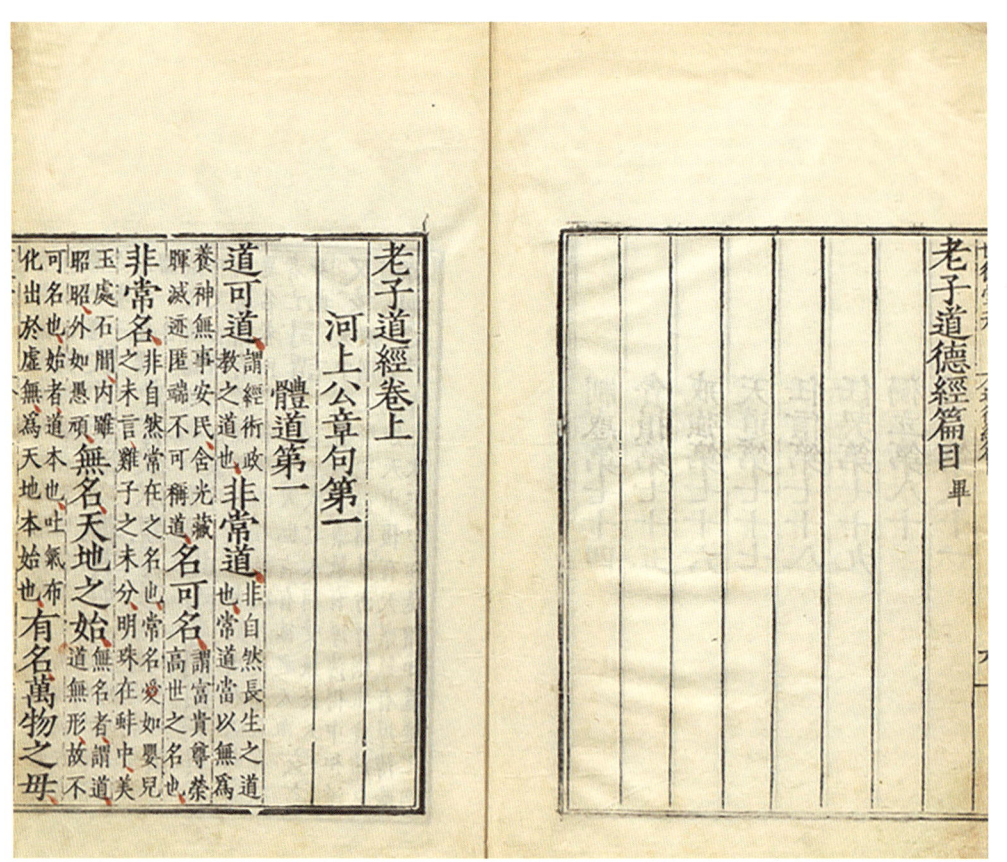

《道德经》

《先师孔子行教像》拓片　　[唐]吴道子绘

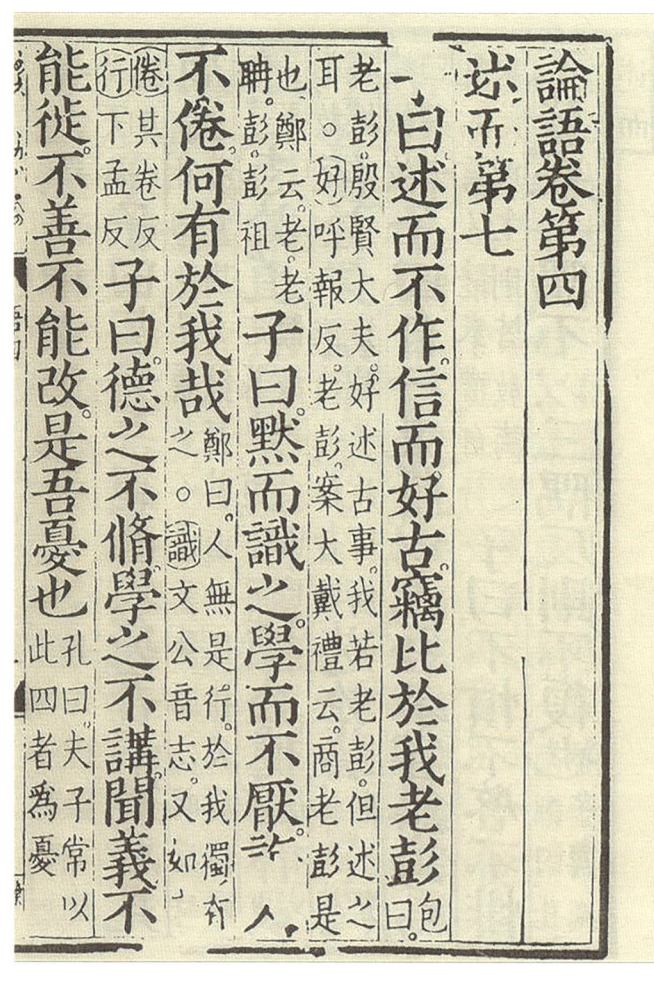

《论语集解》

韓非子卷第七

喻老第二十一　　說林上第二十二

喻老第二十一

天下有道無急患則曰靜遽傳不用故曰却走馬以糞天下無道攻擊不休相守數年不已甲冑生蟣蝨鷰雀處帷幄而兵不歸故曰戎馬生於郊翟人有獻豐狐玄豹之皮於晉文公文公受客皮而歎曰此以皮之美目為罪夫治國者以名號為罪徐偃王是也以城與地為罪虞虢是也故曰罪莫大於可欲智伯兼范中行而攻趙不已韓魏反之軍敗晉陽身死高梁之東遂卒被分漆其首以為溲器故曰禍莫大於不知足虞君欲屈產之乘與垂棘之璧不聽宮之奇故邦亡身死故曰咎莫憯於欲得故邦之存身之常富貴其可也不敢自害則邦不亡身不死故曰知足之為足矣楚莊王旣勝狩于河雍歸而賞孫叔敖孫叔

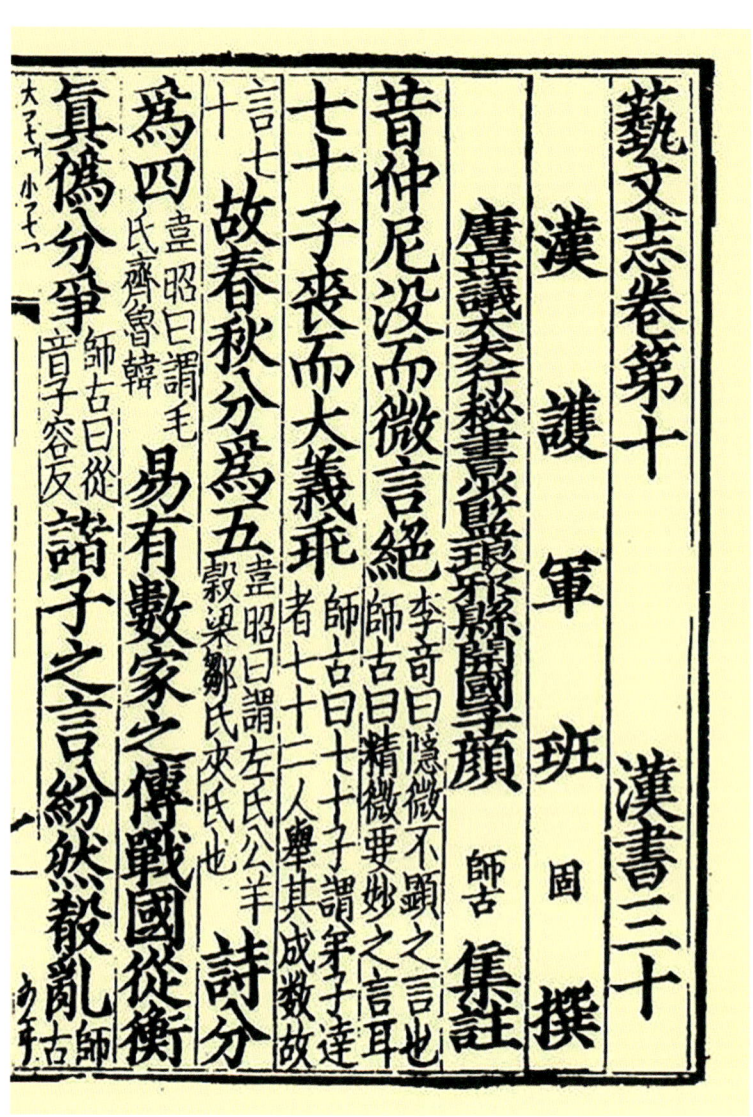

《汉书·艺文志》

 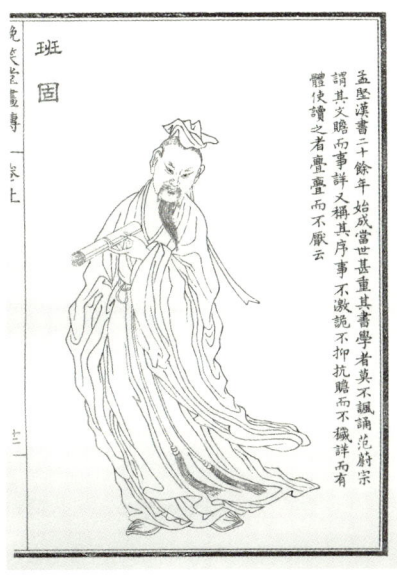

刘向像　　　　　　　　　　　　　　班固像

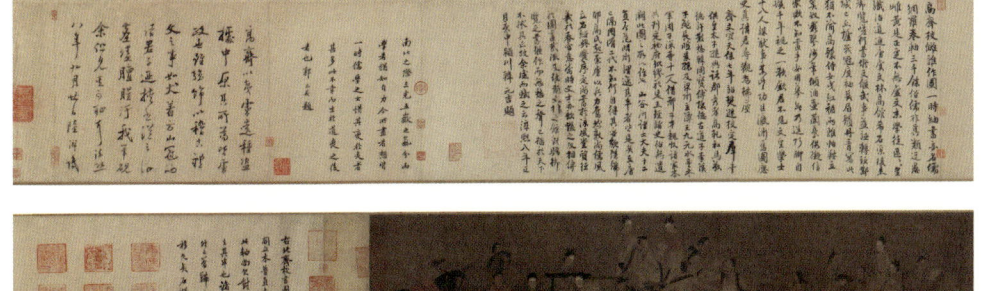

《北齐校书图》　［北朝齐］杨子华绘

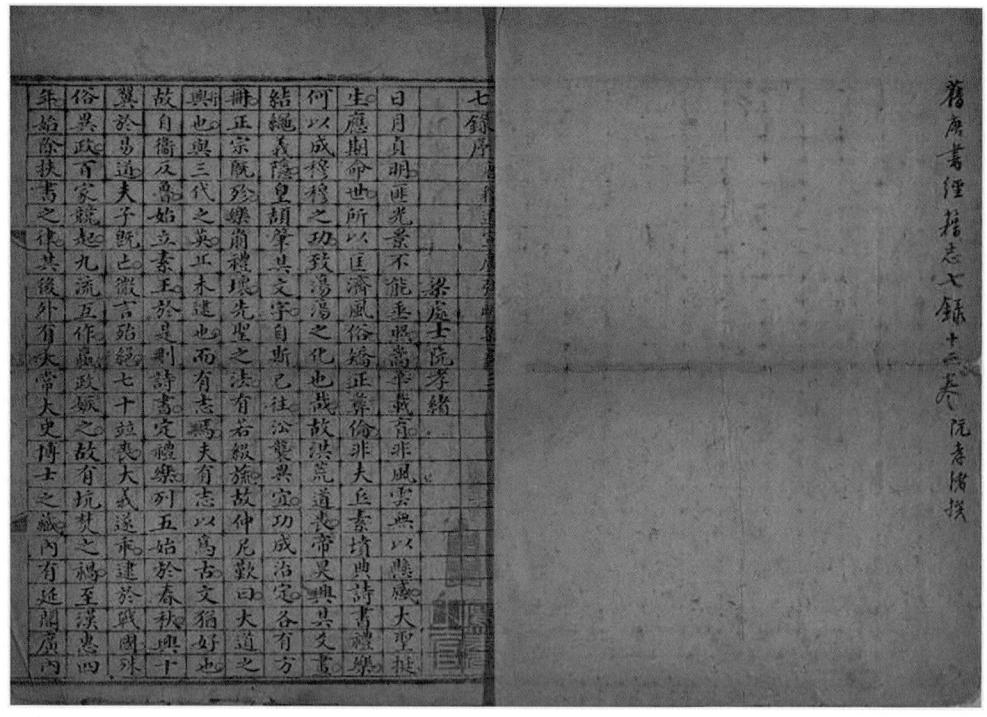

《七录序》

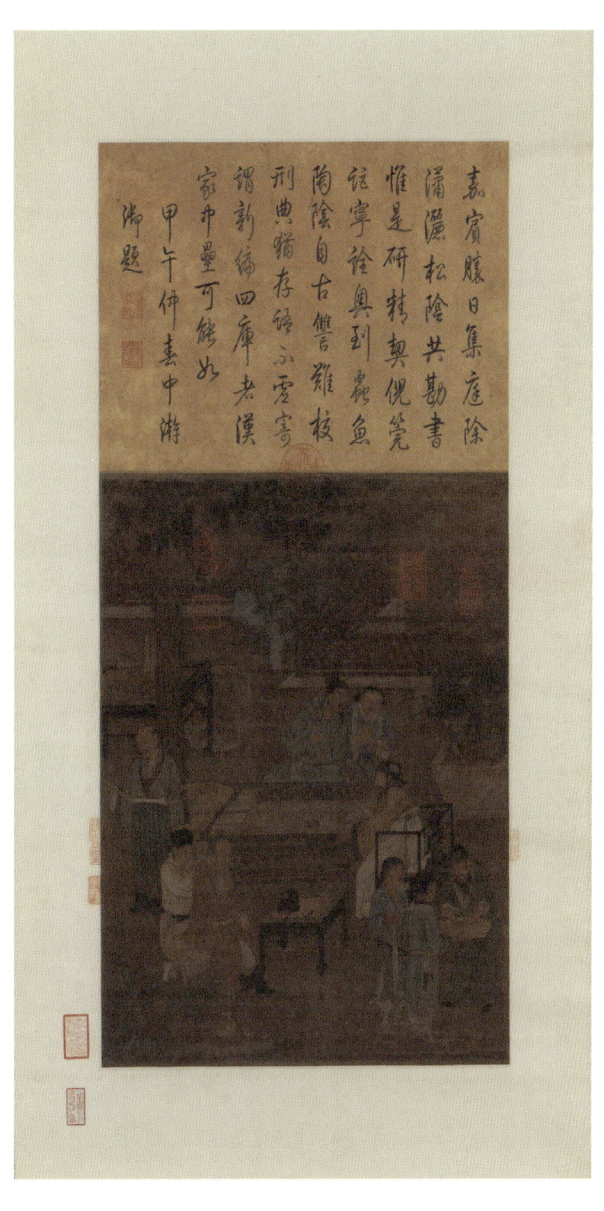

《仿宋人〈勘书图〉》　　［清］姚文瀚绘

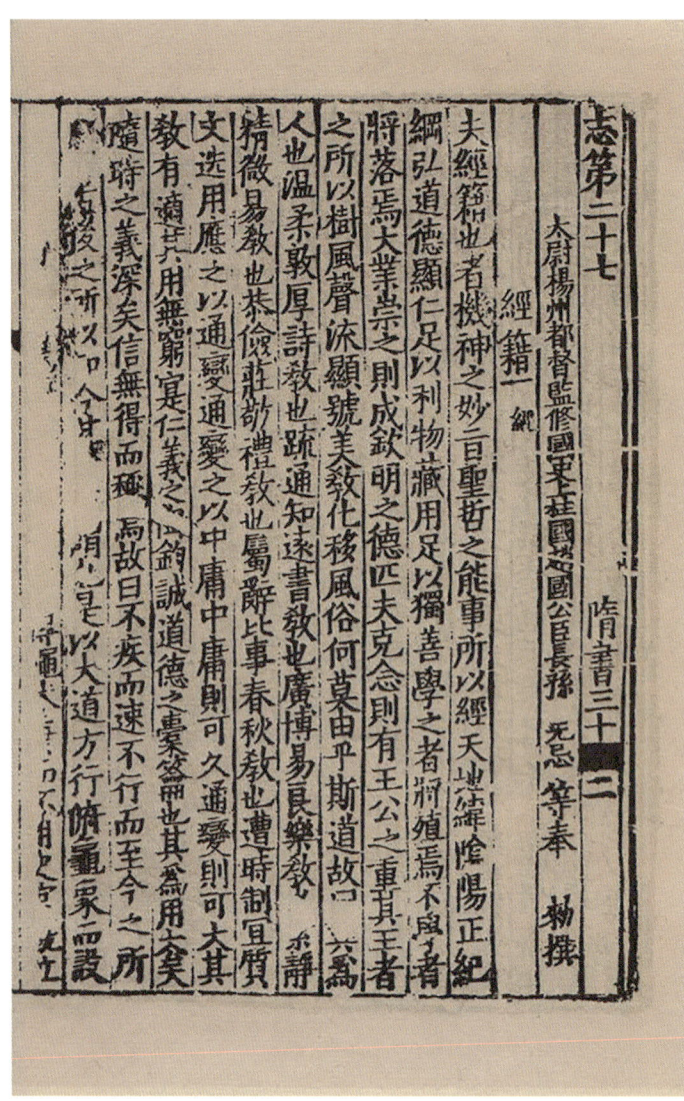

《隋书·经籍志》

麟臺故事　卷一上

紹興元年七月　朝請郎試祕書少監程　俱記

官聯

選任

官聯

國初循前代之制以昭文館史館集賢院為三館通名之曰崇文院直館至校勘通謂之館職必試而後命不試而命者皆異恩與功伐或省府監司之久次者一元豐官制行盡以三館職事歸祕書省省官自監少至正字皆為職事官至元祐中又舉試學士院人

《麟台故事》

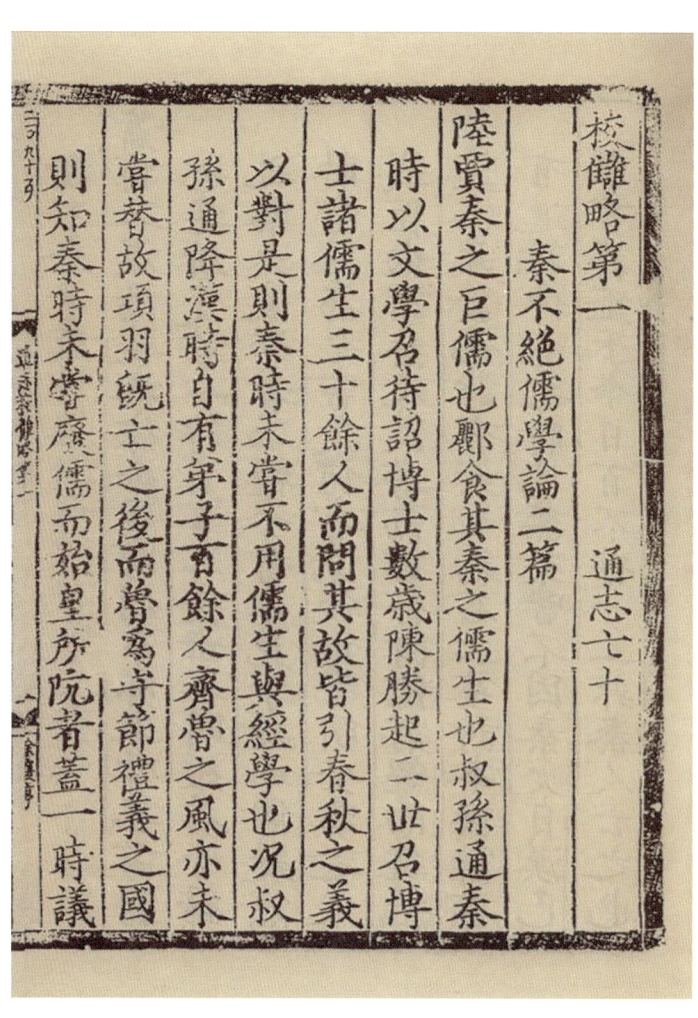

《通志·校讎略》

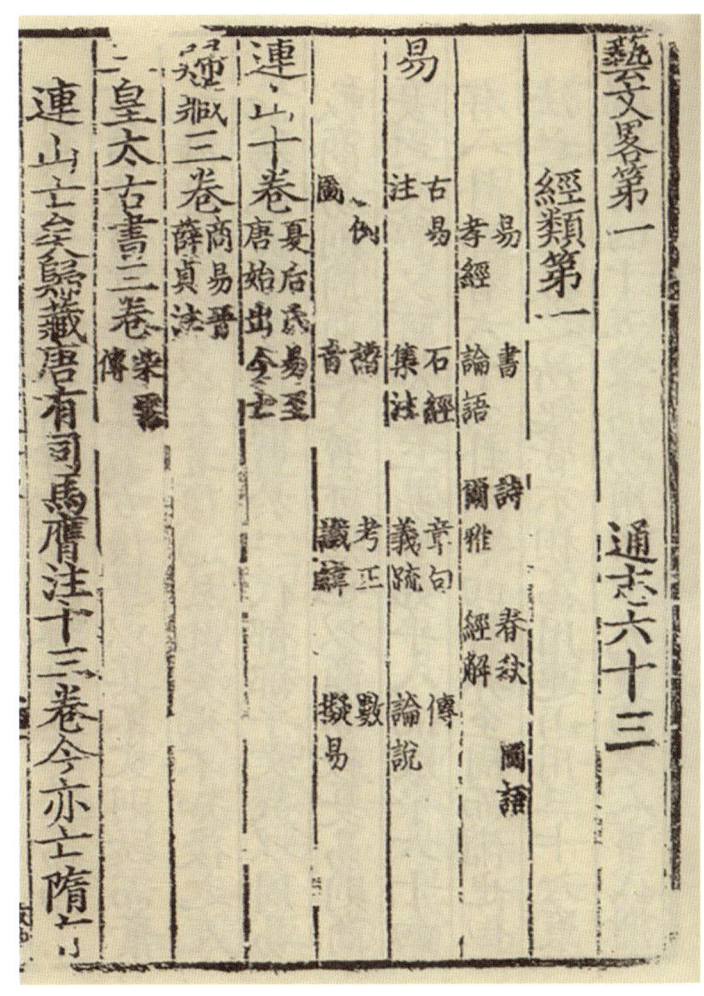

《通志·艺文略》

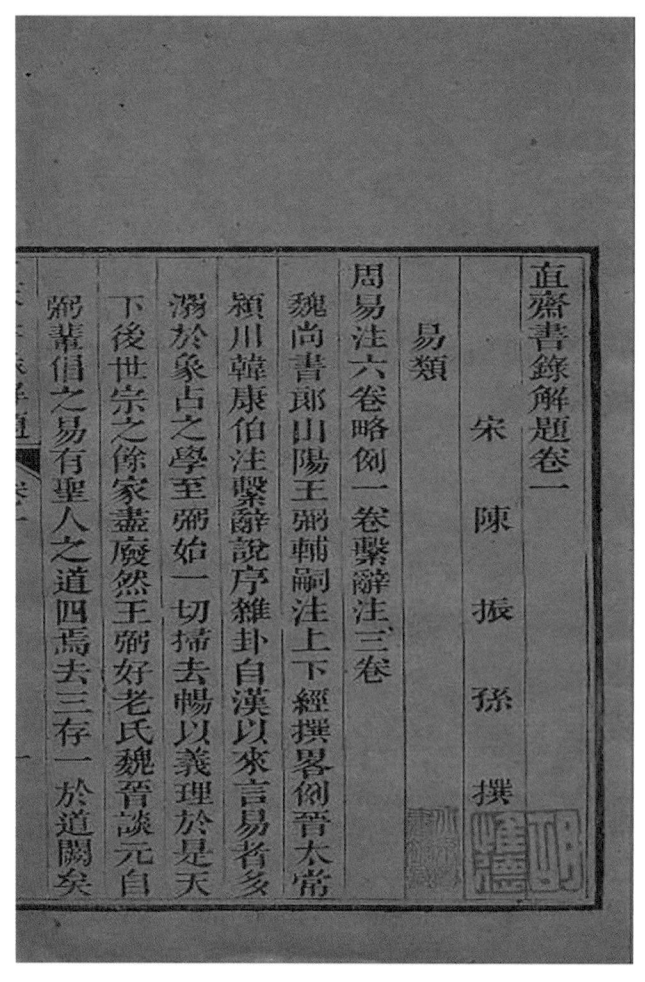

《直斋书录解题》

澹生堂藏書約

山陰密士祁承㸁著

余十齡背先君子時僅習句讀而心竊慕古通奉公在仕二十餘年有遺書五七架庋臥樓上余每入樓啟鑰取觀閱之尚不能舉其義然按籍摩挲雖童子之所喜吸笙搖鼓者弗樂于此也先孺人每促之就塾移時不下樓繼之以詞責終戀戀不能舍此束髮就婚卽內子奩中物悉以供市書之值時文士競尙秦漢語爲比耦益沾沾自喜每至童子試不前亦夷然不屑也及舞象

《澹生堂藏书约》

流通古書約

自宋以來書目十有餘種燦然可觀按實求之其書十不存四五非盡久遠散佚也不善藏者護惜所有以獨得為可矜以公諸世為失策也故入常人手猶有傳觀之望一歸藏書家無不縹緗為衣笈檀作室鑰以為常有問焉則苦無有舉世曾不得寓目雖使人致疑散佚不足怪矣近來雕板盛行煙煤塞眼挾貲入賈肆可立致數萬卷於中求未見籍如采玉深崖旦夕莫覯當念古人竭一生辛力苦成書大不易事鈔鈔千百

《流通古书约》

南雷文定卷二

遼陽靳治荊較訂

天一閣藏書記 己未

嘗歎讀書難藏書尤難藏之久而不散則難之難矣
自科舉之學與士人抱兔園寒陋十數册故書崛起
白屋之下取富貴而有餘讀書者一生之精力埋没
做紙渝墨之中相尋於寒苦而不足每見其人有志
讀書類有物以敗之故曰讀書難藏書非好之與有
力者不能歐陽公曰凡物好之而有力則無不至也
二者正復難兼楊東里少時貧不能致書欲得史畧

《天一閣藏書記》

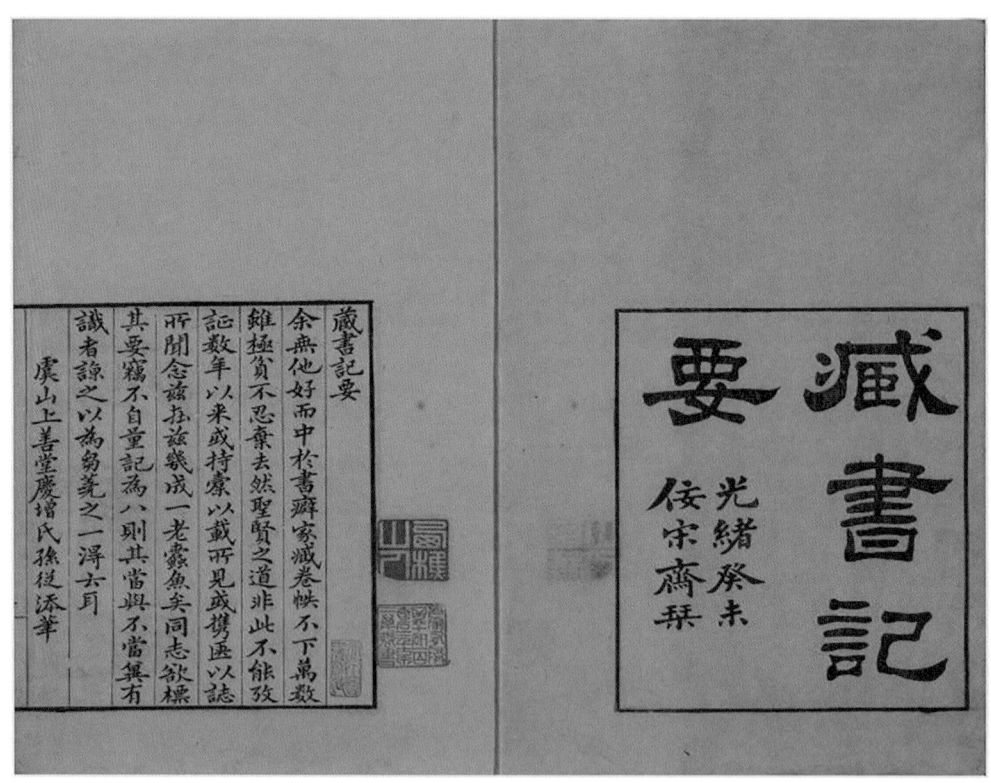

《藏书记要》

欽定四庫全書總目卷首

聖諭

乾隆三十七年正月初四日奉

上諭朕稽古右文聿資治理幾餘典學日有孜孜因思
策府縹緗載籍極博其鉅者羽翼經訓垂範方來固
足稱千秋法鑒即在識小之徒專門撰述細及名物
象數兼綜條貫各自成家亦莫不有所發明可為游
藝養心之一助是以御極之初即詔中外搜訪遺書
並令儒臣校勘十三經二十一史徧布學宮嘉惠後

《欽定四庫全書總目》

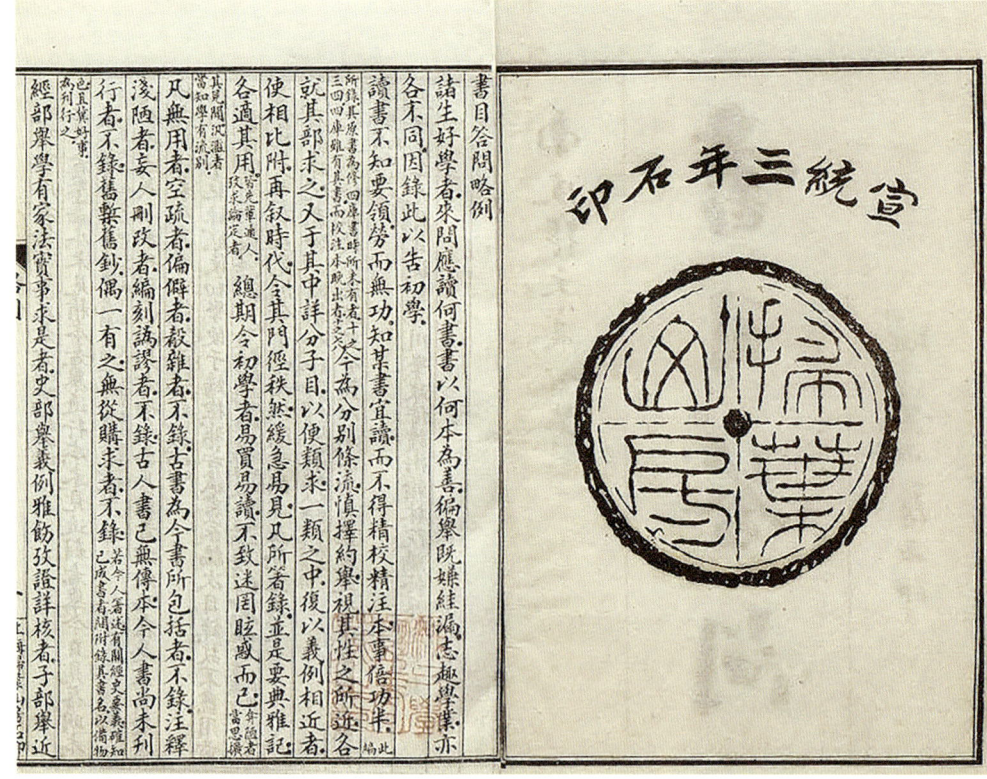

書目答問略例

諸生好學者來問應讀何書以何本為善編舉既嫌絓漏志趣學業亦各不同因錄此以告初學

讀書不知要領勞而無功知某書宜讀而不得精校精注本事倍功半

所錄其原書為傳四庫書略所未有者十之六今為分別條流慎擇約舉視其性之所近各就其部求之又于其中詳分子目以便類求一類之中復以義例相近者使相比附再敘時代令其門徑秩然緩急易見所著錄正是要典雅記

各適其用 經未編定者

總期令初學者易買易讀不致迷眩惑而已

又無用者空疏者偏僻者穀雜者不錄古書為今書所包括者不錄注釋淺陋者妄人刪改者編刻謬誤者不錄古人書已無傳本今人書尚未刊行者不錄舊槧舊鈔偶一有之無從購求者不錄

其見聞沉溺者當知學有流別不學有玟末編定者

經部舉學有家法賞罰求是者史部舉義例雅飭攷證詳核者子部舉近

《书目答问》

总　序

　　1925年，梁启超先生在中华图书馆协会成立会上呼吁，建设"中国的图书馆学"，明确指出"对于中国的目录学（广义的）和现代的图书馆学都有充分智识"之人，才能将中国的图书馆学建设成一门独立的学科，成为"中国的图书馆学"（《中华图书馆协会成立会演说辞》）。自此之后，经过几代图书馆学学人的共同努力，中国现代图书馆学走完了从孕育到成熟的发展历程。

　　中国古代藏书文化源远流长，自刘向、刘歆父子校理群书起，积累了丰富的藏书经验与整理理论；以清末西学东渐、西方图书馆学思想传入为起点，现代意义上的图书馆在中国生根发芽，一代图书馆学家完成了中国图书馆学学科体系构建的历史使命。数千年来，一代代爱书人聚书万卷、丹黄不辍，谱写了世界文化史上关于书的学问最为绚丽的篇章。

　　近百年来，数代图书馆学家筚路蓝缕，将中国传统藏书管理、整理的方法和理念，与西方图书馆学思想相结合，完成了中国图书馆学的本土化进程。在这个过程中形成的思想、理论、著作、学术流派，为学科发展作出贡献的人物，以及学科教育、学术组织、刊物等，都属于中国图书馆学学科史的重要内容。今天，我们重视学科史、学术史，既为表彰前辈学人开山辟路之功，同时也是在回顾成就的基础上，为中国图书馆学的发展厘清思路。

按照学界惯例,学术史是体现学科成熟度的重要标志。然而,中国图书馆学虽历史悠久,但学科史的研究一直比较薄弱,成果较少且叙述都较为简略,未能建立起纵贯古今的图书馆学史研究框架。2017年,四卷本《中国图书馆史》出版,填补了我国图书馆史系统性研究的空白,我担纲其中《古代藏书卷》的主编。图书馆事业与图书馆学,为一体之两面,也是我长期以来重点关注的研究领域。在爬梳史料的过程中,我深感古代藏书与近现代图书馆事业之间的紧密联系,以及建立中国图书馆学史研究体系的必要性。

随着学界同道对"中国图书馆学史"研究意义认识的不断深入,我们愈发感到推进"中国图书馆学史"研究的紧迫。因此,2013年初,笔者向国家社科基金委提交了"中国图书馆学史"重大项目选题。选题通过后,我们组建了一支由国内知名高校图情领域中青年研究者组成的团队,共同完成课题申报,并于2013年11月获得立项,项目名称就是"中国图书馆学史",项目号为"13&ZD153",该项目的预定目标就是推出一套多卷本的《中国图书馆学史》。

2014年,我们于北京大学信息管理系召开开题报告会,徐雁教授、王子舟教授、姚伯岳教授、吴永贵教授等参会,就研究计划与实施方案提出了大量切实可行的建议。课题组根据专家意见,重新修改完善了研究大纲并确定分工,正式展开中国图书馆学史的资料收集与研究工作。

经过一年多的准备,2015年11月28日至29日,课题组在北大信息管理系召开第二次全体工作会议。经过两天的讨论,会议确定了各卷的主要内容、写作大纲,讨论开列了各时期重要图书馆学学人名录,进一步明确了研究思路,课题研究转入攻坚阶段。2016

年初至 2019 年底,是各分卷按照分工独立展开研究的阶段。其间,我们多次召开小型研讨会,就各卷研究遇到的问题展开讨论,同时协调进度,统一写作思路。为保证书稿质量,2020 年元月 2 日至 3 日,课题组在北京召开第三次全体工作会议,从体例统一的角度,对各分卷初稿逐一审读并提出修改意见。2020 年 4 月底,各分卷按计划完成了初稿。经过近半年的修改,2020 年 10 月 14 日至 18 日,课题组在苏州召开结题审稿会,邀请苏州图书馆邱冠华、金德政、费巍和苏州大学李雅等专家学者与会,就审稿过程中发现的问题进行研讨。充分吸纳专家意见并对书稿进行修改后,2020 年 11 月底,"中国图书馆学史"重大课题结项报告最终定稿,并于 2021 年 3 月通过鉴定,获批结项。

我与安徽教育出版社渊源颇深,2017 年底,由我主编的十卷本《中国阅读通史》由安教社出版。在十余年"漫长"的合作中,安教社始终支持我们的工作,对作者的"拖延"保持了足够的宽容,并为出版做了大量认真细致的工作。因此,在与作者团队商议后,我们决定"再续前缘",延续我们因《中国阅读通史》而结下的良好合作关系,共同做好《中国图书馆学史》的出版工作。2021 年,安徽教育出版社将该项目的结项成果按照出版规范加以调整后,申报了国家出版基金,并于 2022 年 3 月正式获批。此后,按照国家出版基金时间要求,根据专家审读意见再次修改书稿,完善内容,打磨细节。

2023 年 10 月 14 日至 15 日,在安徽教育出版社、河南大学新闻传播学院的支持下,我们在河南开封召开"《中国图书馆学史》出版推进会",讨论了出版规范、书稿体例等问题。2024 年 3 月 14 日至 17 日,为了解决出版过程中遇到的问题,安徽教育出版社在合肥召开了一次由作者和全体责编参加的终审会,对书稿进行最后的修改。至此,基本完成全书定稿工作,最终的成果就是这套即将与读者见面的十卷本《中国图书馆学史》,目次为:

第一卷　绪论　先秦秦汉魏晋南北朝图书馆学史
第二卷　隋唐五代图书馆学史
第三卷　宋辽夏金元图书馆学史
第四卷　明代图书馆学史
第五卷　清代图书馆学史
第六卷　民国图书馆学理论
第七卷　民国图书馆学教育
第八卷　民国图书馆学学术团体
第九卷　民国图书馆学学者
第十卷　民国文献学学者

第一卷分为《绪论》和《先秦秦汉魏晋南北朝图书馆学史》两部分。《绪论》重点解决中国图书馆学史研究中的重要理论问题,阐释我们对中国图书馆学、图书馆学史等基本概念的理解,梳理前人研究成果,确立研究的疆域与边界,构建全书总体框架,为后续研究奠定基础。按照我们的理解,中国图书馆学既应包括西学东渐、近代学术转型以来,西方图书馆学思想本土化后的成果,更应继承古代藏书整理的经验、方法、理论。近代学科体系的突出特征,就是分科越来越细,交叉越来越多。在近代学科体系建立的过程中,许多原本有密切联系的知识门类独立为专门的学科,图书馆学与文献学就是其中的代表,但从学术史的角度看,相关学科之间的客观联系是无论如何不应被忽视的。因此，在对前人研究成果进行梳理时，我们将之分为图书馆学与文献整理学两部分，以求更为全面地展现本领域的既有进展，帮助我们厘清思路，提炼重点研究问题。

从《先秦秦汉魏晋南北朝图书馆学史》至《清代图书馆学史》，属于中国图书馆学史的古代部分。我们认为，中国古代关于藏书的文化传统，是滋养中国图书馆学发生、发展的土壤，而系统的西方学科理论，奠定了中国图书馆学学科化、体系化的基石。中国古代藏书文化中关于藏书建设、整理、管理的思想与方法，是中国图书馆学的重要内容，也是"中国的图书馆学"的文化土壤与特色所在。因此，我们按照时间顺序将古代图书馆学划分为五个时段，分论每个时段图书馆学的历史发展、主要成就、代表人物，重点梳理各时段藏书管理与藏书整理思想、理论。具体内容有：古代藏书管理的思想与方法，即古代藏书收集、保存、利用等相关经验的总结；古代藏书整理的思想与方法，重点放在分类、编目、版本等藏书整理实践中总结的方法和理论。

民国是中国图书馆学学科体系建立的关键时期，有对传统藏书经验和理论的总结与继承，更有随近代学科体系建构而形成的新领域、新思想；也是中国图书馆学发展的关键阶段，在形塑学科体系结构、引领学科发展方向等方面产生了深远影响。此外，这一时期学人、著作不断涌现，学术团体、学科教育等学术建制的萌芽与成熟对于学科发展意义重大，同样应当进入学术史的范畴。而学人、著作是学术史的"主角"，以人为纲，学案体的写法更利于展现学派、学术发展之内在关联。故中国图书馆学发展至民国以后，有必要对其进行进一步的细分，以契合民国图书馆学在中国图书馆学史上的重要地位。在写作思路上，采用总分式结构。以一卷的篇幅总论民国图书馆学的发展背景、理论进展、学科建制；再以四卷的规模，择取民国图书馆学教育、学术团体、图书馆学与文献学学者等不同侧面，多维度展现民国图书馆学的发展面貌与主要成就，力求揭示近代中国图书馆学学科建构与转型的路径及其发展的内在机理。

"中国图书馆学史"的研究过程中，我的研究生、博士后也参与了课题讨论，从中选取相关论题撰写论文，为课题积累了丰富的前期成果和研究资料。由于工作变动，其中部分成员没有参与书稿的撰写，在此对他们的付出表示感谢。他们是北京大学范凡、许欢、张慧丽、李世娟、衡明明、张婵娟，清华大学王媛，中国人民大学王丽丽，河北大学赵元斌，青岛大学刘悦。

需要说明的是，在中国图书馆学史研究领域，许多基本概念尚存争议，学科史的研究框架与内容亦无成例可循，本书的观点仅代表一家之言。限于学力、时间，疏漏之处在所难免，诚盼学界同人不吝批评，就书中涉及的问题与我们展开讨论。

对学科史研究的重视，是学科发展到一定程度之后的学术自觉。对几千年来中国图书馆学成就的系统梳理，能够帮助我们找寻图书馆学史闪耀的思想光芒，确认值得今天借鉴的精神成果。当前图书馆学的发展也需要我们时常回望来路，通过反思历史，审视今天的问题，厘清前进的方向。当前，随着国民经济的快速发展，中国图书馆事业突飞猛进，取得了令世界瞩目的成就，图书馆是重要文化设施的理念深入人心。然而，与事业发展相伴的是图书馆学学科及其教育发展面临的困境。一方面，信息技术的革新赋予了以图书馆学为代表的信息学科无限的想象空间；另一方面，与现实脱节，对事业发展重大现实问题回应力不足，以及由此而生的关于学科必要性、独立性的悲观情绪，正在学科内部蔓延。历史总是相似的，如今，中国的图书馆学又走到了一个需要选择何去何从的关口。我们梳理图书馆学学术史时，不仅要铭记前辈先贤为构建学科作出的努力与贡献，更重要的是从历史经验中汲取养分，对今天的图书馆事业、图书馆学发展进行深入思考，厘清思路、拓展视野，透过纷繁的现象，为中国图书馆学未来的发展作出正确的道路选择。这也是时代赋予当代图书馆学学人的重大使命与责任！

十卷本《中国图书馆学史》的出版，仅是我们为上述目标所作的初步努力，而学术史的完善，仍需更多关心图书馆学的发展、深入理解"中国的图书馆学"内涵的学者共襄其事。我相信，图书馆是人类文明生活的"第二起居室"；中国的图书馆学，将有一个光明的未来！

是为总序。

王余光

2024年4月于北京

绪论

引 言 / 3

第一章 / 5
中国图书馆学的内涵

第一节　什么是中国图书馆学？/ 6

第二节　中国古代有图书馆学吗？/ 9
　　一、关于古代图书馆学的论争 / 9
　　二、藏书事业与古代图书馆学的关系 / 12
　　三、古代图书馆学的主要内容 / 16

第三节　图书馆学与相关学科的关系 / 18
　　一、与古典文献学的关系 / 19
　　二、与目录学的关系 / 21
　　三、与藏书学的关系 / 22
　　四、与版本学的关系 / 23

第二章 / 24
中国图书馆学史的基本理论问题

第一节　为什么要研究中国图书馆学史？/ 24

第二节　中国图书馆学史的研究对象与内容 / 27
　　一、研究对象 / 27
　　二、研究内容 / 28

第三节　中国图书馆学史的研究思路 / 30

第三章 / 33
中国图书馆学史研究进展

第一节　中国图书馆学史综合研究进展 / 33
　　一、主题分析 / 34
　　二、研究趋势 / 45

第二节　中国图书馆学史理论研究进展 / 46
　　一、主题分析 / 47
　　二、研究趋势 / 55

第三节　中国图书馆学史专题研究进展 / 56
　　一、古代图书馆学学人研究进展 / 56
　　二、民国图书馆学学人研究进展 / 68

第四章 / 95
中国文献整理学科研究进展

第一节　文献整理理论研究 / 95
　　一、文献整理研究综论 / 95
　　二、古籍整理的经验与方法研究 / 97

第二节　文献整理分支学科研究进展 / 99
　　一、校勘学研究 / 99
　　二、目录学研究 / 103
　　三、版本学研究 / 127

第三节　专科文献整理与研究 / 131
　　一、方志文献整理与研究 / 131
　　二、民族文献研究 / 137
　　三、其他 / 141

第四节　文献史与文献学家研究 / 144
　　一、文献史研究 / 144
　　二、文献学家研究 / 146

第五章 / 150
中国图书馆学史的研究框架与主要内容

第一节　中国图书馆学发展的历史阶段 / 150
　　一、前人对中国图书馆学历史分期的观点 / 151
　　二、对各种历史分期观点的分析 / 153
　　三、中国图书馆学的历史分期 / 156

第二节 《中国图书馆学史》的框架与内容 / 159

一、《中国图书馆学史》的写作框架 / 159

二、《中国图书馆学史》的主要内容 / 161

先秦秦汉魏晋南北朝

引 言 / 175

第一章 / 177
先秦秦汉魏晋南北朝时期藏书发展的社会历史背景

第一节 时代背景 / 177

一、先秦时期 / 177

二、秦汉时期 / 178

三、魏晋南北朝时期 / 179

第二节 技术变迁 / 180

一、图书文献载体变迁 / 180

二、图书文献形态变迁 / 183

第二章 / 186
藏书聚散与访求

第一节 书厄与藏书聚散 / 186

一、书厄的文献记载 / 186

二、五大书厄 / 189

第二节　图书访求及其文化史意义 / 193
　　一、图书访求的简要历史 / 194
　　二、"求书"之文化解释 / 197

第三章 / 201
图书机构及藏书实践

第一节　官府藏书 / 202
　　一、先秦时期 / 202
　　二、秦代 / 208
　　三、汉代 / 210
　　四、魏晋南北朝 / 213

第二节　私家藏书 / 217

第三节　佛寺、道观藏书 / 226
　　一、佛教藏书与佛经目录编纂 / 226
　　二、道教藏书与道经目录编纂 / 229

第四章 / 233
先秦重要学者及论著

第一节　《尚书·金縢》"纳册于金縢之匮中" / 234

第二节　《周礼》"辟藏"说 / 235

第三节　老子"周守藏室之史" / 238

第四节　孔子"治书" / 239

第五节 韩非"藏书" / 242
　　一、韩非"藏书"的概念 / 243
　　二、"图书"概念 / 244

第五章 / 245
刘向《别录》、刘歆《七略》

第一节 刘向《别录》/ 245
　　一、刘向和《别录》/ 245
　　二、刘向校雠学贡献和影响 / 247

第二节 刘歆《七略》/ 254
　　一、刘歆和《七略》/ 254
　　二、刘向、刘歆目录学贡献和影响 / 256

第六章 / 261
班固《汉书·艺文志》

第一节 班固《汉书·艺文志》/ 261
　　一、班固生平及著述 / 261
　　二、《汉书·艺文志》/ 263

第二节 《汉书·艺文志》的目录学内容 / 265
　　一、《汉书·艺文志》的基本结构和体例 / 265
　　二、《汉书·艺文志》分类体系及类名 / 271

第三节 《汉书·艺文志》的目录学贡献和影响 / 274
　　一、创立史志目录 / 274
　　二、目录编撰方法的继承与发展 / 275
　　三、对后世目录的影响 / 276
　　四、贡献和评价 / 279

第七章 / 282
王肃、萧绎的藏书管理思想

第一节 王肃《论秘书丞郎表》《秘书不应属少府表》 / 282
　　一、王肃生平及著述 / 282
　　二、王肃图书馆学思想 / 284

第二节 萧绎《金楼子·聚书》《金楼子·著书》 / 286
　　一、萧绎生平及著述 / 286
　　二、萧绎的聚书 / 288
　　三、萧绎目录学思想 / 291

第八章 / 295
荀勖、李充的藏书分类思想

第一节 荀勖《中经新簿》 / 295
　　一、荀勖生平及著述 / 295
　　二、《中经新簿》 / 296
　　三、荀勖目录学思想的特点和贡献 / 299

第二节　李充《晋元帝四部书目》/ 303
　　一、李充生平及著述 / 303
　　二、《晋元帝四部书目》及其分类
　　　　思想 / 303

第九章 / 306
王俭、阮孝绪的目录学思想

第一节　王俭《七志》/ 306
　　一、王俭生平及著述 / 306
　　二、王俭目录学思想 / 307
　　三、王俭目录学思想观点的贡献
　　　　和影响 / 314

第二节　阮孝绪《七录》/ 315
　　一、阮孝绪生平 / 315
　　二、阮孝绪目录学思想 / 316
　　三、阮孝绪目录学思想的影响 / 325

主要参考文献 / 327

索引 / 340

绪论

引 言

中国图书馆学是什么，是一个至今尚无定论的问题，不同时期、不同学术背景的学者曾对此提出过大为相异的看法。这固然会给我们认识学科本质带来一些困扰，但从另一个方面来看，未尝不在说明图书馆学有着旺盛的生命力，能够随着时代发展而不断更新自己的内容。著名图书馆学家阮冈纳赞曾说，"图书馆是一个生长着的有机体"，这句话用来形容图书馆学之发展，亦未尝不可。

在此，我们无意分剖种种关于图书馆学、图书馆学史概念及内涵论述之正误，而是在广泛吸收前人成果的基础上，给出一个较为宽泛的定义。然后，以此为基础界定图书馆学史研究的内容与框架，从时间和空间两个维度，全面系统地梳理中国图书馆学前进道路上取得的成就和中国图书馆学为学术发展作出的理论贡献。至于中国图书馆学发生发展的社会文化环境、总体和阶段特征等宏观理论问题，在前人的综论性著作中已多有涉及，如吴慰慈先生多次再版的《图书馆学概论》、王子舟先生的《图书馆学是什么》等，感兴趣的读者可参看。

本书绪论的主要内容是简要地阐释我们对中国图书馆学史基本

理论问题的认识，并简要梳理各阶段图书馆学发展的基本史实和主要成就，以便读者对全套书的内容有一个框架性的了解。

第一章

中国图书馆学的内涵

中国图书馆学的历史发展是本书的研究对象,但图书馆学是什么,是一个长期争论不休的话题。学者关于中国图书馆学内涵的界定,随时代发展、学术环境的变迁而不断发展变化,而究其本质,种种观点争论的焦点主要集中在两方面:一是图书馆事业与图书馆学的关系;二是图书馆学起源的时间,亦即中国古代有没有图书馆学。而上述两个问题,实为一体之两面,存在互为因果的关系,也是本章我们要重点讨论的论题。

第一节 什么是中国图书馆学?

作为名词的"图书馆学",毫无疑问属于舶来品。1807年,德国学者马丁·施雷廷格(1772—1851)首次使用了"图书馆学"这一概念,并且提出图书馆学研究是"符合图书馆目的的整理方面所必要的一切命题的总和"[①],即图书馆学的研究对象以图书馆的图书形式特征的整理为重点,这一观点被后来的学者称为"整理总和说"。19世纪后期,随着工业发展和城市化水平的提升,西方国家掀起了一场公共图书馆建设浪潮,为了满足事业发展的需要,出现了以图书馆经营管理为主要研究对象的"图书馆管理说"。1887年,美国学者杜威(1851—1931)在哥伦比亚大学创办世界上第一所图书馆学院;1930年,芝加哥大学在卡内基基金的资助下开设第一个图书馆博士班课程,标志着图书馆学正式成为一门独立科学。

我国学者对图书馆学概念的引入与讨论始于20世纪20年代初期。1923年,杨昭悊在《图书馆学》一书中引用德国马叶氏《百科辞书》对图书馆学的定义,认为"图书馆学是把关于图书馆的理论和技术的知识,总和为有系统的研究"[②]。1926年,杜定友在

[①] 王子舟:《图书馆学是什么》,北京大学出版社,2019年,第20页。
[②] 王子舟:《杜定友和中国图书馆学》,北京图书馆出版社,2002年,第49页。

《图书馆学的内容和方法》中引用美国学者麦耶（H. B. Meyer）的一段话给图书馆学下定义："图书馆学是人类学问中的一部份。专研究人类学问记载底产生、保存与应用。"① 上述观点代表了我国图书馆学理论体系建立初期学者对图书馆学学科内涵的认知，就此开启了近百年来学界关于"图书馆学是研究什么的"这一问题的论争。随着图书馆事业发展和社会环境的变化，学界对图书馆学研究对象的争论从早期的"整理总和说""图书馆管理说""图书馆事业说"到后来的"文献交流说""知识交流说""信息资源说""知识集合论"等②，可谓众说纷纭、莫衷一是。我们无意对上述诸说展开评议，学科的研究对象与内容本就应当随着时代变化而不断发展，这是学科生命力的体现。从学术史的角度看，人们在各个时期关于学科内涵的争论与探讨，以及在不同认知视域下对学科相关内容的研究，都应被纳入学术史研究范畴。这里我们只想对中国图书馆学这一概念稍作界定。

首先需要明确的是，中国图书馆学是图书馆学的组成部分，这就决定了其性质既要符合图书馆学的一般定义，更要展现中国图书馆学发展之独有特征。对此，近百年前的中国图书馆事业与学术先驱已有十分清醒的认识。

中国图书馆学重要奠基人，"新图书馆运动"的有力推动者和参与者，被后世学人誉为"北刘南杜"的刘国钧、杜定友二位先生，对此也有类似的认知。杜定友在《图书馆学的内容和方法》中说："图书馆学成为专门科学，也非一朝一夕偶然间事。在我国历史上看来，自从周室之守藏史老聃起，已有藏书之官。汉刘向、刘

---

① 杜定友：《图书馆学的内容和方法》，《教育杂志》1926 年第 9 期。
② 王子舟：《图书馆学是什么》，北京大学出版社，2019 年，第 19—33 页。

歆起,就有目录之学。班固因《七略》而作《艺文志》,其后各代正史每附有经籍志。其他如郑樵的《校雠略》,章学诚的《校雠通义》,也都是研究图书馆学的成绩。历来中国学者,凡是饱学之士,没有不研究目录、版目之学。可见图书馆学在中国本来是发达很早,而且是很普遍的。"① 无独有偶,刘国钧在《什么是图书馆学》一文中同样提出:"图书馆学就是关于图书馆的科学。也就是研究图书馆事业的性质和规律及其各个组成要素的性质和规律的科学。"② 并进一步阐释:"在图书馆学领域内,各个科目的发展是不平衡的。有的已有上千年或几百年的历史,有的才有几十年的研究,有的才开始研究。举例来说:目录学,包括版本学和校勘学,至迟在南宋就已成立而且早为学者们所承认了;但是图书管理学只是近百年来才发生的,在我国不过三四十年的历史;而关于读者的研究,无论中外,直到近年才开始。在图书管理学中,各部分的发展也是不平衡的。分类和编目的研究随着目录学的发生就已发生了。但采购、流通、推广等等到最近几十年才成为专门研究的对象。"③

综合前人观点,我们认为,从学术史的维度来看,中国图书馆学是在我国古代藏书文化的哺育下,在充分吸收西方图书馆学理论的基础上得以最终确立的。中国古代关于藏书的文化传统,是滋养中国图书馆学发生、发展的土壤,而系统的西方学科理论,奠定了中国图书馆学学科化、体系化的基石。中国图书馆学的发展历程,应当看作是一个西方图书馆学理论不断本土化的过程。

---

① 杜定友:《图书馆学的内容和方法》,《教育杂志》1926年第9期。
② 刘国钧:《什么是图书馆学》,《中国科学院图书馆通讯》1957年第1期。
③ 刘国钧:《什么是图书馆学》,《中国科学院图书馆通讯》1957年第1期。

第二节　中国古代有图书馆学吗?

从上面对中国图书馆学研究对象与内容的梳理不难看出，前人关于这一问题的争论点，主要在于中国古代图书馆学是否成立。由于古代图书馆学是本套书的重点内容之一，故在本节中我们将就古代图书馆学的相关问题展开讨论。

一、关于古代图书馆学的论争

中国古代有十分丰富的藏书管理理论与实践，并有着数量众多的图书整理理论与著作，这些是我国图书馆学的基础与重要组成部分。对于这一领域的研究，我们是否可以称之为"图书馆学"？中国古代是否有"图书馆学"？对这个问题的争论在我国图书馆学界由来已久。这是治"中国图书馆学史"者不能回避的问题，因此进一步梳理和明确"古代图书馆学"的称谓问题在研究工作中显得尤为重要。

1985年，谢灼华在《中国图书馆学史序论》中指出："中国古代能否产生图书馆学？或者说，古代关于藏书管理的知识（经验）能否称作图书馆学的范围？回答是肯定的。"[①] 显然，谢先生是肯定

[①] 谢灼华：《中国图书馆学史序论》，《武汉大学学报》（社会科学版）1985年第3期。

中国古代已形成图书馆学的,他还进一步提出了自己的学理依据,并明确提出了"古代图书馆学"这一概念。他说:"人类的一切知识都来源于实践,人们在实践过程中直接所取得的经验,以及继承、吸收、分析、批判前人积累的各种经验(即知识的积累),逐步形成对某一种事物的规律性的认识,那么,这种认识就是一种知识体系。图书馆学的形成正是经历了这种科学发展的一般过程。所以,如果承认古代图书馆工作内容是一种社会实践活动,而这种社会实践活动是不断发展和不断丰富的。漫长的封建社会中,丰富的图书馆工作内容必然逐步促进了图书馆工作知识和经验的积累,因此,也就逐步孕育了古代图书馆学的产生和发展。"[1] 在此基础上,谢先生将古代图书馆学划分为四个阶段:(1)古代图书馆学思想的酝酿时期(汉魏六朝);(2)古代图书馆学思想的形成时期(隋唐五代);(3)古代图书馆学体系建立时期(宋元);(4)古代图书馆学体系完善时期(明清)。[2]

然而,谢先生的观点并没有在学术界取得共识。不少学者认为,"图书馆学"是舶来品,古代的相关研究与今日的图书馆学研究有着"巨大的性质差异",因而称之为"图书馆学"是不合适的。比如,李刚、倪波认为:"中国图书馆学是指基于现代西方图书馆学学理,作为中国传统学术现代建制化结果的一门社会科学学科。中国古代并不存在一门叫'图书馆学'的专门学科,'图书馆学'这个能指本身就是现代性的一部分。当然,中国古代存在着与今天图书馆学某些类似的整理文献的专门学问,传统学人称之为目录、版本、校雠之学。这些学问在学理上和现代图书馆学有着巨大的性

---

[1] 谢灼华:《中国图书馆学史序论》,《武汉大学学报》(社会科学版)1985年第3期。
[2] 谢灼华:《中国图书馆学史序论》,《武汉大学学报》(社会科学版)1985年第3期。

质差异。"① 其实，用"现代性"概念来研究古代学问是很正常的，如中国哲学史、中国逻辑学史等。而该文认为古代整理文献的专门学问与现代图书馆学有着巨大的性质差异，但并未加以论证。

有些学者不用"古代图书馆学"这一称谓，转用"传统图书馆学"的表述方式。比如，袁宝龙指出："中国图书馆学学术体系诞生于20世纪初，由中国传统藏书理念与西方现代思潮两者碰撞融合而成，传统图书馆学与现代图书馆学理念也因此成为中国图书馆学的两大源流。"② 此外，张树华把古代图书馆学称为"前图书馆学"，她说："有关整理图书的知识发展为'目录学'，有关鉴定图书的知识发展为'版本学''校勘学'。公私藏书家有关图书的访求、整理、庋藏、保管、管理及利用的知识和理论也日益增长，并日趋完善。这些知识和理论可以说是中国图书馆学的一部分，我称之为'前图书馆学'。"③

综上，认可古代有图书馆学的学者，均将中国古代关于书籍整理的学问，如目录学、校雠学、版本学、典藏学等，在藏书实践和图书校理过程中形成的经验和理论，视为古代图书馆学的主要内容。而中国古代数量庞大的各式藏书楼，就是上述各类活动发生的主要场所。如果我们认同图书馆学与图书馆事业之间密不可分的关系④，那么，讨论古代有没有图书馆学，其关键在于藏书楼是否可以被认为是中国古代的图书馆。关于这个问题，争论十分激烈。

---

① 李刚、倪波：《分期的意识形态——兼论"20世纪中国图书馆学"》，《图书情报工作》2002年第6期。
② 袁宝龙：《当代视阈下的传统图书馆学》，《图书馆学研究》2014年第5期。
③ 张树华：《中国"前图书馆学"的发展及有关文献》，《大学图书馆学报》2012年第3期。
④ 刘国钧：《什么是图书馆学》，《中国科学院图书馆通讯》1957年第1期。

二、藏书事业与古代图书馆学的关系

认为古代藏书楼与图书馆性质迥异,不能称之为中国古代图书馆的学者的主要论点如下:

首先,从性质上来说,中国古代藏书楼,不论是哪种类型(官府、私人、寺庙、书院),多偏重于静态的收藏,缺少有效的流通利用。古代藏书楼的本质体现为"私","藏书的目的只体现出少数个人对图书的拥有,图书使用权也只能由所有者来决定"①。而近代图书馆的本质在于"公",强调公藏、公用,为普罗大众提供信息服务,藏书属于全体公民,也应当为全体公民所用。所以说,藏书楼与图书馆相比,"不仅仅是名称上的差异,而是两种性质截然不同的事物"②。1904年之前,"中国社会只存在有藏书活动,而没有形成近现代意义上的图书馆活动"③。

其次,从中国图书馆事业的发展轨迹上来讲,我国的图书馆事业是"受到西方力量影响后的产物之一"④,"如果没有西方思想文化冲击般的影响,中国的藏书楼再发展若干世纪,也没有可能自行演变成西方式的近代图书馆"⑤。因此,图书馆之于藏书楼,并非前后相承的过渡关系,而是一种取代。

针对上述论点,认为藏书楼就是古代图书馆的学者,也逐一提出了如下反对意见。

---

① 章春野:《现代化视域下的中国图书馆传统文化》,《图书馆工作与研究》2013年第2期。
② 吴晞:《论中国图书馆的产生》,《图书馆工作与研究》1992年第2期。
③ 蒋永福:《图书馆学通论》,黑龙江大学出版社,2009年,第48页。
④ 严文郁:《中国图书馆发展史——自清末至抗战胜利》,枫城出版社,1983年,第4页。
⑤ 吴晞:《论中国图书馆的产生》,《图书馆工作与研究》1992年第2期。

第一，对于藏书楼和图书馆"公""私"性质的对比，有学者指出这是"将中国古代藏书机构和西方近代图书馆进行'时空错位'的比较，从而出现了'古代藏书楼'与'近现代图书馆'的概念"①。我国古代藏书楼的比较对象应当是同一时期西方古代图书馆，从这一点上来说，二者的本质同为"收藏文献资料的场所"，因此我国古代藏书楼完全可以被称为图书馆。

第二，从古代藏书楼的利用程度上来说，"图书馆从封闭走向开放是其社会职能演变的表象"②，古代藏书楼相对于近现代图书馆在服务模式上的不同，主要是受社会环境的影响，不考虑社会职能的变迁，生硬地将二者进行比较，本身就是不客观的。而且我国古代的藏书楼，"在一定的范围内，藏书是很好地得到利用了"，特别是我国古代大部分的藏书家都精于校读，为古代文化事业的发展作出了突出的贡献。"中国古代私人图书馆的规模、藏书整理和提供使用情况，也常常处于当时世界的前列。"③

第三，从古代藏书制度与近代图书馆之间的关系来说，"古代中国的藏书楼并非仅仅是藏书之所，而且是古代中国学术文化中心之一"，"古代中国之藏书楼制度与近代西方图书馆制度有着相当密切的连续性"，围绕着古代藏书形成的与书籍相关的学术活动，以及由此产生的专门学问，"构成了与近代图书馆学相关联的重要学术门类"。④ 因此，古代藏书制度中的这些"现代性"因素，是形成近代图书馆制度的思想和组织基础。

---

① 龚蛟腾：《古代图书馆学学理反思与秉承》，《大学图书馆学报》2011年第3期。
② 赵彦龙：《中国古近代图书馆发展差异的历史分析——兼评〈从藏书楼到图书馆〉》，《图书馆工作与研究》1999年第2期。
③ 见王酉梅《中国图书馆发展史》之引论，吉林教育出版社，1991年。
④ 左玉河：《中国近代学术体制之创建》，四川人民出版社，2008年，第401—402页。

综上，认为藏书楼就是图书馆的学者们认为，"藏书楼是图书馆的初级形态，图书馆则是藏书楼的高级阶段"，"中国古代藏书楼是中国现代图书馆的母体，中国现代图书馆是中国古代藏书楼发展的必然产物"。①

在概要总结正反两方面意见后，我们应该如何看待古代藏书楼与图书馆之间的关系呢？

第一，我们认为，对于研究对象的比较应该放在同一时空内进行，因此中国古代藏书楼的比较对象应当是西方古代图书馆。如果我们承认西方古代图书馆的存在，那么中国古代藏书楼如果有与之相同的性质和特征，我们就应当认为藏书楼就是中国古代的图书馆。

于是，在正式提出观点之前，我们首先查阅了国外的图书馆史学著作。美国学者 Elmer D. Johnson 的《西洋图书馆史》② 是西方最受欢迎的图书馆史著作之一，此书的内容包括古代图书馆史、中古时代图书馆史、现代欧洲图书馆史、美洲图书馆史。而在著名的《剑桥中国史》古代部分，提到中国藏书楼时，使用的单词也是"Library（图书馆）"。日本学者二川幸广研究中国图书馆史的论文《中国图书馆谱系》③，也将古代藏书楼作为其中重要的组成部分。可见，国外的西方图书馆史研究是包括古代部分的，而外国人对中国图书馆史的认识，也是始于藏书楼。

第二，关于古代藏书楼的利用情况。从对古代藏书实践活动的考察来看，古代藏书的利用率也是很高的，与近代图书馆只存在程

---

① 于无声：《"中国图书馆西来说"质疑》，《四川图书馆学报》1993 年第 1 期。
② Elmer D. Johnson 著，尹定国译：《西洋图书馆史》，台湾学生书局，1983 年。
③ 二川幸广著，庄义逊译：《中国图书馆谱系》，《广东图书馆学刊》1983 年第 2 期。

度的不同。这一点已有许多学者提出，在此不再赘述。①

　　第三，藏书楼与中国近代图书馆之间的关系是密不可分的。从馆藏建设方面来说，近代许多公共图书馆都是在藏书楼的基础上建立的，今天国内主要图书馆的古籍收藏也基本来自古代藏书楼的收藏。② 从机构职能来说，近代以来的图书馆仍然延续了藏书楼的职能，比如保存古籍，进行图书史、图书馆史等方面的研究。从精神层面上看，近代图书馆与古代藏书精神是一脉相承的。③ 图书馆不仅肩负保存文献、提供信息服务的功能，同时也是一个国家、民族精神文明延续的桥梁。古代藏书及其思想，是中华文化的重要组成部分，反映了我国延续几千年尊重知识、爱好读书的优良传统。古代人们的藏书行为是对先辈总结出来的知识、经验的继承和弘扬，是中华文明得以延续五千多年的保障。这种精神在今天看来也并不过时，并且应该被现代图书馆所承袭和延续。

　　综上所述，我们认为，古代藏书活动就是中国古代的图书馆事业，而在古代藏书活动实践和发展过程中，形成的经验、理论、方法，可以被称为古代图书馆学，同样也是中国图书馆学史研究的重要内容。

---

① 可参看谢灼华《公藏是主流——中国封建社会藏书制度的历史特点》，《图书情报知识》1984年第2期；徐寿芝《中国古代的藏书开放思想》，《南通师范学院学报》（哲学社会科学版）2002年第1期；浦保清《略谈古代的图书流通》，《图书馆工作与研究》1984年第4期；程焕文《藏而致用　流通开放——中国古代私人藏书的本质和主流》，《图书馆学研究》1987年第4期。
② 辛复：《我国早期公共图书馆的来源研究》，《图书馆杂志》2006年第8期。
③ 李洪建、张亚红：《文艺复兴与图书馆人文传统》，《情报杂志》1996年第2期。

三、古代图书馆学的主要内容

基于上面的分析,我们认为中国"古代图书馆学"的概念是成立的,因西方现代图书馆学话语体系的影响而认定中国古代没有图书馆学是不符合逻辑的。近百年间中国图书馆学教育一直将目录学、版本学等文献学课程作为图书馆学专业的重要课程,这也从另一个侧面说明上述学问是图书馆学不可分割的一部分。现代图书馆学与古代图书馆学在学术的发展上是一脉相承的关系,我们不应该在现代西方图书馆学话语体系的冲击下,将中国图书馆学史人为地割裂开来,并否认中国"古代图书馆学"的存在。[①] 那么,古代图书馆学的具体内容包括哪些呢?分析如下:

藏书"措理之术",最早是由陈登原在《古今典籍聚散考》[②] 中提出的,用以指代中国古代藏书家在藏书实践活动中形成的各种收藏方法和技术。有研究者从藏书活动的环节出发,将古人藏书措理之要旨,归结为收聚、保藏、管理三端[③],具体来说,包括藏书鉴别、保管、装潢、陈列等各种技术方法[④]。概言之,一切围绕着藏书活动展开的,为了更好地收集、保存、利用藏书的思想、方法、理论都属于"措理之术"的范畴。

从学科发展史来看,中国的图书馆学是在西方图书馆学传入

[①] 王余光:《试论中国图书馆学史研究中的几个问题》,《图书馆论坛》2015年第4期。
[②] 陈登原:《古今典籍聚散考》,华东师范大学出版社,2010年,第231页。
[③] 周少川:《古代私家藏书措理之术管窥》,载《文献传承与史学研究》,北京师范大学出版社,2011年,第106页。
[④] 吴怀祺主编,王记录著:《中国史学思想通论·历史文献学思想卷》,福建人民出版社,2011年,第101页。

后，在融合中国传统藏书"措理之术"的基础上，完成其中国化和学科化的进程的。1925年6月2日，梁启超先生在中华图书馆协会成立大会上发表演说，申述"中国的图书馆学""须要对于中国的目录学（广义的）和现代的图书馆学都有充分智识，且能神明变化之"，而"中国从前虽没有'图书馆学'这个名词，但这种学问却是渊源发达得很早"。[1] 可见，在近百年前首倡建设图书馆和图书馆学的那批学者心中，中国古代藏书管理与整理的方法和理论，天然属于中国的图书馆学之范畴，这既是图书馆学发展的客观事实，也是我们保持中国图书馆学学科特色的基础。自20世纪初期以来，在图书馆学不断学科化、系统化的过程中，中国固有的措理群籍的思想和方法，一直是图书馆学研究的重要内容。大到藏书理念与藏书文化，小至图书分类、编目方法，通过一代代图书馆学家的努力，在融汇西方图书馆学思想后，包括古代藏书"措理之术"，已经成为"中国的图书馆学"知识体系中不可分割的组成部分，对中国图书馆事业、图书馆学科发展起到了重要的作用。

时至今日，尽管技术不断进步、图书馆学不断发展，但古代的藏书"措理之术"，其具体的方法和技术在今天的图书馆里仍在使用。虽然，恒温恒湿的书库取代了藏书楼，信息技术的普及让馆藏资源的采购、编目、利用都变得轻而易举，但是通过对历史文献的梳理，我们仍能感到中国古代藏书家对书籍的热爱，对知识的尊重以及对藏书整理经验的总结和重视，这是传统的力量，也应当是图书馆学在时代洪流中所应坚守和倡导的精神财富。[2]

---

[1] 梁启超：《中华图书馆协会成立会演说辞》，载《梁启超全集》(7)，北京出版社，1999年，第4322页。
[2] 熊静：《明清常熟派藏书"措理之术"探析》，《图书馆建设》2019年第2期。

综上，我们认为，古代图书馆学基本等同于古代藏书"措理之术"，具体包括两方面的内容：一是古代藏书管理（有学者将其称为藏书学，即书籍的收集、保存、利用与传承）的思想、方法等。二是古代藏书整理的部分思想与方法，即校雠学（至20世纪多称"文献学"，但"校雠学"仍有沿用）的部分内容。按照与图书收藏、利用之间关系的密切程度，校雠学可分为三个层次：第一层次是与藏书活动直接相关的目录学、版本学等；第二层次是与藏书活动间接相关的辑佚学、辨伪学等；第三层次则是校勘、注释等相对独立的学问，它们并非藏书整理活动的必备工作。其中，第一层次和第二层次中与藏书整理有关的内容，属于古代图书馆学的范畴。

第三节 图书馆学与相关学科的关系

图书馆学是一门综合性学科，研究对象涉及知识生产、整理、流通的各个环节，因此也与许多相关学科发生联系，共同构成了图书馆学形成发展的学术生态。近代图书馆学是近代学术转型、分科细化后的产物，与相关学科之间的边界相对清晰，而古代图书馆学尚未形成独立的学科框架，与文献整理诸学科之间界限并不明晰。因此在本节中我们将重点辨析图书馆学与文献整理诸学科之间的关系。

一、与古典文献学的关系

1920年,梁启超在《清代学术概论》一书中提出"文献学"概念。1928年,郑鹤声、郑鹤春兄弟出版发行的《中国文献学概要》一书正式将"文献学"一词用于书名中。随后,"文献学"逐步取代"校雠学"这一古典称谓。1991年出版的《文献学辞典》将"文献学"定义为:"(文献学)即研究文献的产生、发展、整理和利用的专门学科。在我国通常有两个含义:一是指传统意义上的文献学(或称古典文献学),一是指现代文献学。我国古时称从事文献整理和研究的学者为校雠学家。传统文献学正是在综合校雠、目录、版本诸学的基础上发展起来的,是指研究我国古典文献的源流、特点、处理原则和方法(如分类、目录、版本、辨伪、校勘、注释、编纂、辑佚等)及其利用的一门学科。"[1] 该学科的研究对象主要包括图书、档案等文献资料。

针对古典文献学与古代图书馆学之间的关系,学者们主要存在两种观点:第一种观点认为"古典文献学是古代图书馆学的分支"。如吴仲强等著的《中国图书馆学史》中,将中国文献学史作为中国古代图书馆学史的一部分进行阐述。王余光在《藏书家、文献家与文献学家》一文中认为"传统的图书馆学与文献学,都是在社会藏书的基础上发展起来的,本无学术界限与区别。只是西学引进之后,始有'图书馆学'之名。而那些文献学家们,仍踏着传统藏书家的步伐,艰难而寂寞地走进新时代"[2]。第二种观点认为"古典文

---

[1] 赵国璋、潘树广主编:《文献学辞典》,江西教育出版社,1991年,第186页。
[2] 王余光:《藏书家、文献家与文献学家》,《图书情报工作》2009年第11期。

献学与古代图书馆学两者之间存在并列交叉关系"。如王子舟的《图书馆学基础教程》认为古典文献学"涉及古文献的版本、目录、校勘、辑佚、辨伪、注释、编纂等内容，颇重于客观知识的微观研究"，"文献学与图书馆学有着非常紧密的关联"。① 《中国图书馆学学科史》则认为："一方面，并不是所有的文献学都必然与图书馆学有关；另一方面，文献学虽然是图书馆学的核心内容，但图书馆学除了文献学这个核心之外，还包括馆员、管理、读者、事业等其他外围内容。正是由于图书馆学与文献学之间的异同关系，决定了两者的共存和共荣。共存是指，一方不能取代另一方；共荣是指，一方的研究成果可以加强或促进对另一方的深入研究。"②

基于上述观点，我们可以认为中国古代图书馆学与古典文献学之间存在并列交叉的关系，没有相互包含关系。在汲取其中相同部分之外，我们也要看到古代图书馆学与古典文献学之间存在区别，"古文献学以古代文献典籍的形式内容和整理它的各个环节为骨架，构筑了所需要的古代语言文字、古籍目录版本、校勘辨伪、辑佚、古代历史文化等有关知识，以及运用这些知识解决实际问题的方法，形成了一个独立的学科"，"古文献学本身又有许多分支，诸如注释（包括字词的注音释义及天文、地理、名物、典制等的考证辨析）、校勘、目录、版本、辨伪、辑佚、编纂等，可见它是一个成熟的学科"。③ 古典文献学中的文献有序化整理思想与方法属于古代图书馆学的研究范畴，其中的文献注释、文献校勘、文献解释、文

---

① 王子舟：《图书馆学基础教程》，武汉大学出版社，2003年，第241页。
② 中国科学技术协会主编，中国图书馆学会编著：《中国图书馆学学科史》，中国科学技术出版社，2014年，第50页。
③ 孙钦善：《中国古文献学史简编》，高等教育出版社，2001年，第2、3页。

献翻译等内容则不在古代图书馆学的研究范畴之内。

二、与目录学的关系

关于图书馆学与目录学的关系,图书馆学界存在着两种对立的意见:一种意见是图书馆学应包含目录学,两者是从属关系;另一种意见是图书馆学不能包含目录学,两者是并列(平行)关系。

认同从属关系的代表有黄宗忠等,他们认为"目录学与图书分类学、编目学等是并列(平行)关系,但它们都包含在图书馆学里,作为图书馆学的组成部分"[①]。这种观点也可见诸吴仲强等著的《中国图书馆学史》中,该书将中国目录学史作为中国古代图书馆学史的一部分进行阐述。第二种并列(平行)关系的观点可见诸徐国仟主编的《目录学》中。该书认为目录学与图书馆学是相近学科,关系非常密切。两者虽有某些相同之处,但各自有不同的研究对象、内容及理论体系,应是平行关系和相互为用的关系。[②] O.C.丘巴梁在《普通图书馆学》一书中也认为:"在图书馆学和目录学之间,存在着特别密切的相互作用。"[③]《中国图书馆学学科史》也认为:"一方面,并不是所有的目录学都必然与图书馆学有关……另一方面,目录学虽然是图书馆学之核心,但图书馆学除了目录学这个核心之外,还包括文献的收集、保存和利用以及馆员、管理、读者、事业

---

① 黄宗忠、郭玉湘、陈冠忠:《关于图书馆学的对象和任务》,《图书馆学通讯》1960年第5期。
② 徐国仟主编:《目录学》,中国医药科技出版社,1994年,第9页。
③ O.C.丘巴梁著,徐克敏、郑莉莉、周文骏译:《普通图书馆学》,书目文献出版社,1983年,第47页。

等其他外围内容。因此，图书馆学与目录学也呈现为共存共荣的关系。"①

综合上述几种观点，学者们均认同图书馆学和目录学之间关系紧密，目录学是文献学学科群中与图书馆学关系最为密切的分支。我们认为，古代图书馆学包含古代目录学的理论成果和实践方法，从研究对象而言，目录学的研究对象是书目，古代图书馆学的研究对象包含但不限于藏书目录，还包括藏书管理的思想与方法等内容。

三、与藏书学的关系

王余光在《中国文献史》（第一卷）中将古代藏书学的内容归纳为如下几个方面：（1）关于图书的价值和藏书的旨趣与情趣的研究。（2）关于藏书沿革和藏书机构（或藏书楼）演变以及历代藏书家的研究。（3）关于藏书实践的研究。徐雁在《我国古代藏书实践和藏书思想的历史总结——中国古代藏书学述略》一文中将"措理之术"解释为："应该就是我们所说的古代藏书学的一个重要内容，即在典籍收藏活动中，访求、编目、庋藏、保管以至刊布借钞图书等具体实践。"② 吴仲强等著的《中国图书馆学史》，也将中国藏书学史作为中国古代图书馆学史的一部分进行阐述。我们认为，中国古代图书馆学与藏书学之间有交叉关系，古代图书馆学的研究对象

---

① 中国科学技术协会主编，中国图书馆学会编著：《中国图书馆学学科史》，中国科学技术出版社，2014年，第51—52页。
② 徐雁：《我国古代藏书实践和藏书思想的历史总结——中国古代藏书学述略》，《四川图书馆学报》1986年第1期。

包括藏书管理和藏书整理理论与方法,包括藏书"措理之术"、藏书的价值等内容,但是藏书学中藏书的旨趣与情趣的研究等内容不在图书馆学研究范围之内。

四、与版本学的关系

杜定友在《图书馆学的内容和方法》一文中曾说道:"中国的版目学,原为专门学问。但向无专书,又无科学的研究。所以这种学问,不绝如缕。现在研究图书馆学的人,正宜切实研究,以期保存国粹。其余我国固有的校雠学、目录学、提要学等等,都于世界学术上有极大之贡献。"① 由此可见,版本学作为"从古籍的版本源流和相互关系中,研究古籍版本的异同优劣,鉴定古籍版本的真伪,评定古籍版本的功用价值,并从中总结工作的规律性和方法的一门科学"②,其内容来源于图书整理、图书管理实践,又反过来引导着图书收集、保存工作。对于古代图书馆学与版本学的关系,我们认为两者之间具有从属关系,版本学作为"考辨古籍源流"的学问,是古代图书馆学的重要组成部分。③

---

① 杜定友:《图书馆学的内容和方法》,《教育杂志》1926年第9期。
② 郭松年:《古籍版本学与其相关学科的关系》,《图书馆建设》1989年第5期。
③ 赵晓:《隋唐时期藏书实践与理论研究》,博士学位论文,北京大学,2019年。

第二章

中国图书馆学史的基本理论问题

中国图书馆学史是研究中国图书馆学发生、发展的学问，是中国图书馆学理论研究的重要组成部分。在本章中，我们将在阐释中国图书馆学史研究意义的基础上，厘清本套书的研究对象与内容。

第一节　为什么要研究中国图书馆学史？

中国自古就有藏书、校书的传统，近代以来，图书馆事业欣欣向荣，图书馆学研究蒸蒸日上，不论是从教学的需要，还是从学科发展现状来说，全面系统地总结中国图书馆学史都是十分迫切与必要的。通过对中国图书馆学史研究现状的梳理发现，虽有不少学者已经认识到学科史在完善学科体系方面的重要作用，但从总体来看，本领域的研究仍然十分薄弱，至今尚无一部能够全面系统反映和总结中国图书馆学产生、发展历史的学术史专著问世，这使得中国图书馆学学科建设与专业教育都缺失了重要的一环。鉴于中国图书馆学史研究的重要意义，也为满足教学工作的需要①，2005年初，笔者撰写了《图书馆学前辈学术著作的传与读》②，提出在图书馆学界加强专业学术史研究与开设专业学术史教育的意见。学术史的意义是让后学知晓学术发展脉络、学术的精华与糟粕，让"上下诸先生，深浅各得，醇疵互见"③，并为当代学术的发展奠定基础。当然，学术史还有另一层重要的意义，如张舜徽先生所云："我们总结前人在学术上取得的成就时，除条理史实外，也还有观摩借鉴的一面。对他们的为人处世之道，进德修业之方，都要认真体认，引归身受。他们好的言论行动，可资学习；缺点错误，可为厉戒。"随着现代学术的建立与学术的分科，专业学术史的建立更受学术界重视。④

概而言之，研究中国图书馆学史的意义有以下数端：

1. 对数千年以来，我国积累的丰富的藏书技术、方法、经验、思想，以及西方图书馆学传入后，其本土化与学科化过程中产生的全部知识，进行系统总结，梳理自古至今图书馆学发展的规律和特征。这既是社会文化发展和时代变迁的需要，又是当代图书馆学学人的使命和任务。

---

① 王余光：《中国图书馆学史研究专题导言》，《图书馆》2015年第11期。
② 王余光：《图书馆学前辈学术著作的传与读》，《图书情报工作》2005年第1期。
③ 黄宗羲著，沈芝盈点校：《明儒学案》，中华书局，1985年，第10页。
④ 王余光：《图书馆学史研究与学术传承》，《山东图书馆学刊》2009年第2期。

2.客观评述中国图书馆学发展历程,探索图书馆学发展的内在规律,通过对文献的梳理,回归历史现场,重新认识图书馆学在近代学科体系中的地位与价值,并为图书馆学的未来发展提供镜鉴。

3.晚清以来,随着西方图书馆观念和图书馆学思想方法的传入,中国图书馆学经历了漫长的本土化进程。通过百余年的发展,我国的图书馆学取得了一系列的辉煌成就,图书馆学作为社会科学体系中重要一员的地位得以最终确立。有鉴于此,对中国图书馆学史进行系统而全面的总结是非常必要的,既是学科发展的时代需求,也对中国图书馆学未来的发展具有重要的学术价值。

4.总结、评价中国历史上的图书馆学流派及其成果,客观探索图书馆学发展规律,对推进图书馆学研究具有理论借鉴和参考价值,对当今和未来图书馆事业的发展具有现实意义。

5.在国内的图书馆学教育中,图书馆学史课程还是一片空白。建构一套中国图书馆学史研究体系和撰写一部中国图书馆学史专著,补齐图书馆学教育的短板,促进专业教育中图书馆学史课程的开设和人才培养体系的健全[①],对中国图书馆学教育有重要的价值。

总而言之,对学科史研究的重视,是学科发展到一定程度之后的学术自觉。图书馆学史研究,能够帮助我们寻找图书馆学历史上闪耀的思想光芒,确认值得今天借鉴的精神成果。当今图书馆学的进一步发展需要我们回头看,通过历史分析,审视今天的问题,规划未来的方向。为了图书馆学研究和图书馆事业发展走出困境并取得重大突破与进展,开展图书馆学史研究,是当代图书馆学学人的重大使命和责任。

---

① 王余光:《"中国图书馆学史研究"引言》,《图书馆建设》2019年第2期。

第二节　中国图书馆学史的研究对象与内容

一、研究对象

中国图书馆学史的研究对象是中国图书馆学的发生、发展。前面我们已经对中国图书馆学的概念内涵进行了分析阐释，我们认为，中国图书馆学是在我国古代藏书文化的哺育下，充分吸收西方图书馆学理论的基础上得以最终确立的。中国古代关于藏书的文化传统，是滋养中国图书馆学发生、发展的土壤，而系统的西方学科理论，奠定了中国图书馆学学科化、体系化的基石。中国图书馆学的发展历程，应当看作西方图书馆学理论不断本土化的过程。

由此，我们将中国图书馆学史的研究对象厘为三个方面：一是传统藏书文化，包括中国古代藏书管理理论和藏书整理经验；二是西方图书馆学理论及其本土化发展；三是中国古代文化传统与西方学科理论结合后，图书馆学适应中国国情的新发展。从时间上来说，本套书将研究的时限定为有史料可征的先秦时期至1949年。从研究内容上来说，既包括中国图书馆学的古代部分，也关注西方图书馆学理论传入后我国近现代图书馆学的形成和发展。

需要特别指出的是，虽然中国图书馆学根植于中国古代藏书文化，但作为现代学科体系一员的图书馆学的最终形成与确立，要晚至20世纪20年代以后。我们将中国古代藏书管理、整理理论与图书馆学相联系，是因为这些传统理论被现代图书馆工作实践和图书馆学研究所吸收。因此，本套书虽然将研究的时限定为先秦至1949年，但将重点放在1840年以后，即晚清民国以降，西方图书馆学理论传入后中国图书馆学的发展历程。

二、研究内容

按照对中国图书馆学史研究对象的界定和阐述，根据中国图书馆学发展的阶段特征，我们可将中国图书馆学史分为古代图书馆学（鸦片战争之前）与近现代图书馆学（鸦片战争以来）两个阶段，两个阶段的研究内容各有侧重。

古代图书馆学史的具体内容，首先是古代藏书管理（有学者将其称为藏书学，即书籍的收集、保存、利用与传承）的思想、方法等，其次是古代藏书整理的部分思想与方法。中国古代典籍整理的学问被统称为"校雠学"。"校雠"原指图书校勘，后来随着藏书与图书出版业的发展，校雠学的范围不断扩大，成为包括目录、版本、校勘、注释、辑佚、辨伪等在内的学科群，也就是我们今天更常使用的"文献学"。有学者认为我国传统学问中的校雠学，就是中国古代的图书馆学。如果从广义校雠学的角度来看，这个界定过于宽泛了，存在着研究主题泛化的潜在风险。扩大图书馆学的研究范围，虽然有利于更加全面地描述图书馆学发展的历史轨迹，但研究对象的无限扩张，可能会导致图书馆学主体地位的丧失。

如第一章所述，我们认为，按照与图书收藏、利用之间关系的密切程度，校雠学可被分为三个层次：第一层次是与藏书活动直接相关的目录、版本学等；第二层次是间接相关的辑佚、辨伪学等；第三层次则是校勘、注释等相对独立的学问，并非藏书整理活动的必备工作。其中，第一层次的全部内容、第二层次的部分内容应当属于古代图书馆学的研究范畴。

由此，我们将古代图书馆学史的研究内容界定为：藏书管理和藏书整理理论。具体包括：古代藏书管理的思想和方法，即古代藏书收集、保存、利用等相关经验的总结；古代藏书整理的思想与方法，重点放在分类、编目、类纂、版本等方面，从藏书整理实践中总结的方法和理论。

19世纪后半期西方社会科学思潮大量涌入后，中国传统学问受到了全面冲击。吸收西方学科理论，改造中国传统学问，是当时学术发展的共同趋势。近现代意义上的中国图书馆学，就是这种时代背景下的产物，它虽然继承了许多来自传统的养分，但是主要以西方图书馆学理论为基础，搭建现代图书馆学学科体系的基本框架。

因此，近现代图书馆学史的研究内容为：传统图书馆学的现代转型；在西方图书馆学思想影响下形成的中国图书馆学方法和理论，如图书馆管理、资源建设、资源利用、图书馆服务等方面的理论和实践成就；图书馆学学科教育；图书馆学学术团体、学术期刊；图书馆学与相关学科的关系等。

需要强调的是，我们将中国图书馆学史分为两个阶段，分别阐释其主要研究内容，是基于近代学术转型这一重要历史背景，并不是对学科发展严格的阶段划分。在近代学术转型的视角下，中国很多学科门类都经历了类似的发展转向，在传统与现代的激烈碰撞、冲突、交融中，我国固有学问和西方学理最终完成了竞合过程，从而使近代学术呈现迥异于以往的新面貌。但这并不说明，传统与现代之间是简单的替代关系。以图书馆学为例，20世纪以后，既有西方分类编目方法、理论的传播与应用，也有学者固守传统，继续坚持以传统目录学方法来校理群籍，二者同样属于近现代图书馆学的内容，也都是本阶段学科史所应关注的对象。

最后，在构建中国图书馆学史知识体系的同时，我们认为，学人是学术史研究的核心。一部学术史，究其本质是学者及其学术活动，以及所处学术环境的总和。因此，除了宏观描述各个阶段中国图书馆学发展的脉络与主要成就，学人及其著作是我们的另一个研究重点。在中国图书馆学发展的每一阶段，我们都挑选了最具代表性、对学术发展起到重要作用的学者进行专题研究。①

第三节　中国图书馆学史的研究思路

中国图书馆学史属于学科基础研究，必须尽可能丰富地占有前人研究成果和相关史料。因此，在本研究推进过程中，我们首先对既有研究成果进行了全面收集和系统整理，完成了《中国图书馆学史研究论著索引》、中国图书馆学史研究资料库建设。通过对前人

---

① 王余光：《"中国图书馆学史研究"引言》，《图书馆建设》2019年第2期。

研究成果及研究资料的研读、分析，厘清了研究对象与内容、研究对象的历史分期等基本理论问题，然后根据中国图书馆学发生、发展的主要特征，凝练了重点研究问题，具体包括：

1.全面总结中国图书馆学取得的成就和存在的不足。

2.按照历史逻辑和学科发展进程，恰当划分中国图书馆学的历史分期，总结每个阶段的特点。

3.客观还原中国图书馆学每个发展阶段所处的社会背景，回到历史现场，讨论图书馆学发展与社会、文化、政治、经济环境之间的关系。

4.重点介绍每个阶段的代表性人物、著作及流派，总结该阶段研究的时代性特征和主要贡献及其对中国图书馆学发展产生的影响。

5.揭示图书事业、图书馆事业、图书馆学教育、学术团体与图书馆学发展之间的关系。

6.在总结时代特征的同时，挖掘中国图书馆学发展的一般规律，构建中国图书馆学史研究框架，确立客观可信的研究方法和研究路径，规范图书馆学史研究。

在对上述问题展开充分研究后，我们采用自然时序作为分段依据①，先将中国古代图书馆学分为五个阶段，同时，突出民国图书馆学在学科史上的重要地位，在宏观论述民国图书馆学理论发展后，再分专题深入论述学科教育、学术团体、学人学派的发展情况。最后，按照统一体例撰写了书稿。主要内容为以下几个方面：

1.对数千年以来，我国积累的丰富的藏书技术、方法、经验、

---

① 关于中国图书馆学史的阶段划分及其依据，参见第五章相关内容。

思想，以及西方图书馆学传入后，其本土化与学科化过程中产生的全部知识，进行系统总结，梳理我国图书馆学发展的规律和特征。

2.客观评述中国图书馆学发展历程，探索图书馆学发展的内在规律，重新认识图书馆学在近现代学科体系中的地位与价值，并为图书馆学的未来发展提供镜鉴。

3.总结、评价中国图书馆学史上著名学人的理论和实践成就，表彰前辈学人对学科发展作出的突出贡献；梳理中国图书馆学发展的内在逻辑，为推进当代图书馆学研究提供参考和借鉴。

4.厘清传统图书馆学向现代图书馆学过渡的历史进程及其影响。19世纪后半期至20世纪初，是中国图书馆学由传统向现代转型的关键阶段，新建立起的现代图书馆学，主要是以西方图书馆学学科体系为模板，加以本土化改造而成的。遗憾的是，从20世纪初至今，中国的图书馆学虽历经了百年的发展，但这种本土化改造似乎仍未完成。中国的图书馆学研究依然沉浸在对西方研究体系的亦步亦趋中不能自拔，并未形成中国图书馆学的研究特色。客观还原这一历史进程，分析和评价其中诸多的影响因素，从中寻找、总结中国图书馆学的特性，为厘清学科发展方向提供参考。

5.通过对几千年来中国图书馆学发生、发展全过程进行系统、全面、客观的梳理，本着详今略古的思路，探讨图书馆学发展的阶段性和规律性，构建中国图书馆学史研究框架体系。

第三章

中国图书馆学史研究进展

本章我们将在爬梳文献资料的基础上,分中国图书馆学史综合研究、图书馆学史理论、古代图书馆学学人、民国图书馆学学人等四个主题,总结评述前人的主要研究成果。

第一节 中国图书馆学史综合研究进展

一门学科建立,则一部学科史随之产生。正如梁启超在中华图书馆协会成立大会上所言,我国图书馆学"渊源发达得很早"[①],上

---

① 梁启超:《中华图书馆协会成立会演说辞》,载《梁启超全集》(7),北京出版社,1999年,第4322页。

可追溯至刘向、刘歆、荀勖、王俭、阮孝绪、郑樵等人的目录学贡献，近可观西方图书馆学的引进以及图书馆学本土化发展取得的成就。通过数代学人的努力，我国图书馆学经历了从孕育迈向成熟的发展历程。科学总结我国图书馆学发展史是当代图书馆学学人的使命。

在梳理我国图书馆学史研究文献方面，金敏甫1928年发表的《中国图书馆学术史》是图书馆学界较早提出这一论题的作品。从20世纪80年代开始，图书馆学史的研究者和研究成果逐渐增多，论文如谢灼华的《中国图书馆学史序论》，著作如吴仲强等的《中国图书馆学史》，博士学位论文如王子舟的《杜定友和中国图书馆学》。不过，至今尚无全面反映和总结我国图书馆学产生、发展历史的学术史专著问世。有鉴于此，在展开研究前，有必要对前人研究成果进行回顾与梳理，吸收已有的理论成果，帮助我们厘清思路，寻找研究突破点。

一、主题分析

从已有文献看，回顾和总结我国图书馆学史研究进程，可从图书馆学史综合研究、图书馆学史上的学者研究、图书馆学史基本理论问题讨论、各历史时期图书馆学发展研究等四方面进行横向考察，本部分以此为基础分别加以评述。

（一）我国图书馆学史综合研究

对我国图书馆学史进行综合研究的已有成果，主要有两种形式。

一是相关著作。一种是图书馆学史类专著或相关专著的部分内容。比如，吴仲强等的《中国图书馆学史》，黄宗忠在该书序言中云"全书的重点是第一章和第二章"，第一章"绪论"主要探讨图书馆学史的一些基本理论问题，第二章梳理图书馆学的发展脉络（5万余字），另外分专题讨论中国的图书学史、藏书学史、图书分类学史、目录学史、文献学史、图书馆学教育史等话题。周文骏、王红元的《中国图书馆学研究史稿》① 以1949—1979年图书馆学研究和发展历程为研究对象，以专题方式讨论我国当代图书馆学研究的历史轨迹。吴稌年的《图书馆活动高潮与学术转型——古近代》②主要论述近代图书馆的发展高潮与学术转型，分析图书馆学史研究的主要特征和图书馆史的研究范围，简述新图书馆运动中的学术成果。另一种是图书馆学通论类著作中涉及图书馆学史的内容。比如，吴慰慈主编的《图书馆学新探》中"图书馆学史研究"一节③，分析加强图书馆学史研究的必要性，提出图书馆学史研究的重要问题。南开大学图书馆学系等编的《理论图书馆学教程》中"中国图书馆学的形成与发展"一节④，将图书馆学史分为图书馆学的孕育、萌芽、产生和发展这几个时期。宓浩主编的《图书馆学原理》⑤ 简述了我国图书馆学的发展概况。黄宗忠编著的《图书馆学导论》⑥分析了图书馆学思想发展的一般规律，分孕育时期的图书馆学、图

---

① 周文骏、王红元编：《中国图书馆学研究史稿》，北京大学出版社，2011年。
② 吴稌年：《图书馆活动高潮与学术转型——古近代》，兵器工业出版社，2005年。
③ 吴慰慈主编：《图书馆学新探》，北京图书馆出版社，2007年，第36—41页。
④ 南开大学图书馆学系等编：《理论图书馆学教程》，南开大学出版社，1981年，第106—125页。
⑤ 宓浩主编，宓浩、刘迅、黄纯元编著：《图书馆学原理》，华东师范大学出版社，1988年，第294—303页。
⑥ 黄宗忠编著：《图书馆学导论》，武汉大学出版社，1988年，第84—119页。

书馆学的确立与发展、图书馆学逐渐走向成熟、1949年后图书馆学研究概况几个阶段，简介图书馆学学者及其成果。谭迪昭编著的《图书馆学概论》①简要叙述我国图书馆学的产生和发展过程，重点介绍杜定友和刘国钧的图书馆学成就。程亚男的《书海听涛——图书馆散论》②关于图书馆学史的部分，重点分析吴仲强等的《中国图书馆学史》的可取之处和不足，提出对图书馆学史研究的一些思考。王子舟的《图书馆学基础教程》从古代的图书馆知识体系、现代图书馆学的产生、图书馆学发展的三次高潮、图书馆学代表人物、台湾图书馆学研究等方面介绍中国图书馆学发展简史。③蒋永福的《图书馆学通论》将我国图书馆学理论发展史分为三个时期：古代图书馆学发展时期（1909年之前）、近现代图书馆学发展时期（1909—1949年）、中华人民共和国成立后图书馆学发展时期（1949年至今）。④

二是单篇论文。比如，金敏甫认为，"图书馆学术，在吾国古代，早已有之"，如目录学、校雠学、版本学等，重点对民国时期图书馆学术发展史进行较为详细的记述。⑤王余光认为图书馆学史研究对促进学术发展和提高学者修养有着重要意义，他论述了图书馆学术史研究的具体内容，列举了40位20世纪重要图书馆学家，并加以简要分析。⑥在另一篇论文中，王余光认为20世纪八九十年代，我国图书馆学史研究已有一定成就，这些成果为图书馆学史研

---

① 谭迪昭编著：《图书馆学概论》，中山大学出版社，1996年，第138—148页。
② 程亚男：《书海听涛——图书馆散论》，北京图书馆出版社，2001年，第208—212页。
③ 王子舟：《图书馆学基础教程》，武汉大学出版社，2003年，第40—51页。
④ 蒋永福：《图书馆学通论》，黑龙江大学出版社，2009年，第333页。
⑤ 金敏甫：《中国图书馆学术史》，《中山大学图书馆周刊》1928年第2期。
⑥ 王余光：《图书馆学史研究与学术传承》，《山东图书馆学刊》2009年第2期。

究奠定了基础，并阐述了图书馆学术史研究的目的和内容。① 谈荣森简要回顾西汉至 20 世纪 80 年代我国图书馆学的产生和发展过程，分析我国图书馆学的发展规律和特征。② 况能富对我国和欧美两大文化系统的图书馆学思想发展进行综合比较研究。③ 在《中国图书馆学史序论》中，谢灼华在"序说"部分讨论"什么是图书馆学""图书馆学是不是一门科学"等问题；在"界说"部分讨论我国古代能否形成图书馆学；在"概说"部分简述我国古代图书馆学的发展阶段，提出应建立"中国图书馆学史"。④ 吴仲强讨论了我国图书馆学史的研究对象、研究内容、分期、研究意义、研究的原则和方法。⑤ 柴纯青从文献科学的意义的角度，认为我国图书馆学经历了两次飞跃，建议重扬图书馆学传统和历史。⑥ 徐仕敏分析过去千年我国图书馆学发展的形式特征。⑦ 伍若梅、张杰从图书馆学史研究意义、概念、研究对象及内容、分期、研究原则和方法等方面综述我国图书馆学史理论研究现状，指出研究存在的问题。⑧ 韩珏对加强图书馆学术史研究进行深入思考，认为图书馆学术史研究与图书馆史、图书馆学史和图书馆思想史的研究之间既有密切联系，又相互区别。⑨

---

① 见范凡《民国时期图书馆学著作出版与学术传承》之王余光"序言"，国家图书馆出版社，2011 年，第 1 页。
② 谈荣森：《中国图书馆学的产生和发展》，《广东图书馆学报》1981 年第 1 期。
③ 况能富：《图书馆学思想发展论纲》，《图书情报知识》1982 年第 4 期。
④ 谢灼华：《中国图书馆学史序论》，《武汉大学学报》（社会科学版）1985 年第 3 期。
⑤ 吴仲强：《中国图书馆学史论》，《中国图书馆学报》1992 年第 4 期。
⑥ 柴纯青：《中国图书馆学史：传统及其分析》，《图书馆》1993 年第 3 期。
⑦ 徐仕敏：《过去千年中国图书馆学发展的形式特征》，《图书情报工作》2000 年第 9 期。
⑧ 伍若梅、张杰：《我国图书馆学史理论研究综述》，《图书馆》2012 年第 6 期。
⑨ 韩珏：《加强图书馆学术史研究的几点思考》，《图书馆建设》2012 年第 6 期。

（二）中国图书馆学史学人研究

我国图书馆学史上的学者研究主要包括对图书馆学学人的学术经历、撰述、学术观点的评述等内容。

1. 综论图书馆学学人共同体的论文

王余光介绍了我国当代多位图书馆学家的著作，认为图书馆学前辈学者的著作多不传世的主要原因在于学术传统的缺失和专业学术史教育尚未开展，建议开展图书馆学学术史研究与学术史教育。[①] 王余光还列举了40位已故的20世纪重要文献学家，简要分析其学术背景，[②] 其中多数是现代意义上的图书馆学家，为后来的研究者开辟了方向。况能富介绍了我国的程俱、郑樵和西方的诺代、莱布尼茨的图书馆学成就及其贡献。[③] 霍国庆刻画了20世纪我国大陆图书馆学四代学人和我国台湾图书馆学"两代半人"的群体特征及其代表人物。[④] 于友成从横向角度研究我国当代著名图书馆学家，剖析他们的事业成就、学术思想、成长过程，及其对我国图书馆学术与图书馆事业发展的影响，以弘扬他们的优秀品质和崇高精神。[⑤] 罗德运认为我国图书馆学能成为一门独立的学科，是一代代图书馆学学人近百年奋斗的结果，开展对图书馆学学人的研究，特别是整体研究，是图书馆学研究不可忽视的重要方面。[⑥]

[①] 王余光：《图书馆学前辈学术著作的传与读》，《图书情报工作》2005年第1期。
[②] 王余光：《略论20世纪中国文献学家》，《图书情报工作》2006年第2期。
[③] 况能富：《东西方图书馆学奠基者事略》，《图书情报工作》1983年第6期。
[④] 霍国庆：《百年沧桑 三次高潮 四代学人——20世纪中国大陆和台湾地区图书馆学史总评》，《图书馆》1998年第3、4期。
[⑤] 于友成：《中国当代著名图书馆学家研究》，《山东图书馆季刊》1998年第4期。
[⑥] 罗德运：《应认真开展对中国图书馆学人的研究（上）》，《图书馆杂志》2002年第3期。

2.图书馆学学人个案研究

已有成果对古代图书馆学学人的研究不多，对近现代图书馆学人的研究较丰富。关于古代图书馆学学人，钱亚新认为郑樵是我国图书馆学的奠基人之一①，还论述了祁承㸁的图书馆学思想②；潘钛认为郑樵是我国古代著名的图书馆学家③；刘毅讨论了丘濬的系统图书馆学思想和公共图书馆思想④。

关于近现代图书馆学学人，吴则田叙述了韦棣华在我国近代图书馆史上的活动及贡献⑤；赵玲分析了张元济的图书馆学思想⑥；洪水平认为蔡元培在我国图书馆学史上的地位是思想家型的图书馆学家⑦；崔广社和崔云格论述了梁启超的图书馆实践活动及其对图书馆学理论的研究成果，阐明梁启超"中国图书馆学"思想的形成，以及他提出的建设"中国图书馆学"的思想基础⑧；祝妍通过对梁启超图书馆学观念、实践及理论进行系统阐述，介绍他对我国近代图书馆学理论发展的独特贡献⑨；程焕文记述了沈祖荣的成就及其对图

---

① 钱亚新：《我国图书馆学的奠基人——郑樵》，《安徽大学学报》（哲学社会科学版）1980年第3期。
② 钱亚新：《祁承㸁——我国图书馆学的先驱者》，《图书馆》1962年第1期。
③ 潘钛：《略论郑樵对图书馆学的贡献》，《江苏图书馆工作》1983年第4期。
④ 刘毅：《丘濬图书馆学思想评价》，《广东图书馆学刊》1985年第2期。
⑤ 吴则田：《韦棣华在中国近代图书馆史上的活动》，《图书情报知识》1983年第4期。
⑥ 赵玲：《张元济的图书馆学思想与实践》，《图书情报工作》2005年第10期。
⑦ 洪水平：《试论蔡元培在中国图书馆学史上的贡献与地位》，《四川图书馆学报》2010年第5期。
⑧ 崔广社、崔云格：《简论梁启超的中国图书馆学思想》，《图书情报工作》1995年第3期。
⑨ 祝妍：《梁启超图书馆学思想研究》，硕士学位论文，黑龙江大学，2011年。

书馆学教育的贡献①;周进良②和马启花③论述了李大钊在图书馆理论方面的贡献和在北京大学图书馆的工作实践;周晓燕论述了杨昭悊对我国图书馆学研究的开拓性贡献④;戴煜滨以李小缘在 20 世纪 20 年代后期发表的文章为基础,从关于"传播消息及知识之总机关"的提法、"文献"一词含义的认识、图书馆乃小宇宙及其流通致用思想、图书馆立法问题、图书馆事业宏观规划构想五方面论述其对图书馆学的开拓性贡献⑤;杨屹东分析了李小缘的图书馆学思想和成就⑥。

周文骏等对杜定友、刘国钧、王重民三位图书馆学学人进行了个案研究⑦;王子舟系统地评述了杜定友的图书馆学思想及其在各方面的贡献⑧;李彭元讨论了杜定友的公共图书馆思想⑨;张树华⑩、易雪梅⑪、丁文静⑫从不同角度论述了刘国钧的图书馆学贡献;钟守真论述了刘国钧对比较图书馆学在我国形成的贡献⑬;田春艳从图书馆学理论、分类、编目、书史、图书馆工作和图书馆学

---

① 程焕文:《一代宗师 千秋彪炳——记中国图书馆学教育之父沈祖荣先生》,《图书馆》1990 年第 4、6 期,1991 年第 1、3、5 期。
② 周进良:《李大钊图书馆学思想研究》,《图书情报工作》2003 年第 4 期。
③ 马启花:《李大钊图书馆学思想研究》,硕士学位论文,广西师范大学,2006 年。
④ 周晓燕:《论杨昭悊及其图书馆学思想》,《四川图书馆学报》1999 年第 5 期。
⑤ 戴煜滨:《论李小缘先生超时代的图书馆学思想》,《图书情报工作》1997 年第 5 期。
⑥ 杨屹东:《李小缘学术思想与成就研究》,硕士学位论文,北京大学,2009 年。
⑦ 周文骏、王红元编:《中国图书馆学研究史稿》,北京大学出版社,2011 年。
⑧ 王子舟:《杜定友和中国图书馆学》,北京图书馆出版社,2002 年。
⑨ 李彭元:《试论杜定友先生的公共图书馆思想》,《图书馆》2012 年第 1 期。
⑩ 张树华:《刘国钧教授生平及学术思想简介》,《吉林省图书馆学会会刊》1981 年第 4 期。
⑪ 易雪梅:《刘国钧先生与国立西北图书馆——兼论刘国钧的办馆思想》,《图书与情报》1986 年第 4 期。
⑫ 丁文静:《刘国钧先生图书馆学术思想研究》,硕士学位论文,北京大学,1990 年。
⑬ 钟守真:《刘国钧与比较图书馆学》,《图书馆理论与实践》1994 年第 2 期。

教育五方面介绍了刘国钧对我国图书馆学的贡献；陈源蒸通过重读刘国钧的《图书馆学要旨》，阐释了他对图书馆学的贡献①；魏成刚分析刘国钧在图书馆学理论、图书分类、图书编目、文献学、文献史、历史学以及教育、文化等方面突出的理论成果，认为他是我国近现代图书馆学领域中里程碑式的大家，是我国近代图书馆学史的"历史的人格者"，是把握近代图书馆学发展之要点的关键②；北京大学信息管理系编的《王重民先生百年诞辰纪念文集》是关于目录学家、版本学家、敦煌学家、图书馆学家王重民的纪念文集，其中的论文记述了其生平事迹，反映了其在学术领域的重要贡献③；王余光讨论了王重民在学术研究上的成就和他对图书馆学教育的贡献④。

吴仲强论述了毛坤的图书馆学思想及其贡献⑤；朴英哲根据皮高品著述活动的特点，探讨其在分类学方面的主要学术成果及观点⑥；张亚芳⑦和白国应⑧阐述了钱亚新的索引和图书分类思想；邓小昭论述了陈誉的图书馆学情报学教育思想与实践⑨；郑永田认为我国当代知名图书馆学学者刘迅在图书馆学理论、图书馆学教育、图书馆事业、图书馆学未来、国外图书馆学研究等方面都取得了突

---

① 陈源蒸：《重读〈图书馆学要旨〉——也谈图书馆学前辈学术著作的传与读》，《中国图书馆学报》2008年第1期。
② 魏成刚：《论刘国钧先生的学术成就》，硕士学位论文，北京大学，2008年。
③ 北京大学信息管理系编：《王重民先生百年诞辰纪念文集》，北京图书馆出版社，2003年。
④ 王余光：《王重民先生的生平与著述》，《图书情报工作》2003年第5期。
⑤ 吴仲强：《论毛坤的图书馆学思想》，《四川图书馆学报》1998年第2期。
⑥ 朴英哲：《皮高品分类思想初探》，《黑龙江图书馆》1991年第1期。
⑦ 张亚芳：《钱亚新先生索引思想初探》，《江苏图书馆学报》1987年第3期。
⑧ 白国应：《钱亚新的图书分类思想》，《江苏图书馆学报》2001年第2期。
⑨ 邓小昭：《陈誉先生的图书馆学情报学教育思想与实践》，《上海高校图书情报学刊》2000年第3期。

出的成就①；吴稌年认为俞爽迷是对我国近代图书馆理论与实践作过较大贡献者②；邸念雄论述了王振鹄的图书馆学思想与方法③。

（三）图书馆学史基本理论问题讨论

吴仲强④、霍国庆⑤、郑全太⑥、钱鹏⑦等在著述中讨论了我国图书馆学史的概念。

关于图书馆学发展轨迹和特征研究，霍国庆论述了20世纪我国图书馆学三次高潮及其发展轨迹⑧，王子舟认为20世纪我国图书馆学发展史上出现过三次高潮⑨，柯平、岳修志、李卓卓从图书馆学发展史观和图书馆学的学科特性视角探讨了图书馆学发展规律⑩。

关于图书馆学本土化历史研究，刘迅通过分析西方图书馆学流派及其影响，论述我国图书馆学的发展道路⑪；刘兹恒的博士学位论文总结了20世纪我国图书馆学本土化取得的成就及其经验教训⑫，刘兹恒还介绍了沈祖荣、杜定友和刘国钧三位图书馆学家在

---

① 郑永田：《试论刘迅先生的图书馆学思想》，《图书馆建设》2009年第1期。
② 吴稌年：《俞爽迷的图书馆学研究及其瑕疵》，《大学图书馆学报》2009年第4期。
③ 邸念雄：《评王振鹄的图书馆学思想与方法》，《图书馆学研究》1989年第3期。
④ 见吴仲强等《中国图书馆学史》，湖南出版社，1991年。
⑤ 霍国庆：《百年沧桑　三次高潮　四代学人——20世纪中国大陆和台湾地区图书馆学史总评》，《图书馆》1998年第3期。
⑥ 郑全太：《我国图书馆学史学科建设亟待加强》，《图书馆学研究》2001年第3期。
⑦ 钱鹏：《议"图书馆学史"研究》，《图书馆建设》2005年第3期。
⑧ 霍国庆：《百年沧桑　三次高潮　四代学人——20世纪中国大陆和台湾地区图书馆学史总评》，《图书馆》1998年第3期。
⑨ 王子舟：《20世纪中国图书馆学发展的三次高潮》，《图书情报工作》1998年第2期。
⑩ 柯平、岳修志、李卓卓：《图书馆学发展规律探究》，《情报资料工作》2006年第4期。
⑪ 刘迅：《西方图书馆学流派及其影响——兼论中国图书馆学的发展道路》，《图书馆学刊》1983年第4期。
⑫ 刘兹恒：《20世纪中国的图书馆学本土化研究》，博士学位论文，北京大学，2005年。

20 世纪初我国图书馆学本土化中的贡献[1]。除此之外，另有文献讨论图书馆学史的学科建设[2]、史料建设[3]和图书馆学教育史[4]等问题。

（四）各历史时期我国图书馆学发展研究

关于中国古代图书馆学发展，况能富认为明清两代是我国图书馆学的经验科学内容大发展的重要时期[5]；吴仲强论述 1840 年以前我国图书馆学历史[6]；傅荣贤通过考古材料，探讨殷商图书馆和殷商图书馆学思想[7]。

关于晚清图书馆学发展，戴煜滨探讨了我国图书馆学的萌芽与形成问题，论述晚清图书馆学发展史[8]；王子舟研究了我国近代图书馆学的产生、形成过程[9]；程焕文论述了晚清时期我国近代图书

---

[1] 刘兹恒：《20 世纪初我国图书馆学家在图书馆学本土化中的贡献》，《图书与情报》2009 年第 3 期。

[2] 况能富：《应当开设"图书馆学思想史"课程——谈图书馆学基础理论教学的改革》，《图书情报知识》1986 年第 2 期；郑全太：《我国图书馆学史学科建设亟待加强》，《图书馆学研究》2001 年第 3 期；傅荣贤：《〈中国古代图书馆学史〉课程应该教什么》，《大学图书馆学报》2008 年第 3 期。

[3] 顾烨青：《中国近现代图书馆学人史料建设：现状与展望》，《大学图书馆学报》2010 年第 3 期。

[4] 王子舟：《中国图书馆学教育九十年回望与反思》，《中国图书馆学报》2009 年第 6 期；王蕾、张琦、程焕文：《中国图书与图书馆史教育九十年》，《图书馆论坛》2010 年第 6 期。

[5] 况能富：《中国十五至十八世纪图书馆学思想论要》，《武汉大学学报》（社会科学版）1984 年第 4 期。

[6] 吴仲强：《中国古代图书馆学史论》，《图书情报工作》1992 年第 4 期。

[7] 傅荣贤：《殷商图书馆和殷商图书馆学思想初探》，《图书情报工作》2011 年第 13 期。

[8] 戴煜滨：《中国图书馆学的萌芽与形成（1840—1930）》，博士学位论文，北京大学，1996 年。

[9] 王子舟：《杜定友和中国图书馆学》，博士学位论文，武汉大学，1999 年。

馆学术思想的产生、发展和演变过程①。

关于民国图书馆学发展，范凡从整体上分析了民国时期图书馆著作与图书馆学发展之间的关系②，李彭元论述了民国时期公共图书馆思想③，程焕文将民国时期图书馆学术研究分为三个阶段④，徐鸿将1911年前后至1949年近代图书馆学划分为三个时期⑤，刘亮探讨了民国时期我国图书馆学思想的主要内容与特征⑥。

关于1949年后的图书馆学发展，周文骏等分专题论述1949—1979年图书馆学研究的历史⑦，潘燕桃论述了1949—2009年公共图书馆思想⑧，张树华对1949年后30年间图书馆学研究情况进行了回顾⑨，刘兹恒评述了20世纪80年代图书馆学基础理论研究的两次高潮⑩，吴慰慈、张久珍描述了1949年后图书馆学理论研究60年的发展轨迹⑪，黄宗忠回顾了1949年后图书馆学研究60年的

---

① 程焕文：《晚清图书馆学术思想史》，北京图书馆出版社，2004年。
② 范凡：《民国时期图书馆学著作出版与学术传承》，国家图书馆出版社，2011年。
③ 李彭元：《民国时期公共图书馆思想研究》，博士学位论文，中山大学，2012年。
④ 程焕文：《中华民国时期图书馆学术史序说》，《中山大学学报》（哲学社会科学版）1988年第2期。
⑤ 徐鸿：《中国近代图书馆学的产生与发展》，《图书情报知识》1988年第1期。
⑥ 刘亮：《民国时期我国图书馆学思想的主要内容与特征》，硕士学位论文，西北大学，2011年。
⑦ 周文骏、王红元编：《中国图书馆学研究史稿》，北京大学出版社，2011年。
⑧ 潘燕桃：《近60年来中国公共图书馆思想研究（1949—2009）》，中山大学出版社，2011年。
⑨ 张树华：《三十年来我国图书馆学研究的发展和今后的任务》，《北京大学学报》（哲学社会科学版）1981年第1期。
⑩ 刘兹恒：《评八十年代我国图书馆学基础理论研究的两次高潮》，《图书馆工作与研究》1991年第4期。
⑪ 吴慰慈、张久珍：《新中国图书馆学研究六十年》，《图书馆杂志》2009年第5期。

发展与成就[①]，王子舟回顾和反思了中华人民共和国成立后60年来图书馆学研究历史[②]。

综上所述，通过梳理我国图书馆学史研究的相关文献，我们对图书馆学史研究的进展有了比较清晰的认识，讨论的主题涉及图书馆学史研究的主要方面，这些研究主题还有很大的挖掘空间，值得继续深入研究和探讨。此外，从已有文献中发现，还有一些研究话题受到关注，比如图书馆学史研究的意义、原则、对象和范围，中国图书馆学的确立，区分图书馆史和图书馆学史，图书馆学发展与社会背景的相互影响和关系。

二、研究趋势

我国图书馆学史研究取得了一定成就，但总体而言，无论从时间的系统性还是从内容的全面性来考察，图书馆学史研究基础稍显薄弱。

通过文献调查，笔者认为我国图书馆学史研究中的以下问题值得继续深入发掘：

1. 对我国图书馆学发展的历史过程缺少系统性研究。即使已经问世的图书馆学史研究成果，在图书馆学理论著作中所占篇幅也非常有限，并未成为研究主体，更加无法完整系统地展现图书馆学发展历程的全貌。

2. 对我国图书馆学发展的阶段性和时代性特征，以及我国图书馆学与所处社会、文化、政治、经济等时代背景之间的关系，有待

---

① 黄宗忠：《新中国图书馆学研究60年的回顾与展望》，《图书馆论坛》2009年第6期。
② 王子舟：《建国六十年来中国的图书馆学研究》，《图书情报知识》2011年第1期。

深入探讨和研究。

3.对我国图书馆学的学科发展规律讨论不足,需要进一步挖掘和更加准确地描述。此外,图书馆工作实践与图书馆学、图书馆学教育与图书馆学发展之间的种种关系尚需深入研究。

4.对图书馆学学人及其共同体对图书馆学发展的影响和意义,研究得不够深入具体。①

第二节 中国图书馆学史理论研究进展

近几十年,图书馆学史理论研究取得较大进展,研究的主题结构逐渐清晰并不断拓展。本部分主要从图书馆学史概念讨论、图书馆学史知识体系建设研究、图书馆学发展轨迹与特征研究、图书馆学本土化进程研究、中国图书馆学教育史研究、图书馆学史料整理与研究六个方面作文献回顾与梳理,并讨论图书馆学史理论研究面临的双重挑战,为未来的研究提供新思路。

---

① 何官峰:《中国图书馆学史研究述评》,《图书馆论坛》2015年第4期。

一、主题分析

（一）图书馆学史概念讨论

图书馆学史理论研究中，最基础的问题是关于图书馆学史概念的讨论。吴仲强等的《中国图书馆学史》认为，中国图书馆学史就是中国图书馆学发生、发展的历史；中国图书馆学史不是中国图书馆学思想史，后者是前者的一个分支学科[①]。霍国庆在《百年沧桑 三次高潮 四代学人——20世纪中国大陆和台湾地区图书馆学史总评》中认为，图书馆思想不同于图书馆学思想，图书馆学思想是从学科的角度来认识和把握图书馆现象的理论思维形式，它区别于图书馆思想的地方在于它的系统性和理论性[②]。郑全太在《我国图书馆学史学科建设亟待加强》中，分析了中国图书馆学史与图书馆学、中国图书馆学史与图书馆哲学、中国图书馆学史与中国图书馆史之间的区别与联系，认为中国图书馆学史是研究中国图书馆学发展的具体过程并探究其规律的一门学科，研究重点在于"史"，而图书馆学研究的重点在于"论"。图书馆学是图书馆学史的总结，图书馆学史是图书馆学的展开[③]。钱鹏的《议"图书馆学史"研究》，认为图书馆学史研究属于图书馆学基础理论，然而对图书馆学史和图书馆（事业）史概念的混淆，间接地影响了图书馆学史研

---

① 吴仲强等：《中国图书馆学史》，湖南出版社，1991年，第7页。
② 霍国庆：《百年沧桑 三次高潮 四代学人——20世纪中国大陆和台湾地区图书馆学史总评》，《图书馆》1998年第3、4期。
③ 郑全太：《我国图书馆学史学科建设亟待加强》，《图书馆学研究》2001年第3期。

究的发展①。傅荣贤的《什么是"中国古代图书馆学思想史"》，界定并区分了中国古代图书馆学和中国古代图书馆学思想等概念②。

关于图书馆学史概念的讨论，不仅有利于厘清研究对象和研究范围，而且有利于学人形成学科认同并在同一理论前提下讨论和研究图书馆学史其他问题，还有利于图书馆学史学科体系的建设和形成。

（二）图书馆学史知识体系建设研究

图书馆学史研究知识体系的形成，有助于图书馆学史学科的建设与发展。图书馆学史的概念是当今论而未定的问题，说明理论研究处于探索期。虽然理论研究在探索期，但是学人关注的视野已经具有超前性。在讨论图书馆学史概念的同时，已有多篇文章讨论了图书馆学史学科建设的问题。如况能富的《应当开设"图书馆学思想史"课程——谈图书馆学基础理论教学的改革》，从课程设置和学科体系建设的角度，分析认为应当开设"图书馆学思想史"课程③；郑全太的《我国图书馆学史学科建设亟待加强》，从对20世纪中国图书馆学进行反思和发展的需要出发，提出要建立中国图书馆学史这一学科，同时对中国图书馆学史的学科建设进行了初步的探讨④；傅荣贤在《〈中国古代图书馆学史〉课程应该教什么》中认为，学科史课程教学应该充分强调学科史本身在当代文化建设中的

---

① 钱鹏：《议"图书馆学史"研究》，《图书馆建设》2005年第3期。
② 傅荣贤：《什么是"中国古代图书馆学思想史"》，《图书情报工作》2011年第23期。
③ 况能富：《应当开设"图书馆学思想史"课程——谈图书馆学基础理论教学的改革》，《图书情报知识》1986年第2期。
④ 郑全太：《我国图书馆学史学科建设亟待加强》，《图书馆学研究》2001年第3期。

意义和价值，并就"中国古代图书馆学史"课程，提出具体教学内容应当聚焦的三个主要方面[①]；傅荣贤、李满花、刘伟等的《中国古代图书馆学为什么没有被建构为一门成熟的现代学科——中国古代图书馆学学科建设研究之一》，讨论并分析了中国古代图书馆学没有被建构为一门成熟的现代学科的历史原因[②]。由此，我们可知，图书馆学史学科建设研究任重而道远，需要学人以推进图书馆学发展和图书馆事业发展为使命，构建图书馆学史学科体系，完善图书馆学和图书馆学史教学与研究的知识结构。

（三）图书馆学发展轨迹与特征研究

图书馆学史宏观研究，关注的焦点是图书馆学发展轨迹与特征。范并思等编著的《20世纪西方与中国的图书馆学——基于德尔斐法测评的理论史纲》，对20世纪西方与中国的图书学史上重要的人物、事件进行了系统的评述[③]。张峰在《二十世纪我国图书馆学理论研究两次高潮的比较与分析》中认为，20世纪我国的图书馆学研究有两个黄金时期，一个是30年代，一个是80年代，前者的意义在于形成了我国近代实用图书馆学的理论体系，后者则促使我国图书馆学从实用图书馆学向理念图书馆学飞跃，在这两个黄金时期，我国图书馆学理论研究形成了两次高潮[④]。霍国庆的《百年

---

① 傅荣贤：《〈中国古代图书馆学史〉课程应该教什么》，《大学图书馆学报》2008年第3期。
② 傅荣贤、李满花、刘伟等：《中国古代图书馆学为什么没有被建构为一门成熟的现代学科——中国古代图书馆学学科建设研究之一》，《山东图书馆学刊》2009年第1期。
③ 范并思等编著：《20世纪西方与中国的图书馆学——基于德尔斐法测评的理论史纲》，北京图书馆出版社，2004年。
④ 张峰：《二十世纪我国图书馆学理论研究两次高潮的比较与分析》，《图书情报知识》1992年第2期。

沧桑 三次高潮 四代学人——20世纪中国大陆和台湾地区图书馆学史总评》，论述了20世纪中国图书馆学三次高潮的来龙去脉和主要特征，点评了20世纪中国图书馆学的主要学说及其发展轨迹①。王子舟的《20世纪中国图书馆学发展的三次高潮》认为，20世纪中国图书馆学发展史上出现过三次发展高潮，前后计40余年，在此期间，图书馆学得到迅速发展；勾勒三次高潮概貌，总结图书馆学演进经验，有助于认清历史，开辟未来②。柯平、岳修志、李卓卓的《图书馆学发展规律探究》，从图书馆学发展史观和图书馆学的学科特性两个视角、六个方面对图书馆学的发展规律进行探讨③。范并思的《图书馆学基础理论的四个时期》认为20世纪图书馆学基础理论体系的变化经历了四个时期：1909—1949年理论体系侧重描述图书馆活动，1949—1976年理论特征是批判式图书馆学，1977—1999年理论重心转向构建图书馆学体系，1999年至今理论界开始探索现代图书馆理念④。戎军涛的学位论文，主要研究20世纪以来中国图书馆学理论研究进展情况，通过历史文献、档案调查法系统搜集、整理20世纪以来中国图书馆学理论发展史上的学术研究成果，包括各种理论、学说、流派、史实、人物等资料，对其进行分类、比较、归纳，梳理其发展的脉络体系，总结其发展的内在规律、特点，为中国理论图书馆学发展提供历史基础；其论文将20世纪中国图书馆学理论发展史分为四个时期：20世纪初至40年代为中国图书馆学的形成时期，20世纪50年代至70年

---

① 霍国庆：《百年沧桑 三次高潮 四代学人——20世纪中国大陆和台湾地区图书馆学史总评》，《图书馆》1998年第3、4期。
② 王子舟：《20世纪中国图书馆学发展的三次高潮》，《图书情报工作》1998年第2期。
③ 柯平、岳修志、李卓卓：《图书馆学发展规律探究》，《情报资料工作》2006年第4期。
④ 范并思：《图书馆学基础理论的四个时期》，《国家图书馆学刊》2008年第1期。

代为中国图书馆学的曲折发展时期，20世纪80年代至90年代初为中国图书馆学理论变革时期，20世纪90年代初至今为中国图书馆学变革中平稳前进时期[①]。

纵观中国图书馆学的形成与发展，20世纪是一个发展轨迹和特征都十分鲜明的阶段，是一个经历初步形成到飞速发展完整过程的历史阶段。无论是上述学者总结的两个黄金时期，还是三次高潮或者四个时期的划分，都表明20世纪中国图书馆学发展取得了辉煌成就，并且呈现出清晰的轨迹和鲜明的特征。

（四）图书馆学本土化进程研究

中国图书馆学发展至今，经历了西方图书馆学的引进与本土化过程。刘迅在1983年分析了西方图书馆学流派及其对中国图书馆学发展道路的影响[②]。刘兹恒的博士学位论文《20世纪中国的图书馆学本土化研究》对20世纪中国图书馆学本土化取得的成就及其经验、教训进行总结，分析认为100多年来，图书馆学在中国的发展历史，就是它在中国被不断本土化的历史[③]。刘兹恒在《20世纪初我国图书馆学家在图书馆学本土化中的贡献》中，介绍了沈祖荣、杜定友和刘国钧等三位图书馆学家在20世纪初我国图书馆学本土化中的贡献，并分析了他们的研究对今天我国图书馆学研究者的启示[④]。吴碧薇的学位论文《20世纪国外图书馆学在中国：传播

---

① 戎军涛：《中国图书馆学理论发展史研究》，硕士学位论文，河北大学，2007年。
② 刘迅：《西方图书馆学流派及其影响——兼论中国图书馆学的发展道路》，《图书馆学刊》1983年第4期。
③ 刘兹恒：《20世纪中国的图书馆学本土化研究》，博士学位论文，北京大学，2005年。
④ 刘兹恒：《20世纪初我国图书馆学家在图书馆学本土化中的贡献》，《图书与情报》2009年第3期。

和影响》，依据中国历史的发展进程和中国图书馆学发展的三个高潮，把20世纪国外图书馆学在我国的传播和影响分成三个阶段，即20世纪初到1949年、1950年至1966年、1966年至2000年，并由此展开对各个阶段国外图书馆学在我国传播的背景、国外图书馆学在我国传播的三个媒介（出国考察人员和留学人员、外国来华人员、译著）的重要作用的分析，在此基础上阐明了国外图书馆学对我国图书馆学的影响[①]。

不可否认，中国图书馆学在20世纪所经历的西学引进和本土化过程是其两大主要特征，这两大特征是推进中国图书馆学形成与发展的重要力量。因此，图书馆学学人较早意识到图书馆学本土化研究的重要意义，并且做了深入研究，这对我们准确而深刻地认识20世纪中国图书馆学发展历程具有非常重要的意义。

（五）中国图书馆学教育史研究

图书馆学教育是中国图书馆学发展中非常重要的内容，中国图书馆学教育史研究是中国图书馆学史研究的重要组成部分。王子舟的《中国图书馆学教育九十年回望与反思》，回顾和总结了中国图书馆学教育走过的九十年历程，并将其划分为三个发展阶段：1920—1949年为图书馆学教育的开端及第一个繁荣期，1950—1977年为图书馆学教育的第二次繁荣并有所跌落的阶段，1978—2008年为图书馆学教育的第三个繁荣期及其走低与再兴；其在对早期图书馆学学科形成过程以及特点分析的基础上，全面梳理与分析了中国图书馆学专业教育发展的历史，认为未来中国图书馆学教

[①] 吴碧薇：《20世纪国外图书馆学在中国：传播和影响》，硕士学位论文，郑州大学，2004年。

育的理性发展应将专业注意力转移到"知识"上来，须对以往丰富的办学层次重新进行定位，继承前贤"建设中国的图书馆学"的思想，使专业教育逐步形成中国特色[①]。王蕾、张琦、程焕文的《中国图书与图书馆史教育九十年》，认为图书和图书馆史是图书馆学专业教育的重要组成部分，自1920年"私立武昌文华大学图书科"开设图书馆史课程以来，中国图书和图书馆史教育经历了初创（1920—1949年）、发展（1949—1978年）和完善（1978—2010年）三个发展阶段，形成了本科、硕士和博士三级教育体系，刘国钧、皮高品、谢灼华、来新夏等为图书和图书馆专门史教育的创立与发展作出了具有深远历史影响的贡献[②]。

图书馆学发展离不开图书馆学教育，图书馆学史研究绕不开对图书馆学教育史的阐述。近些年，图书馆学学人不仅加强了对图书馆学教育史的回顾与总结，而且结合图书馆学教育进行深入反思，希望在回顾与反思中为当今图书馆学教育提供经验参考和创新动力。由于中国图书馆学教育史研究的内容涉及学科交叉，并且所要研究的对象与历史资料繁多，如何梳理出一个清晰的历史脉络并书写一部体系完整而全面的中国图书馆学教育史，将是学人需要进一步探索和完成的使命与任务。

[①] 王子舟：《中国图书馆学教育九十年回望与反思》，《中国图书馆学报》2009年第6期。
[②] 王蕾、张琦、程焕文：《中国图书与图书馆史教育九十年》，《图书馆论坛》2010年第6期。

（六）图书馆学史料整理与研究

历史学研究中，"史学即史料学"[①]的理念和"论从史出"的方法，都突出了史料的重要价值。在图书馆学史研究中，图书馆学史料的建设与研究是基础也是方法，中国图书馆学史研究与发展离不开史料的建设与运用。龚威的《从史料运用看图书馆学历史研究》，结合几篇关于20世纪中国图书馆发展史的论文，论述了史料在图书馆学发展研究史中的重要性；阐述了史料的搜集不全与运用不当对图书馆学发展史研究造成的两大伤害[②]。顾烨青的《中国近现代图书馆学人史料建设：现状与展望》认为，史料建设对图书馆学学人研究具有重要作用，中国图书馆学史研究需要开展以扎实史料为基础的实证式研究；图书馆学学人史料包括基本史料、一手档案史料、口述史料和工具书性史料，作者建议对非图书馆报刊的图书馆学学人著述进行整理汇编，新编纸质索引，逐步实现全文数字化，分工协作开展档案史料和口述史料建设，在学术评价制度上鼓励图书馆史料建设[③]。

图书馆学史料的搜集与整理，是图书馆学史研究的前提与基础。作为从事文献整理与管理专业的图书馆学学人，更需要发挥特长，对本学科的文献史料作全面系统的整理，这不仅能体现学科专业优势，而且对图书馆学史研究和图书馆事业发展有着非常重要的意义。

[①] 傅斯年：《历史语言研究所工作之旨趣》，《国立中央研究院历史语言研究所集刊》1928年第1期。
[②] 龚威：《从史料运用看图书馆学历史研究》，《江苏图书馆学报》2001年第2期。
[③] 顾烨青：《中国近现代图书馆学人史料建设：现状与展望》，《大学图书馆学报》2010年第3期。

二、研究趋势

对学科史研究的重视,是学科发展到一定程度之后的学术自觉。图书馆学史研究,能够帮助我们寻找图书馆学史上闪耀的思想光芒,确认值得今天借鉴的精神成果。当今图书馆学的进一步发展需要我们回头看,通过分析历史,审视今天的问题,规划未来的方向。为了图书馆学研究和图书馆事业发展走出困境,取得重大突破与进展,开展图书馆学史研究,是当代图书馆学学人的重大使命和责任。图书馆学史理论研究是图书馆学史研究的一个重要领域,界定图书馆学史概念,分析图书馆学发展轨迹与本土化,论述图书馆学史学科与史料建设,回顾和反思图书馆学教育史,对探索图书馆学发展规律和推进图书馆学研究具有理论意义,对当今和未来图书馆事业发展具有现实意义。

在梳理图书馆学史理论研究现状的基础上,我们看到近几十年图书馆学史理论研究取得重要进展,但是,我们也要继续追问和反思,为何至今还没有一部能够全面系统反映和总结中国图书馆学产生、发展历史的学术史专著呢?为何图书馆学史研究进展如此靠后呢?这也许是当前图书馆学史研究的理论困境之所在。图书馆学史研究范式缺位是困境中的要害环节,构建图书馆学史研究框架和范式,是摆脱图书馆学发展困境的一个突破口。

因此,我们认为图书馆学史理论研究面临理论困境与范式构建的双重挑战。具体而言,我们需要客观认识和判断图书馆学史研究的困境与问题;准确把握图书馆学发展的阶段性与规律性,构建图书馆学史研究框架和范式;总结图书馆学史研究和书写的经验,重视图书馆学史研究的问题意识和方法,构建图书馆学史内容的书写框架体系;界定基本概念,明确研究范围,提出研究视角和研究路径;讨论和界定图书馆学史研究的对象、内容、方法、史料选取等基本问题;形成清晰明确的图书馆学史研究目的与思路,从问题出发,形成主要预设,以重大突破和学术贡献为节点,以人物和论著及其重要观点为主要研究内容,以史实为基础,坚持论从史出、史论结合的原则,构建一套图书馆学史研究的理论体系;阐明中国图书馆学史的历史分期及划分依据;客观评述中国历史上的图书馆学家、著作、观点、学派等对图书馆学发展的意义;厘清社会经济、政治、文化政策与图书馆学的发展,图书馆发展、图书馆学教育与图书馆学的发展之间的关系。只有勇于担当并破解上述难题,我们才能不负当代图书馆学学人的使命和责任。①

第三节　中国图书馆学史专题研究进展

一、古代图书馆学学人研究进展

学人研究是学术史的重要组成部分。中国史学传统向来重视人物研究,正史采用的"纪传体"体裁,就是以人物为中心构建的历

---

① 何官峰:《图书馆学史理论研究综述》,《图书馆学研究》2015 年第 8 期。

史叙事方式。古代学术文化史最成熟的形态——学案体①，也是从纪传体史籍演化而来的，即以辑录学者论学资料为主，介绍其生平传略、学派源流为辅的学术史体例。②学术的发展，学科知识的增长与更新，离不开该领域学者的推动，因此也可以说，学人研究是构建学术史之基石，对厘清学科发展脉络、梳理专业核心知识、明晰学科未来方向均有重要的意义。然而，相对于图书馆学的其他学科分支，包括学人研究在内的学术史研究是比较薄弱的。2005年初，笔者在《图书馆学前辈学术著作的传与读》③中，针对图书馆学前辈著作多不传世的现象，指出当前图书馆学界学术传统的缺失和专业学术史教育的匮乏。此后，笔者及团队一直致力于呼吁学科史研究的开展，在《图书馆学史研究与学术传承》④中，将"学人的学术经历、撰述、学术思想的评述等"列为学术史的首要内容，并附列40位20世纪图书馆学家简表，希望引起学界的重视。值得欣喜的是，在众多学者的共同努力下，图书馆学史研究取得了较为丰硕的成果，在文献整理、学术思想史、学人研究、图书馆学分支学科史等方面，均出现了一批硕博士论文和专著，学科史建设进入了快速发展的阶段。⑤

面对图书馆学前辈学者的著作多不传世的困境，笔者指出，"在老一辈图书馆学学者中，学术著作的不传非杜氏（杜定友）一人，如刘国钧、沈祖荣、李小缘、戴志骞、洪有丰等，他们的著作

---

① 白寿彝：《谈史书的编撰——谈史学遗产答客问之三》，《史学史研究》1981年第3期。
② 陈祖武：《清儒学术拾零》，湖南人民出版社，2002年，第32页。
③ 王余光：《图书馆学前辈学术著作的传与读》，《图书情报工作》2005年第1期。
④ 王余光：《图书馆学史研究与学术传承》，《山东图书馆学刊》2009年第2期。
⑤ 王余光：《"民国图书馆学学人研究"引言》，《图书馆杂志》2020年第1期。

如果教师不读，那么这些著作就不会出现在学生的参考书目里，学生连人名都不知道，当然就谈不上读他们的书了"①。由此继续追问，古代图书馆学学人及其论著被人知晓的又有多少呢？处境也许更加窘迫。我们对中国古代图书馆学学人及其论著的研究文献的检索和爬梳可知，相关著述在提及古代图书馆学学人及其论著思想时大多内容简略。当然，这些研究成果对古代图书馆学学人及其论著的研究和介绍，为后人了解和认识古代图书馆学史发展奠定了研究基础，这是值得肯定的。我们希望这样的研究成果更多、更全面、更深入，以便继续挖掘和弘扬古代图书馆学学人及其论著的思想价值和历史文化意义。本部分将分别对古代图书馆学学人和古代图书馆学论著研究成果进行综述，在此基础上归纳和梳理出一份有参考价值的古代图书馆学学人及其论著简表，并进一步阐释和弘扬古代图书馆学学人对图书馆学发展的贡献。

（一）古代图书馆学学人研究

中国图书馆学史上的古代图书馆学学人研究，主要包括对古代图书馆学学人的学术经历、撰述、学术观点的评述等内容。已有的研究成果，主要有两种形式。

一类是相关著作。例如吴仲强等著的《中国图书馆学史》，讨论了孔子在目录学和图书整理方面的贡献；认为刘向《别录》、刘歆《七略》、班固《汉书·艺文志》是汉代图书馆学的重要文献，在中国图书馆学史上占有重要位置；论述了魏徵、牛弘等人的图书馆学思想；论述了程俱、郑樵、孔天监对图书馆学的贡献；认为明

---

① 王余光：《图书馆学前辈学术著作的传与读》，《图书情报工作》2005年第1期。

代杨士奇、丘濬、焦竑、胡应麟、高濂等，清代钱谦益、曹溶、黄宗羲、徐秉义、周永年、孙庆增等对中国古代图书馆学作出了不可磨灭的贡献，重点阐述了丘濬、祁承㸁、周永年、孙庆增的图书馆学思想和贡献①。黄宗忠的《图书馆学导论》，认为汉代《七略》《别录》《汉书·艺文志》详细地记载了国家图书馆藏书校雠的过程与办法、分类编目的体系与内容；牛弘的《请开献书之路表》，系统论述了历代国家藏书的发展概况；魏徵的《隋书·经籍志》总序，标志着我国古代图书馆学发展的新阶段；程俱的《麟台故事》是我国图书馆学史上的重要著作；郑樵在《通志·总序》中提出图书馆领域的知识，是"天下之大学术"之一，同为"百代之宪章，学者之能事"，第一次把图书馆领域的知识列为一门学问；明代丘濬、祁承㸁，清代孙庆增、乾隆皇帝、周永年为这一阶段图书馆学思想的代表，简要论述了他们的图书馆学思想②。蒋永福的《图书馆学通论》，简要阐述了中国古代的图书馆学思想代表人物、代表文献和代表观点，主要包括刘向《别录》、刘歆《七略》、魏徵《隋书·经籍志》、程俱《麟台故事》、孔天监《藏书记》、郑樵《通志·校雠略》、祁承㸁《澹生堂藏书约》、丘濬《访求遗书疏》、孙从添《藏书记要》、章学诚《校雠通义》、周永年《儒藏说》等③。

另一类是单篇论文。如钱亚新介绍了祁承㸁的生平和著述，论述了祁承㸁的图书馆学思想观点④。钱亚新还认为郑樵是我国图书馆学的奠基人之一，郑樵的《校雠略》《艺文略》《图谱略》《金石

---

① 吴仲强等：《中国图书馆学史》，湖南出版社，1991年，第11—26页。
② 黄宗忠编著：《图书馆学导论》，武汉大学出版社，1988年，第92—98页。
③ 蒋永福：《图书馆学通论》，黑龙江大学出版社，2009年，第333—337页。
④ 钱亚新：《祁承㸁——我国图书馆学的先驱者》，《图书馆》1962年第1期。

略》四篇文章，对于图书馆工作中的采、编、典、阅，不仅在实践上有相当的经验，而且在理论上也有深切的阐述①。况能富阐述了程俱和郑樵的图书馆学思想②。潘钹认为郑樵是我国古代著名的图书馆学家③。刘毅讨论了丘濬的系统图书馆学思想和公共图书馆思想④。谢灼华论述了孙庆增其人及其书，分析了《藏书记要》的内容和价值，客观评价了《藏书记要》的图书馆学价值⑤。陈少川分析和评估了祁承爜的《庚申整书小记》和《澹生堂藏书约》中关于藏书建设的理论，认为它们对于我们顺利地开展藏书建设工作和开展有关科学研究具有相当重要的参考价值⑥。陈少川论述了周永年的藏书建设理论⑦。方万曦论述了孙庆增《藏书记要》对图书馆学的贡献⑧。卢贤中认为祁承爜是我国明末清初的图书馆学家，他在图书馆实践和理论上有着一定的业绩和成就（在实践上，他建立了澹生堂藏书楼，聚书十万多卷；在理论上，他著述了《澹生堂藏书约》和《澹生堂藏书目》，总结了一套藏书与分类理论）；卢贤中还从购求图书与鉴别图书两个方面，论述了祁承爜的藏书建设理论⑨。牛红亮论述了祁承爜的澹生堂藏书及其目录学思想⑩。陈林认为程

---

① 钱亚新：《我国图书馆学的奠基人——郑樵》，《安徽大学学报》（哲学社会科学版）1980年第3期。
② 况能富：《东西方图书馆学奠基者事略》，《图书情报工作》1983年第6期。
③ 潘钹：《略论郑樵对图书馆学的贡献》，《江苏图书馆工作》1983年第4期。
④ 刘毅：《丘濬图书馆学思想评价》，《广东图书馆学刊》1985年第2期。
⑤ 谢灼华：《孙庆增其人及其书》，《图书馆学通讯》1986年第4期。
⑥ 陈少川：《祁承爜藏书建设思想浅析》，《山东图书馆季刊》1988年第1期。
⑦ 陈少川：《周永年藏书建设理论浅探》，《河南图书馆学刊》1988年第4期。
⑧ 方万曦：《孙庆增〈藏书记要〉对图书馆学的贡献》，《宜宾师专学报》1991年第2期。
⑨ 卢贤中：《略评祁承爜的藏书与分类理论》，《大学图书情报学刊》1995年第4期。
⑩ 牛红亮：《祁承爜的澹生堂藏书及其目录学思想》，《图书馆建设》2000年第4期。

俱与郑樵是宋代著名的图书馆学家，他们从各自不同的角度总结图书馆工作，揭示图书馆学思想；无论《麟台故事》还是《通志·校雠略》，都是当时图书馆学最重要的著作，对后世产生了极大的影响，也标志着中国古代图书馆学体系的初步形成①。邱善利简述了祁承㸁的生平，记述了他在中国私家藏书史上创造的辉煌业绩，赞扬了他为我国图书馆学发展作出的贡献②。罗焕好分析了周永年《儒藏说》及其对现代图书馆事业的影响，指出周永年倡议仿照释、老建立佛藏、道藏的办法，建立儒藏，以保存儒家文献③。周欣娟介绍了郑樵生平及其《通志》，并对《通志》中郑樵所创造性提出的图书馆学理论观点，如图书采访理论、图书分类理论、图书著录理论、图书管理和利用理论等作了较全面的阐述，分析了郑樵成为我国图书馆学理论先驱的主要原因④。周余姣的博士论文《郑樵与章学诚的校雠学研究》对郑樵和章学诚在校雠学方面的成就进行了比较研究⑤。

（二）古代图书馆学论著研究

中国图书馆学史上的古代图书馆学论著研究，主要包括对涉及古代图书馆学思想的重要文献进行介绍、评述等。区别于古代图书馆学学人研究，古代图书馆学论著研究更加突出对文献思想内容的

---

① 陈林：《程俱与郑樵图书馆学思想之比较》，《福州大学学报》（哲学社会科学版）2000年第4期。
② 邱善利：《祁承㸁与澹生堂藏书述略》，《当代图书馆》2003年第1期。
③ 罗焕好：《周永年〈儒藏说〉及其对现代图书馆事业的影响》，《图书馆论坛》2007年第4期。
④ 周欣娟：《图书馆学理论先驱郑樵》，《学理论》2011年第13期。
⑤ 周余姣：《郑樵与章学诚的校雠学研究》，博士学位论文，北京大学，2013年。

研究。已有的研究成果，主要有两种形式。

一是相关著作。如谭迪昭主编的《图书馆学基础知识》，简要阐述了程俱的《麟台故事》、郑樵的《通志·总序》、丘濬的《论图籍之储》和《访求遗书疏》、祁承㸁的《澹生堂藏书约》、周永年的《儒藏说》等文献及其所蕴含的图书馆学思想①。宓浩主编的《图书馆学原理》，在我国古代图书馆思想概述部分，主要阐述的作品有：西汉刘向、刘歆父子编定的《别录》《七略》，魏徵的《隋书·经籍志》总序，郑樵的《通志·校雠略》，祁承㸁的《澹生堂书约》和《庚申整书小记》，程俱、丘濬的图书馆学思想，曹溶的《流通古书约》，孙庆增的《藏书记要》等；认为中国古代图书馆的思想和知识是我国图书馆学研究中的一份宝贵遗产，闪烁着前人的智慧，需要我们认真总结②。王子舟的《图书馆学基础教程》，列举了一些代表作及其思想内容：从西汉至隋唐五代，代表作有汉代班固的《汉书·艺文志》、唐代魏徵的《隋书·经籍志》等；宋代以后，代表作有南宋郑樵的《通志·校雠略》，明代祁承㸁的《澹生堂藏书约》，清代孙从添的《藏书记要》以及章学诚的《校雠通义》等③。

二是单篇论文。如李昭恂认为《通志·校雠略》在图书馆学和目录学上的贡献是很大的，是图书馆学史上的一篇重要文献，并从十二个方面分析了相关内容，包括图书分类、编目、求书之道八论等④。王仁富简述了孙庆增《藏书记要》的内容，认为其能够反映

---

① 谭迪昭主编：《图书馆学基础知识》，中山大学出版社，1986年，第18—20页。
② 宓浩主编，宓浩、刘迅、黄纯元编著：《图书馆学原理》，华东师范大学出版社，1988年，第294—297页。
③ 王子舟：《图书馆学基础教程》，武汉大学出版社，2003年，第40—41页。
④ 李昭恂：《图书馆学史上的重要文献——读〈通志·校雠略〉》，《图书馆建设》1980年第2期。

出当时藏书楼阶段图书馆工作的全貌，全面总结了我国封建社会私人藏书家的技术经验，并把它提高到科学管理的高度①。蒋冬清认为研究周永年《儒藏说》及其所反映的图书馆学思想理论，对研究我国古代图书馆学思想史具有很重要的意义②。王国强认为"儒藏说"在中国图书馆学史上占有重要地位，文章以周永年《儒藏说》为基础，分析和评价了"儒藏说"的源流、内容、背景和价值③。张海英从题名释义、成书背景、内容等角度对《麟台故事》进行介绍，并对其图书馆学思想和对后世的影响进行阐述，肯定了《麟台故事》及其图书馆学思想在我国图书馆事业中发挥的重要作用和影响④。王晓明认为《麟台故事》作为我国第一部系统介绍图书馆学的书籍，详细描述了宋代的图书管理情况；其论文根据《麟台故事》所述内容，分析了宋代图书馆馆藏建设、人员管理和职能定位三方面内容，从而让大家深入了解宋代图书馆管理思想⑤。张树华分别介绍了《汉书·艺文志》序、《隋书·经籍志》、《通志·校雠略》、《通志·艺文略》、《麟台故事》、《南宋馆阁录》、《澹生堂藏书约》、《藏书记要》、《流通古书约》、《儒藏说》等文献的内容及其在我国藏书事业发展中的作用⑥。陈锐认为《麟台故事》是探寻我国古代图书馆学思想的一个重要线索，其中蕴含的古代图书馆学思想对现代具有重要的启示意义；其论文对该书的撰写、版本和内容等

---

① 王仁富：《我国清代图书馆学的重要著作——读孙庆增〈藏书记要〉》，《吉林省图书馆学会会刊》1981年第3期。
② 蒋冬清：《周永年〈儒藏说〉及其图书馆学思想论》，《四川图书馆学报》1998年第2期。
③ 王国强：《"儒藏说"评析》，《大学图书馆学报》2002年第5期。
④ 张海英：《〈麟台故事〉及其图书馆学思想概述》，《图书与情报》2002年第2期。
⑤ 王晓明：《从〈麟台故事〉看宋代图书馆管理思想》，《兰台世界》2011年第28期。
⑥ 张树华：《中国"前图书馆学"的发展及有关文献》，《大学图书馆学报》2012年第3期。

加以分析，并通过了解北宋官府藏书以及古代图书馆学思想体系的发展等，运用现代图书馆学的一般理论方法和原则，分析、理顺该书所述的关于北宋国家图书馆的图书活动、馆舍建设、馆职设立等职能，更重要的是作者对图书馆职能的认识等，论证了该书的重要价值①。周文博、傅荣贤认为《隋书·经籍志》的编撰，在我国目录学史上具有承上启下的里程碑式意义，对其编撰思想进行研究，不但能探明其成书规律，推究我国古典目录学发展的思想脉络，更能为"图书馆学中国化"提供必要的理论依据②。

（三）古代图书馆学学人及其论著简表

为了让我们对古代图书馆学学人和古代图书馆学相关论著有所了解，为了推进古代图书馆学史研究和发展，为了学界继续弘扬和挖掘古代图书馆学学人及其论著的思想价值与意义，在归纳上述研究成果的基础上，试将主要的古代图书馆学学人及其主要论著整理成一份简表，仅供参考。

古代图书馆学学人及其主要论著简表

朝代	姓名	主要论著（含思想内容或贡献）
先秦		《周礼·秋官》"辟藏说"
先秦		《尚书·金縢》"纳册于金縢之匮中"
先秦	老子	"周守藏室史"
先秦	孔子	"治书"
先秦	韩非	《韩非子·喻老》"藏书箧"

---

① 陈锐：《〈麟台故事〉及其图书馆学思想研究》，硕士学位论文，黑龙江大学，2012年。
② 周文博、傅荣贤：《〈隋书·经籍志〉编撰思想探源》，《图书馆学刊》2013年第2期。

续表

朝代	姓名	主要论著（含思想内容或贡献）
西汉	刘向	《别录》
西汉	刘歆	《七略》
东汉	班固	《汉书·艺文志》
三国·魏	王肃	《论秘书丞郎表》《秘书不应属少府表》
西晋	荀勖	《中经新簿》
南朝齐	王俭	《七志》
南朝梁	阮孝绪	《七录》
隋	牛弘	《请开献书之路表》
唐	陆德明	《经典释文》
唐	魏徵	《隋书·经籍志》
唐	毋煚	《古今书录·序》
北宋	程俱	《麟台故事》
南宋	郑樵	《通志·序》《通志·校雠略》《通志·艺文略》《通志·图谱略》
南宋	晁公武	《郡斋读书志》
金	孔天监	《藏书记》
南宋	尤袤	《遂初堂书目》
南宋	陈振孙	《直斋书录解题》
元	马端临	《文献通考·总叙》《文献通考·经籍考》
明	丘濬	《论图籍之储》《访求遗书疏》
明	范钦	《范氏东明书目》《四明范氏书目》
明	焦竑	《国史经籍志》

续表

朝代	姓名	主要论著（含思想内容或贡献）
明	胡应麟	《少室山房笔丛》
明	祁承㸁	《庚申整书小记》《澹生堂藏书约》
明	高濂	《遵生八笺》第六笺《燕间清谈笺·论藏书》
清	钱谦益	《绛云楼书目》《绛云楼题跋》
清	毛晋	《汲古阁书目》《隐湖题跋》
清	黄宗羲	《天一阁藏书记》
清	曹溶	《流通古书约》
清	钱曾	《读书敏求记》
清	孙庆增	《藏书记要》
清	周永年	《儒藏说》
清	章学诚	《校雠通义》
清	丁申	《武林藏书录》
清末民初	叶德辉[①]	《书林清话》《藏书十约》

从简表中可以发现，古代图书馆学学人和古代图书馆学论著，包括部分古代目录学、校雠学、文献学、藏书学等相关领域的重要代表人物和论著。这些论著中，有些涉及图书馆学思想和理论内容，有些是对古代图书馆实践活动的总结与思考，对古代图书馆学发展发挥了重要作用。其中一些思想内容还有待进一步挖掘和阐释，有些思想观点对于当今还具有参考价值。对于所列举的先秦时

---

① 叶德辉虽生活于清末民初，但其《书林清话》《藏书十约》是传统文献整理方法与经验的总结之作，故列入此表，以见古代图书馆学之全貌。

期代表人物及其论著，虽然涉及的图书馆学思想观点仅仅是只言片语或者某一实践活动，但是我们认为在文明史开端期，这些思想火花对后来开启图书馆学研究和图书馆实践发挥了不可磨灭的功用，我们不能因为其细微而忽视。因此将他们列于表中，作为对古圣先贤功绩的一种肯定和对其光昭后世意义的发扬。此外需要说明，简表未能完全包含古代图书馆学史上的图书馆学人和论著，有些内容有待进一步探索和补充完善。

（四）研究趋势

上述文献调查与综述，从已有成果中选取代表人物与代表作对古代图书馆学发展成就做了简要阐述，挖掘出一些具有重要学术价值的观点，彰显了古代图书馆学学人的智慧和重要论著的学术价值，为我们进一步拓宽和加深该领域的研究提供了很好的基础。但总体来看，仍存在一些不足之处，诸如对古代图书馆学学人及其论著的个案专题研究还不够系统和充分，虽然古代的图书馆学论著存者不多，但是吉光片羽弥足珍贵，有必要全面梳理古代的图书馆学学人及其论著，并逐一进行深入研究，期望能全面反映古代图书馆学发展的特征和规律。在个案专题研究中，要注意做到既全面又突出重点，客观评价古代的图书馆学人对图书馆学发展、学术发展以及社会发展各层面的影响和意义。

总结古代图书馆学发展的成就和经验，整理古代图书馆学学人及其论著，梳理古代图书馆学发展的规律和特征，既是社会文化发展和时代变迁的需要，又是当代图书馆学学人的使命和任务。[①]

[①] 何官峰：《古代图书馆学人及论著研究综述》，《山东图书馆学刊》2016年第1期。

二、民国图书馆学学人研究进展

晚清以降，西方图书馆思想东传，中国图书馆学完成了体系化、学科化进程。在这个过程中，参与中国图书馆学建设的人物众多，既有治传统经史的文献学家、目录学家，也有受西方图书馆学系统训练的新式学者。他们的学术贡献，集中涌现在20世纪的前30余年，因此，民国图书馆学学人一直是中国图书馆学学人研究的重点。但是，当我们从整体上回顾近年来学人研究的进展时，发现其中的一些基本理论问题亟待厘清。在梳理中国图书馆学人学术成就的过程中，有论者倾向于使用"代际划分"的方法，将某个时间段内的图书馆学家归为一代，而"第一代图书馆学学人"之"桂冠"常被系于20世纪初期留美学成归来的一批图书馆学家。这种划分方法，自20世纪90年代前后被提出以来，影响力巨大，直接影响了其后二十余年间学人研究的书写模式。然而，笔者认为，这种为图书馆学家"划代"的方式并不符合中国图书馆学发展的实际情况，其问题主要体现在三个方面：一是否定了古代图书馆和图书馆学学人的历史贡献；二是将20世纪短短百年人为地分出若干代，代际缺少明显的学术继承关系，部分学者的归类难免有牵强附会之嫌；三是在图书馆学学科体系中，忽视了目录学、文献学的存在。详细论述如下。

一是，我们并不否认近代图书馆与中国古代藏书楼在建制与旨趣上的不同，20世纪以后的图书馆学与古代藏书理论研究各有侧重，但是，中国的图书馆学是在我国古代藏书思想和西方图书馆学理论的双重滋养下形成的，古代藏书思想与理论是中国图书馆学的特色,这是确定无疑的。图书馆本身就是一个发展中的概念,西方古代与近现代图书馆,在开放程度、管理方法上的差异,不亚于中国古代藏书楼与近现代公共图书馆之间的差别。但是不论时代如何发展、图书馆的职能如何变迁,文献的保存与整理,都是图书馆的核心价值之一,古今中外,概莫能外。如果我们能认可此点,那么,中国古代图书馆学的存在也不应该被质疑。① 中国自古就有藏书的传统,历史上的藏书楼,不论其性质如何,客观上都担负了文献保藏的职责。藏书家或者藏书管理人员,在长期实践中总结出大量行之有效的藏书管理、整理的方法与理论,它们都是中国图书馆学的宝贵财富,也是20世纪初期中国图书馆学被命名之后,能够迅速地达到较高的学术水准、积累起较为丰富的学科知识的基础。因而,把20世纪初期留美学成归来的图书馆学学人冠为"第一代图书馆学学人",有悖于图书馆学发展的史实。

二是,20世纪以来的百年历程,是中国社会变化最剧烈的历史阶段,但置之于历史长河不过沧海一粟。特别是对于学人的划分来说,人文社会科学学者的学术生命普遍较长,以百年而论,代际的界限是否合理?各代学人间的学术思想是否展现出鲜明的代际特征?这些都是需要学界冷静思考的问题。有学者在梳理80年来中国图书馆学学人研究时指出,目前的研究成果大部分集中在"第一代图书馆学学人"身上,这其实就是上述问题的直观反映。盖棺方能论定,学术史研究需要一些耐心,学术成果价值的体现,学人历史地位的评定,都需要时间的淬炼。

三是,从民国时期所建立的图书馆学学科体系与专业教育来

---

① 熊静:《论中国图书馆学的历史分期》,《山东图书馆学刊》2016年第1期。

看，目录学、文献学都是图书馆学不可分割的一部分。从事这些领域的学者，无不继承了中国古代目录学与文献学的研究方法与成果。因而将这一时期的这批学者称为"第一代"就极为不合情理了。

笔者认为，目前学界流行的图书馆学学人"代际"划分法值得商榷。更加尊重学科发展规律的做法，是以自然的历史分期为依据，同时考虑中国图书馆学发展的内在机理，将古代图书馆学学人纳入研究对象的范畴，通过个案研究与群体、学派研究相结合的形式，展现每一时期图书馆学发展的特点，梳理学术演进之进程，表彰代表人物之历史贡献。具体来说，可分为古代图书馆学学人研究和近现代图书馆学学人研究。古代部分，重点讨论历代图书馆学学人在藏书楼的营建与管理，藏书环境与藏书观念，藏书管理与整理的方法、思想与理论等方面的成就。近现代部分，主要包括晚清、民国图书馆学学人和现代图书馆学学人两方面。需要特别指出，按照史学界的一般观点，1840 年是中国古代、近代史的分界点，但对图书馆学来说，"图书馆"和"图书馆学"这两个基本概念的提出与定名均发生在 20 世纪初期，图书馆学的近代化完成于民国以后，跨晚清和民国时期的学人的学术贡献也主要集中在民国时期。本阶段学人的探索与思考，直接影响了中国图书馆学的形成与发展，故本套书将民国图书馆学学人作为研究的重点，而 1949 年以后图书馆学学人的学术生命仍在延续，对其展开评述尚需资料的进一步累积，暂不在本论范围之内。对近现代图书馆学学人的研究，除了梳理基本的学术成就，还应当重点解决一代学人如何完成传统图书馆学的现代转型，图书馆学在现代社会学科体系中定位的形成与发展，以及在时代发展、社会变革的背景下，图书馆学学人的坚守与创新等问题。

前面已经谈到，20世纪前半期是中国图书馆学发展的关键时期，民国图书馆学家以对专业的无限热忱和坚持不懈的努力，终于为中国图书馆学在近代学科体系中争得了一席之地。研究民国图书馆学学人，对于我们理解学术发展脉络、树立专业自信、弘扬学术传统具有重要意义。①

接下来，我们对民国图书馆学学人研究作一个简要的述评。我国的近代图书馆事业自清末开始，到民国初期"新图书馆运动"后达到一个高潮。在民国时期，图书馆事业迅速发展，对图书馆学研究和人才的需求也更加迫切。当时，以韦棣华女士为代表的图书馆学家，在中国开了图书馆学教育之先河，积极协助优秀学生赴英、美、日等国家留学深造，这些优秀学子学成归国后服务社会，投身于近代图书馆学教育事业。在此双向影响下，民国时期我国的图书馆学研究和图书馆学家数量都达到了一个高峰，建立起我国近代图书馆学的研究范式，构建了近代图书馆学学科体系，完成了中国古代图书馆学的近代转型。研究民国时期图书馆学学人的研究情况，有利于我们追溯近现代图书馆学学科的产生、发展情况，梳理中国图书馆学学科发展脉络。此外，研究民国图书馆学学人对完善图书馆学学科体系、发扬图书馆学教育事业等方面也具有重要意义。

（一）概念界定和文献来源

本节界定的民国图书馆学学人依据两个标准：一是其人主要生活于民国时期，二是其学术思想主要形成于民国时期。在学人选择

---

① 王余光：《"民国图书馆学学人研究"引言》，《图书馆杂志》2020年第1期。

方面，程焕文在《论图书馆人才的特征——关于"图书馆四代人"的探讨》①一文中提出"图书馆四代人"的观点，其中"开创与奠基的第一代"和"承上与启下的第二代"这两代人的学术活动大多数发生于民国时期。因此，本节在民国时期图书馆学学人的甄选方面，重点对程文中提到的第一、二代学人的研究情况进行考察。此外，本节还结合范凡在《民国时期图书馆学学人》②一文中列举的图书馆学学人的情况对前述第一、二代学人进行补充，综合各方名单进行综述研究。在文献来源方面，本节重点对 21 世纪有关民国图书馆学学人研究的文章、著作、毕业论文等学术成果加以汇总研究。

整体来看，随着图书馆学学人研究的展开，近二十年来我国图书馆学界有关民国时期图书馆学学人的研究主题主要集中在三个方面：一是图书馆学学人概念及其代际划分的争论，二是民国图书馆学学人群体研究，三是民国图书馆学学人个案研究。下面我们逐一述之。

（二）图书馆学学人概念及其代际划分的争论

1. 图书馆学学人概念问题

21 世纪以来，图书馆学学人的研究蒸蒸日上。对图书馆学学人进行合理的定义是研究图书馆学学人的基础。有关图书馆学学人的概念的解释主要有以下几种观点：

（1）图书馆学学人是从事图书馆实际工作或研究工作的"图书

---

① 程焕文：《论图书馆人才的特征——关于"图书馆四代人"的探讨》，《广东图书馆学刊》1988 年第 3 期。
② 范凡：《民国时期图书馆学学人》，《图书与情报》2011 年第 1 期。

馆人才"。程焕文认为:"所谓图书馆人才,就是指那些在图书馆活动中,具有一定的专业知识、较高的图书馆工作技能和能力,能够以自己的创造性劳动,对图书馆学术的发展或图书馆事业的进行作出了某种较大贡献的人。"① 这里将图书馆学学人定义为"对图书馆学术的发展或图书馆事业的进行作出了某种较大贡献的人",并且程焕文认为的图书馆学学人是近现代为中国图书馆事业作出贡献的中国人,并未包含那些为中国图书馆事业作出贡献的外籍人士。持有此种观点的还有范凡,他将图书馆学学人定义为"从事图书馆实际工作和研究的人们"②。在程焕文和范凡的定义中,图书馆学学人的基本特征是具有学术性和务实性双重特性。

(2) 图书馆学学人是与近现代图书馆事业及学术研究密切相关的人。持有此种观点的代表是谢欢,他认为:"'中国图书馆学学人'主要指近现代以来与中国图书馆事业发展和学术研究密切相关的学人。"③ 他认为我们今天所说的"图书馆学学人"从时间上看是近现代人;从国籍上看,不仅包含中国学人,还包含所有对中国图书馆事业发展作出贡献的外籍人士。

(3) 图书馆学学人包括图书馆学家、图书馆专家和图书馆事业家三部分。罗德运将图书馆学学人划分为"图书馆学家、图书馆专家、图书馆事业家"三个类型,根据其不同的学术特征进行类型划分,以此来确定图书馆学学人的范围。④

---

① 程焕文:《论图书馆人才的特征——关于"图书馆四代人"的探讨》,《广东图书馆学刊》1988年第3期。
② 范凡:《民国时期图书馆学人》,《图书与情报》2011年第1期。
③ 谢欢:《中国图书馆学学人研究宏观考察》,《中国图书馆学报》2016年第6期。
④ 罗德运:《应认真开展对中国图书馆学人的研究(上、下)》,《图书馆杂志》2002年第3、4期。

整合前述观点来看，民国时期图书馆学学人的共性是他们都曾从事图书馆实践工作或图书馆学教育事业，并对中国图书馆学术和事业作出了贡献。其工作和学术研究的时间主要集中在民国时期，其国籍并不局限于中国。

2.图书馆学学人代际划分问题

1988年，程焕文提出图书馆学人"四代人"学说。1992年，程焕文在《图书馆人与图书馆精神》[1]一文中再论此观点。2004年，程焕文又撰写《百年沧桑 世纪华章——20世纪中国图书馆事业回顾与展望》[2]，对四代学人的名单进行了完善，增加了部分人物。自此以后的学人普遍在此基础上对中国图书馆学学人进行代际划分。如徐引篪与霍国庆合著的《现代图书馆学理论》[3]一书中有关四代学人的划分就是在程焕文的基础上加以完善的。关于民国时期图书馆学学人，范凡在程焕文的基础上将第一、二代学人归纳为民国图书馆学学人[4]，并对第一、二代学人的名单加以补充。赵元斌在《民国图书馆学人综论》[5]中对范凡的名单进行了更加详细的补充，增补了部分民国文献学家、目录学家。

对于四代学人的观点，也有学者持批判态度。如王子舟在《建国六十年来中国的图书馆学研究》中认为"划分学者代际，既要考虑他们的出生时代也要考虑他们的学术创获时期，并且应以其发生

---

[1] 程焕文：《图书馆人与图书馆精神》，《中国图书馆学报》1992年第2期。
[2] 程焕文：《百年沧桑 世纪华章——20世纪中国图书馆事业回顾与展望》，《图书馆建设》2004年第6期。
[3] 徐引篪、霍国庆：《现代图书馆学理论》，北京图书馆出版社，1999年。
[4] 范凡：《民国时期图书馆学人》，《图书与情报》2011年第1期。
[5] 赵元斌：《民国图书馆学人综论》，《图书馆》2015年第11期。

的学术创获期为主"①。在此观点下,王子舟将程焕文划分的第一、二代学人合并为第一代学人,并将其称之为"引进与开创的一代",这一代的学术创获期主要发生在20世纪二三十年代。罗德运在《关于近现代中国图书馆学家的代分标准——〈现代图书馆学理论〉中学者划代定位问题质疑》一文中认为"四代人"的观点存在将一、二代人混淆、错置的情况,提出"学术年龄是判断学者代分的重要参考系数"②的观点。他在之后发表的《应认真开展对中国图书馆学人的研究》③中对他的代际划分观点进一步加以阐释,并列举了每代人的名单。

除了前述两种从个人经历和学术生涯两个方面进行划分的方法,王安功在《现当代图书馆学人的类型学研究初探》一文中从"对学科建设的贡献、学术影响力、人生资历"等角度对现代图书馆学学人进行划分,将其划分为"现代图书馆学先驱者、职业图书馆学家、图书馆学攸关者、图书馆事业活动家"四个类型。其中将"韦棣华、沈祖荣、胡庆生、戴志骞、李小缘、刘国钧、杜定友、袁同礼、杨昭悊、马宗荣等10人"看作现代图书馆学先驱者。④

（三）民国图书馆学学人群体研究

1931年韦棣华女士去世以后,学界掀起撰文纪念其贡献的热潮,对第一代图书馆学学人的研究自此拉开序幕,并一直持续到今

---

① 王子舟：《建国六十年来中国的图书馆学研究》，《图书情报知识》2011年第1期。
② 罗德运：《关于近现代中国图书馆学家的代分标准——〈现代图书馆学理论〉中学者划代定位问题质疑》，《图书馆杂志》2001年第10期。
③ 罗德运：《应认真开展对中国图书馆学人的研究（上、下）》，《图书馆杂志》2002年第3、4期。
④ 王安功：《现当代图书馆学人的类型学研究初探》，《河南科技学院学报》2014年第1期。

天。21世纪以来，部分图书馆学学人开始从不同角度对近几十年图书馆学学人的研究情况进行综述，综述内容主要分为总体性研究和专题性研究。

1. 民国图书馆学学人总体性研究

在近八十年对民国时期图书馆学学人的研究的基础上，21世纪以后出现了对民国图书馆学人的整体情况进行研究的综述性文章。此类综述性文章大致可以划分为三个方面。

（1）对20世纪30年代以来民国图书馆学学人的研究情况的整体综述，代表文章为谢欢的《中国图书馆学学人研究宏观考察》[①]和韦庆媛的《对民国时期图书馆学者研究的回顾与展望》[②]。谢欢在《中国图书馆学学人研究宏观考察》中对自西方图书馆学思想传入中国以来近八十年间的图书馆学学人研究情况进行综述，将我国图书馆学学人的研究划分为四个时期：兴起时期（20世纪30年代）、曲折发展时期（20世纪50至70年代）、恢复与发展时期（20世纪80至90年代）、深入推进时期（21世纪以来），并对每个时期图书馆学学人的研究变化情况进行综论。韦庆媛在《对民国时期图书馆学者研究的回顾与展望》一文中从学者的学术经历、学术思想、学术流派等方面对民国时期图书馆学者研究的现状进行回顾。

（2）对民国时期图书馆学群体名录的研究，此类综述性文章有王余光的《图书馆学史研究与学术传承》[③]、范凡的《民国时期图书

---

① 谢欢：《中国图书馆学学人研究宏观考察》，《中国图书馆学报》2016年第6期。
② 韦庆媛：《对民国时期图书馆学者研究的回顾与展望》，《图书馆论坛》2016年第7期。
③ 王余光：《图书馆学史研究与学术传承》，《山东图书馆学刊》2009年第2期。

馆学人》① 和赵元斌的《民国图书馆学人综论》②。王余光在《图书馆学史研究与学术传承》一文中列出了 40 位 20 世纪重要的图书馆学家。范凡的《民国时期图书馆学人》从学科背景出发，将民国时期的图书馆学学人划分为文献学家和图书馆学家两大类，将程焕文提出的"四代人"中的前两代人归纳为民国时期的图书馆学学人，并对这两代人的生平经历加以考察。赵元斌的《民国图书馆学人综论》梳理了今人对民国图书馆学学人的研究情况，并且在范凡《民国时期图书馆学人》的基础上对民国时期图书馆学学人的名录进行了补充，列出了民国时期图书馆学学人简表。

（3）对民国图书馆学学人资料集结情况的综述，此类文章有顾烨青的《中国近现代图书馆学人史料建设：现状与展望》③。此文章中，顾烨青对现代图书馆学学人研究的史料资源的建设情况进行了梳理，并对今后图书馆学学人史料整理工作提出了建议。

2.民国图书馆学学人专题性研究

正如程焕文将民国时期图书馆学学人的研究置于当时的社会环境和时代背景之中进行代际划分一样，图书馆学界在对民国图书馆学学人进行研究时也根据不同的标准将其划分为不同的群体，以求更为集中地揭示其群体特征。具体的研究角度有以下几种：

（1）按照代际划分分专题研究

部分学者根据程焕文"四代人"的划分标准，对不同代际的学人的学术形象和学术思想进行整体研究，具有代表性的有崔然的

---

① 范凡：《民国时期图书馆学人》，《图书与情报》2011 年第 1 期。
② 赵元斌：《民国图书馆学人综论》，《图书馆》2015 年第 11 期。
③ 顾烨青：《中国近现代图书馆学人史料建设：现状与展望》，《大学图书馆学报》2010年第 3 期。

《第一代图书馆学人群体形象描述》[①]和尹吉星、邓小昭的《关于第二代学人图书馆学思想研究的综述》[②]。崔然的《第一代图书馆学人群体形象描述》综述了第一代图书馆学学人的群体形象特征,并归纳总结其活动共性。尹吉星、邓小昭的《关于第二代学人图书馆学思想研究的综述》对第二代学人的图书馆学思想进行了综述性研究。

(2)按照个人经历分专题研究

根据图书馆学学人的学术经历来进行群体研究是目前学界对民国图书馆学学人研究的又一重点,尤其是对有留洋经历的图书馆学学人的研究。例如,平保兴的《16位图书馆学者事略与著述考录》[③]、郑丽芬的《筚路蓝缕先驱之路——试论我国第一代图书馆学人留美经历》[④],两篇论文对民国时期不同图书馆学学人群体的学术交游活动进行了综合性研究,如郑丽芬在文中对第一代赴美留学的图书馆学学人在美留学、生活的情况进行了综述。董成颖的《民国留美图书馆学人与中国图书馆事业的现代化》[⑤],对民国时期留学海外的图书馆学学人的整体情况包括年龄、经历、教育背景等内容进行详细的统计分析,并对这一群体对中国图书馆事业发展作出的贡献作了概括性总结。此外,近二十年来涉及对民国时期留洋图书馆

[①] 崔然:《第一代图书馆学人群体形象描述》,《河南图书馆学刊》2015年第7期。
[②] 尹吉星、邓小昭:《关于第二代学人图书馆学思想研究的综述》,《图书馆》2011年第6期。
[③] 平保兴:《16位图书馆学者事略与著述考录》,《山东图书馆学刊》2012年第1期。
[④] 郑丽芬:《筚路蓝缕先驱之路——试论我国第一代图书馆学人留美经历》,《图书馆论坛》2015年第4期。
[⑤] 董成颖:《民国留美图书馆学人与中国图书馆事业的现代化》,硕士学位论文,南京大学,2018年。

学学人群体研究的文章还有韦庆媛的《民国时期涉华外国图书馆学者群体的构成及分析》[①] 和《民国时期图书馆学留学生群体的构成及分析》[②]、朱海燕的《民国时期图书馆学人的海外发文》[③] 等。

除了对海外留学群体的关注，还有对文华专科学人群体的研究、对国立北平图书馆学人等群体的研究。例如，周余姣的国家社科基金项目《国立北平图书馆学人群体研究》，就是以民国时期国立北平图书馆的学人群体为研究对象的。2017年，郑丽芬的《民国时期图书馆学人留学史料整理与研究》也获得了国家社科基金的支持。从国家社科基金的支持层面也可以看出，目前学界对民国图书馆学学人群体的研究热度呈不断上升的趋势。

（3）按照学人思想分专题研究

在群体研究方面，部分学者从学术思想共性的角度对图书馆学学人群体进行划分，注重研究民国时期不同学人群体图书馆学思想的共性。此类文章有刘亮、杨玉麟的《30年来民国图书馆学思想研究述略》[④]、刘亮的《民国时期我国图书馆学思想的主要内容与特征》[⑤] 和《民国时期图书馆学思想的特征、影响和局限》[⑥] 等。刘亮、杨玉麟的《30年来民国图书馆学思想研究述略》一文对三十年来图书馆学学人的学术研究情况进行了综述。刘亮的《民国时期我国图书馆学思想的主要内容与特征》和《民国时期图书馆学思想

[①] 韦庆媛：《民国时期涉华外国图书馆学者群体的构成及分析》，《图书馆》2018年第5期。
[②] 韦庆媛：《民国时期图书馆学留学生群体的构成及分析》，《大学图书馆学报》2018年第3期。
[③] 朱海燕：《民国时期图书馆学人的海外发文》，《图书馆论坛》2018年第9期。
[④] 刘亮、杨玉麟：《30年来民国图书馆学思想研究述略》，《图书馆》2011年第3期。
[⑤] 刘亮：《民国时期我国图书馆学思想的主要内容与特征》，硕士学位论文，西北大学，2011年。
[⑥] 刘亮：《民国时期图书馆学思想的特征、影响和局限》，《图书馆建设》2011年第12期。

的特征、影响和局限》均有对民国时期图书馆学学人的思想、学术情况的论述。

（四）民国图书馆学学人个案研究

个案研究在民国时期图书馆学学人研究中分布最多，整体看来，民国时期图书馆学学人个案研究主要有以下特征。

1. 以刘国钧、杜定友等学人为研究重点

在学人个案研究中，仍旧以对刘国钧和杜定友为代表的第一代学人的研究为重点。通过对知网和维普数据库中有关杜定友研究的文献调查发现，21世纪以来，对杜定友研究的论文多达63篇，涉及杜定友图书馆学思想和实践活动的各个方面。举例来看，有毛瑞江《论杜定友先生的特藏建设观》[①]，王瑞颖《杜定友对图书馆事业的贡献及其图书馆精神》[②]，张书美《杜定友对民众图书馆思想的贡献》[③]，朱晓梅《论杜定友〈校雠新义〉的图书分类观念》[④]，范凡《杜定友访日开启中日图书馆学双向交流的"圕时代"》[⑤]，刘应芳《杜定友对我国图书馆学本土化的贡献》[⑥]，韩香花《杜定友为科学研究服务思想对学科服务的启示》[⑦]，徐颖《略述我国著名图书馆专

---

① 毛瑞江：《论杜定友先生的特藏建设观》，《图书馆工作与研究》2016年第1期。
② 王瑞颖：《杜定友对图书馆事业的贡献及其图书馆精神》，《兰台世界》2015年第13期。
③ 张书美：《杜定友对民众图书馆思想的贡献》，《图书馆建设》2015年第4期。
④ 朱晓梅：《论杜定友〈校雠新义〉的图书分类观念》，《图书馆建设》2014年第10期。
⑤ 范凡：《杜定友访日开启中日图书馆学双向交流的"圕时代"》，《山东图书馆学刊》2014年第4期。
⑥ 刘应芳：《杜定友对我国图书馆学本土化的贡献》，《图书馆建设》2014年第5期。
⑦ 韩香花：《杜定友为科学研究服务思想对学科服务的启示》，《国家图书馆学刊》2013年第1期。

家杜定友的贡献》①、张智燕、刘雯《杜定友与刘国钧分类思想异同探析》②、刘雯《刘国钧与杜定友图书馆学思想比较》③ 等文章，这些文章从杜定友的图书馆学思想、精神、贡献、学术成果、学术交游等方面对杜定友的学术生涯进行了研究。王子舟的《杜定友和中国图书馆学》④ 一书对杜定友的学术生涯、图书馆学思想和学术贡献等方面进行了深入的挖掘和研究，对杜定友的学术资料进行了详尽完备的收集、整理。此类著作还有黄增章、杨恒平的《中国图书馆事业开拓者——杜定友》⑤ 等。除学术性研究以外，对于第一代学人的学术文集的出版也备受学界的重视。目前出版的刘国钧与杜定友二人文集的数量居民国时期图书馆学学人文集数量之最，有中山图书馆1987年编的《杜定友先生逝世二十周年纪念文集》、李文瑞主编的《刘国钧文集》⑥ 等。从上述文献和著作涉及的内容和翔实程度来看，目前我国学界对第一代图书馆学学人的研究仍居于主要地位。

2. 学人研究范围逐渐拓展

随着研究的扩展，在对核心学人的研究不断深入的基础上，目前学界开始逐步将研究中心转移至对新的缺乏挖掘的民国图书馆学学人的研究上去。

---

① 徐颖：《略述我国著名图书馆专家杜定友的贡献》，《兰台世界》2012年第22期。
② 张智燕、刘雯：《杜定友与刘国钧分类思想异同探析》，《图书馆工作与研究》2011年第11期。
③ 刘雯：《刘国钧与杜定友图书馆学思想比较》，《图书馆》2011年第4期。
④ 王子舟：《杜定友和中国图书馆学》，北京图书馆出版社，2002年。
⑤ 黄增章、杨恒平：《中国图书馆事业开拓者——杜定友》，广东人民出版社，2009年。
⑥ 李文瑞主编：《刘国钧文集》，南京师范大学出版社，2001年。

(1) 增加对其他领域学人的图书馆学思想研究

在既往研究中,梁启超、李大钊、胡适、张元济、赵元任、郑观应、范希增、周作人等人多被当作文学家、教育家、革命家或者出版家来进行研究,对其图书馆学实践和思想的挖掘,往往隐没其中,揭示深度远远不足。21世纪以来,随着对图书馆学史研究的深入,前述几人的图书馆学思想也逐渐受到关注,开始有学者撰文对他们的图书馆学思想和图书馆管理理念进行探讨。此类文献有刘应芳的《从中西文化观看梁启超的图书馆学本土化理念》[1],李宇的《梁启超与图书馆事业渊源考》[2],杨学平的《梁启超的图书馆生涯与思想》[3],祝妍的《梁启超图书馆学思想研究》[4],石烈娟、杨红玲的《胡适与北京大学图书馆(1946—1948年)》[5],马光华、张文、党晓红的《周作人与北大图书馆考论》[6],邹新明的《胡适与哈佛燕京图书馆》[7],马波、郝淑红的《胡适与中国图书馆事业》[8],李玉宝的《胡适与中国图书馆的现代转型》[9],于作敏的《李大钊对图书馆"公共空间"功能的探索》[10],魏豫州的《李大钊图书馆实践述评》[11],

---

[1] 刘应芳:《从中西文化观看梁启超的图书馆学本土化理念》,《图书馆学研究》2015年第7期。
[2] 李宇:《梁启超与图书馆事业渊源考》,《兰台世界》2012年第31期。
[3] 杨学平:《梁启超的图书馆生涯与思想》,《兰台世界》2012年第19期。
[4] 祝妍:《梁启超图书馆学思想研究》,硕士学位论文,黑龙江大学,2011年。
[5] 石烈娟、杨红玲:《胡适与北京大学图书馆(1946—1948年)》,《大学图书馆学报》2017年第3期。
[6] 马光华、张文、党晓红:《周作人与北大图书馆考论》,《图书馆》2017年第4期。
[7] 邹新明:《胡适与哈佛燕京图书馆》,《大学图书馆学报》2016年第2期。
[8] 马波、郝淑红:《胡适与中国图书馆事业》,《图书馆建设》2016年第1期。
[9] 李玉宝:《胡适与中国图书馆的现代转型》,《四川图书馆学报》2011年第4期。
[10] 于作敏:《李大钊对图书馆"公共空间"功能的探索》,《河北学刊》2014年第6期。
[11] 魏豫州:《李大钊图书馆实践述评》,《河北科技图苑》2014年第5期。

吴稌年的《对李大钊在北京大学图书馆的多方位认识》[①]，李静云的《李大钊对我国现代图书馆事业的贡献与影响》[②]，李志强、何苏丽的《中国现代图书馆事业的奠基人——李大钊图书馆管理思想研究》[③] 等文章。从这些文章中可以看出，在对民国时期图书馆学学人的研究进一步深入以后，越来越多的人开始关注其他领域的名人在图书馆学方面的成就和贡献，这为还原民国时期图书馆学事业发展的真实情况、探索图书馆学学科发展的整体脉络提供了更为丰富的史料和研究对象。

（2）增加对"非著名图书馆学学人"的研究

进入21世纪以后，对民国图书馆学学人的研究由早期的著名图书馆学学人如李小缘、沈祖荣、杜定友、钱亚新、刘国钧、王云五、袁同礼等人逐步拓展到"非著名图书馆学学人"。裘开明、桂质柏、陈东原、戴志骞、李燕亭、柳诒徵、王献唐、邓衍林、吴光清、王文山、冯陈祖怡、吕绍虞、徐鸿宝等人的图书馆学思想也开始受到重视。以戴志骞为例，韦庆媛、邓景康主编的《戴志骞文集》[④] 对戴志骞的学术成果进行了整理与介绍；2017年，郑锦怀出版了《中国现代图书馆先驱戴志骞研究》[⑤] 一书，对戴志骞图书馆学思想与成就进行了集中整理。除戴志骞以外，还有许多"非著名图书馆学学人"开始受到关注，如李诗苗的《金敏甫图书馆学思想

[①] 吴稌年：《对李大钊在北京大学图书馆的多方位认识》，《高校图书馆工作》2013年第4期。
[②] 李静云：《李大钊对我国现代图书馆事业的贡献与影响》，《兰台世界》2012年第10期。
[③] 李志强、何苏丽：《中国现代图书馆事业的奠基人——李大钊图书馆管理思想研究》，《图书馆理论与实践》2011年第12期。
[④] 韦庆媛、邓景康主编：《戴志骞文集》，国家图书馆出版社，2016年。
[⑤] 郑锦怀：《中国现代图书馆先驱戴志骞研究》，中国海洋大学出版社，2017年。

研究》① 以金敏甫的图书馆学思想为研究对象进行深入研究；周余姣的《邓衍林之生平、著述与贡献》②和蔡成普的《邓衍林对我国参考咨询事业的贡献》③，以邓衍林的图书馆职业生涯和学术贡献为研究对象，总结了其在我国图书馆学史上的学术地位和贡献；陈碧香的《中国现代女性图书馆先驱冯陈祖怡研究》④和刘劲松、符夏莹的《冯陈祖怡的图书馆思想与实践论略》⑤，以民国时期的女性图书馆学学人冯陈祖怡为研究对象，总结其对图书馆事业的贡献；韦庆媛的《记文华图书科第二届毕业生王文山》⑥对我国早期图书馆专业学者王文山的学术和从业生涯进行了介绍。随着对民国时期图书馆学学人研究的深入，将会有越来越多的"非著名图书馆学学人"被发掘出来做个案研究，以此来完善民国时期图书馆学研究的内容。

（3）增加对来华外籍图书馆学学人的研究

近二十年来，对民国图书馆学学人的个案研究的另一个趋势是增加对外国来华工作的学人的研究。20世纪20年代，韦棣华女士在武汉兴办文华图书馆学专科学校，开创了我国图书馆学教育事业，为中国近代图书馆事业培养了大量专业人才。除了韦棣华女士，美国图书馆学家鲍士伟、克乃文、卫三畏等人对中国图书馆事业均

---

① 李诗苗：《金敏甫图书馆学思想研究》，硕士学位论文，北京大学，2016年。
② 周余姣：《邓衍林之生平、著述与贡献》，《中国图书馆学报》2017年第1期。
③ 蔡成普：《邓衍林对我国参考咨询事业的贡献》，《山东图书馆学刊》2018年第6期。
④ 陈碧香：《中国现代女性图书馆先驱冯陈祖怡研究》，《图书馆理论与实践》2014年第2期。
⑤ 刘劲松、符夏莹：《冯陈祖怡的图书馆思想与实践论略》，《国家图书馆学刊》2017年第5期。
⑥ 韦庆媛：《记文华图书科第二届毕业生王文山》，《图书情报知识》2010年第4期。

作出了突出贡献。21世纪以来，开始有学者关注这些来华的外籍学人对中国图书馆事业发展作出的贡献，并对他们的图书馆学思想进行研究。此类文章有郑锦怀的《中国图书馆学教育的肇始者——克乃文生平略考》[1]，徐雁的《"读者为本，书籍至上；学贯古今，术通中西"——克乃文在华首开图书馆学课程百年纪念》[2]，吴稌年的《中华图书馆协会对外交流的首件大事——鲍士伟考察中国图书馆85周年》[3]，张书美、刘劲松的《鲍士伟对中国图书馆事业的贡献》[4]，高天宜的《鲍士伟与近代中国图书馆事业》[5]等。

（五）民国图书馆学学人研究的特点

1. 研究范围不断扩大

学人研究的范围不断扩大，由早期集中于知名学者，逐渐拓展到将民国图书馆学视为一个群体，展开更为全面、广泛的研究，并对程焕文提出的学人名单进行不断扩充。近几年还出现了对来华的外籍图书馆学学人的研究，如韦庆媛的《民国时期涉华外国图书馆学者群体的构成及分析》[6]和《民国时期图书馆学留学生群体的构

---

[1] 郑锦怀：《中国图书馆学教育的肇始者——克乃文生平略考》，《图书馆》2013年第1期。
[2] 徐雁：《"读者为本，书籍至上；学贯古今，术通中西"——克乃文在华首开图书馆学课程百年纪念》，《图书馆》2005年第5、6期。
[3] 吴稌年：《中华图书馆协会对外交流的首件大事——鲍士伟考察中国图书馆85周年》，《图书馆》2011年第2期。
[4] 张书美、刘劲松：《鲍士伟对中国图书馆事业的贡献》，《国家图书馆学刊》2010年第2期。
[5] 高天宜：《鲍士伟与近代中国图书馆事业》，《图书馆工作与研究》2015年第7期。
[6] 韦庆媛：《民国时期涉华外国图书馆学者群体的构成及分析》，《图书馆》2018年第5期。

成及分析》① 两篇文章，对"在中国图书馆工作的外国馆员、在华从事图书馆学专业教育的外国学者、在华工作的外国图书馆交换馆员、外国来华访问的图书馆学者、中华图书馆协会外籍会员、中华图书馆协会外籍名誉会员、美国援助中国征求图书赞助委员会委员等"群体进行分析研究。这表明对民国时期图书馆学学人群体的研究范围由传统的国内学人扩展到涉外以及外国在华人员群体。

2. 研究更加深入

最初的图书馆学学人研究多具有"纪念性"，通常对其生平、治学生涯加以褒赞，缺乏客观中立的评价。随着学术研究的规范化发展，学界对民国图书馆学学人个案的研究更加深入，不仅仅局限在对其学术贡献的总结，还对其学术思想、交友活动加以更加深入、详细的挖掘，使我们对学人的认识更加深入、饱满，使学人的学术形象也更为立体、生动。21世纪以来，开始出现对民国图书馆学学人个案的学术成就的学术性研究。如魏成刚的《论刘国钧先生的学术成就》②、杨屹东的《李小缘学术思想与成就研究》③、李诗苗的《金敏甫图书馆学思想研究》④ 等。这些文章以民国时期图书馆学学人为研究对象，深入研究其图书馆学学术思想、学术实践以及学术成就。对比之前的"纪念性"文章，它们从专业的角度对民国时期图书馆学学人的学术成就进行客观概括和总结，内容更为全面深入。

---

① 韦庆媛：《民国时期图书馆学留学生群体的构成及分析》，《大学图书馆学报》2018年第3期。
② 魏成刚：《论刘国钧先生的学术成就》，硕士学位论文，北京大学，2008年。
③ 杨屹东：《李小缘学术思想与成就研究》，硕士学位论文，北京大学，2009年。
④ 李诗苗：《金敏甫图书馆学思想研究》，硕士学位论文，北京大学，2016年。

3.关注图书馆学学人的海外影响力

一直以来,对民国时期图书馆学学人的研究尤其是对第一代图书馆学学人的研究,其方向都是外国图书馆学思想对中国学人的影响。近期有学者将视线调转,开始关注中国图书馆学学人对外国图书馆学的影响。如郑锦怀的《中国现代图书馆学人对美国汉学的3种贡献》[①]一文,对江亢虎、戴志骞、袁同礼、裘开明、童世纲等中国图书馆学学人对美国汉学研究的贡献进行了归纳和总结。朱海燕在《民国时期图书馆学人的海外发文》一文中指出:"研究民国时期曾留美的部分图书馆学人1912—1949年在国外刊物上发表的四种类型的英文著述……通过探析这些英文著述,洞察这批民国图书馆学人对我国图书馆事业发展所起的推动作用及其与美国图书馆界的交流与合作活动。"[②] 此类文章将关注重点集中在民国图书馆学学人在海外留学或工作期间对海外汉学事业发展的贡献,但对于其图书馆学思想对海外图书学界的影响方面的研究则有所欠缺。[③]

(六)民国图书馆学学人简表

在综述民国图书馆学学人研究现状的基础上,参照王余光《20世纪重要图书馆学家简表》,我们整理出一份民国时期图书馆学学人简表,共列举了100位民国图书馆学学人。需要说明几点:(1)时间范围的划定:民国时期图书馆学学人指其主要学术经历及思想发生、产生于民国时期或其在民国时期取得了一定的学术成就。(2)简表中的"实际工作、研究及成就"一栏,仅列举图书馆

---

① 郑锦怀:《中国现代图书馆学人对美国汉学的3种贡献》,《图书馆建设》2013年第9期。
② 朱海燕:《民国时期图书馆学人的海外发文》,《图书馆论坛》2018年第9期。
③ 赵晓:《民国图书馆学学人研究述评(1999—2019)》,《图书馆杂志》2020年第1期。

学学人在民国时期较为主要的经历及成就。①

民国时期图书馆学学人简表

序号	姓名	实际工作、研究及成就
01	王懋镕	译《图书馆管理法》
02	张元济	创办东方图书馆
03	孙毓修	完成中国第一部系统的图书馆学著述《图书馆》
04	傅增湘	任故宫博物院图书馆馆长期间选编《故宫善本书影初编》
05	梁启超	首次提出建设"中国的图书馆学"
06	伦明	著《辛亥以来藏书纪事诗》
07	张国淦	任国家图书馆馆长,编撰《历代石经考》
08	王国维	翻译《世界图书馆小史》
09	顾实	编译《图书馆指南》
10	柳诒徵	首创住馆读书制度
11	陈垣	主持京师图书馆、故宫博物院图书馆的领导工作
12	沈祖荣	中国图书馆学教育之父
13	钱基博	任无锡县立图书馆馆长,著《版本通义》
14	王云五	创立《中外图书统一分类法》
15	戴志骞	执掌清华学校图书馆,撰写《图书馆学术讲稿》
16	杨立诚	与金步瀛合撰《中国藏书家小史》
17	李大钊	北京大学图书馆历史上具有开创和革新精神的图书馆馆长
18	胡道静	撰写《上海图书馆史》
19	杨昭悊	编译《图书馆学》(上、下)
20	徐能庸	编译《图书馆学九国名词对照表》

---

① 赵元斌:《民国图书馆学人综论》,《图书馆》2015 年第 11 期。

续表

序号	姓名	实际工作、研究及成就
21	李燕亭	河南省最早的大学图书馆馆长
22	何日章	与袁涌进合编《中国图书十进分类法》
23	洪业	创办哈佛燕京学社引得编纂处
24	顾颉刚	任中山大学图书馆中文部主任,撰《购求中国图书计划书》
25	施廷镛	编《国立清华大学图书馆丛书子目书名索引》
26	朱家治	撰《杜威及其十进分类法》
27	蔡莹	编《图书馆简说》
28	洪有丰	著《图书馆组织与管理》
29	袁同礼	组建国立北平图书馆,著《西文汉学书目》
30	胡庆生	与沈祖荣合编《仿杜威书目十类法》
31	毛准	两任北京大学图书馆馆长,组织编制了多种馆藏书本式目录
32	马宗荣	著《现代图书馆序说》
33	李小缘	著《图书馆学》
34	王献唐	任山东省立图书馆馆长,创建山东省图书馆协会
35	万国鼎	著《各家检字新法述评》
36	陈子彝	著《图书分类法》
37	裘开明	著《中国图书编目法》
38	蒋镜寰	重视图书馆在教育上的价值,撰《图书馆之使命及其实施》
39	杜定友	著《图书馆学概论》
40	孙楷第	编《中国通俗小说书目》
41	金步瀛	编著《图书之分类》
42	冯汉骥	任厦门大学图书馆主任,重视图书捐赠、馆舍筹建、业界交流等

续表

序号	姓名	实际工作、研究及成就
43	毛春翔	编《浙江省立图书馆善本书目》
44	毛坤	任文华图书馆学专科学校教授兼教务长,译《西洋图书馆史略》
45	沈学植	著《图书馆学 ABC》
46	刘国钧	编《图书馆学要旨》
47	俞爽迷	编著《图书馆学通论》
48	陈独醒	开办私立浙江流通图书馆
49	桂质柏	中国第一个图书馆学博士
50	皮高品	编《中国十进分类法及索引》
51	向达	著《新加坡的赖佛尔博物馆及图书馆》
52	谭卓垣	著《清代图书馆发展史》
53	陈训慈	执掌浙江省立图书馆,创办《浙江图书馆馆刊》
54	喻友信	译《图书馆使用法的指导》
55	王文山	编《南开大学图书馆中文书籍目录分类法》
56	查修	编制《杜威书目十类法补编》
57	李芳馥	任国立北平图书馆总务部文书组组长
58	王重民	在北海图书馆整理古籍和主持编辑大型书目、索引
59	徐旭	创建"民众图书馆"理论体系
60	钱亚新	著《索引和索引法》
61	曾宪文	致力于儿童图书馆研究
62	姚名达	提出创办女子图书馆
63	徐家麟	编译《世界民众图书馆概况》
64	汪长炳	任文华图书馆学专科学校教授兼教务长
65	顾廷龙	与张元济等共同创办上海合众图书馆

续表

序号	姓名	实际工作、研究及成就
66	严文郁	任北京大学图书馆主任、西南联合大学图书馆主任
67	赵万里	编《北平图书馆善本书目（甲编）》
68	陈鸿舜	著《美国高校图书馆中文馆藏的处理建议》
69	周连宽	撰《中国图书馆事业与地方图书馆事业指导团》
70	蒋元卿	著《中国图书分类之沿革》
71	朱士嘉	主持编写《美国国会图书馆藏中国地方志目录》
72	李钟履	撰写民国唯一图书馆参考工作论著《图书馆参考论》
73	卢震京	著《小学图书馆概论》
74	杨家骆	编《图书年鉴（上册：中国图书馆事业志）》
75	金敏甫	著《中国现代图书馆概况》
76	吕绍虞	编《简明图书馆管理法》
77	梁思庄	把西学编目理念和方法应用于燕京大学图书馆
78	汪应文	著《子部分类管窥》
79	程长源	任江西天翼图书馆馆长
80	邢云林	著《图书馆图书购求法》
81	赵传家	编《中学图书馆最低限度书目》
82	李文裿	撰《儿童图书馆经营与实际》
83	蒋复璁	编著《图书室管理法》
84	洪焕椿	著《怎样利用图书馆》
85	楼云林	编《中文图书编目法》
86	赵建勋	编《乡村巡回文库经营法》
87	赵福来	著《图书馆建筑与设备》
88	何多源	著《图书编目法》

续表

序号	姓名	实际工作、研究及成就
89	柳宗浩	著《书籍、杂志、报纸处理法》
90	程伯群	编著《比较图书馆学》
91	邓衍林	编《中文参考书举要》
92	张遵俭	任中央图书馆编辑,著《中西目录学要论》
93	吴鸿志	著《图书之体系》
94	陈逸	译《儿童图书馆之研究》
95	王京生	译《儿童图书馆》
96	戴镏龄	译《图书馆的财政问题》
97	章新民	译《民众图书馆的行政》
98	张鸿书	译《图书分类指南》
99	洪儋训	译《西文图书修理法》
100	陈宗登	译《公共图书馆预算》

资料来源:①王余光:《图书馆学史研究与学术传承》,《山东图书馆学刊》2009年第2期。②范凡:《民国时期图书馆学人》,《图书与情报》2011年第1期。③麦群忠、朱玉培主编:《中国图书馆界名人辞典》,沈阳出版社,1991年。④吴仲强主编:《中国图书馆学情报学档案学人物大辞典》,亚太国际出版有限公司,1999年。⑤宋景祁等编:《中国图书馆界名人录》,上海图书馆协会,1930年。⑥胡述兆主编:《中国图书馆学目录学名人录》,台湾汉美图书有限公司,1999年。⑦刘景龙、胡家柱主编:《中国图书馆馆长名录》,南京大学出版社,1989年。

(七)民国图书馆学学人研究未来发展方向

1.继续加强民国图书馆学学人群体研究

通过研究综述可以发现,目前学界有关民国图书馆学学人群体的划分仍旧以学人的学术经历为主要标准,如根据留学国别对学人群体的学术经历、思想脉络进行梳理。群体性学人的研究热点仍旧集中在对不同学术经历的学人群体的研究上。上述划分方法，固然有一定的合理性，也较能反映学术背景对学人思想的影响，但需要看到的是，虽然有相同的学术经历的学人的学术传承多来自同一教学理念，但是随着其个人学术研究事业的发展，具有相同学术经历的学人在同一问题上也产生了不同的见解。因此，在针对民国时期图书馆学学人群体的研究过程中，我们不仅仅要关注其求学所处的外在环境，还应根据不同学者主张的不同学术思想进行流派划分。今后可以从流派研究、专题研究等多个角度，对民国图书馆学学人群体进行群体性研究。

2. 注重对学术传承影响的研究

我国近代图书馆学思想是经过一代又一代的学人相互影响、相互传承而产生并确立的。因此，在对民国图书馆学学人群体和个体研究中，注重对同一时期的图书馆学学人学术思想的横向比较，将学人的思想源流和学术贡献放在时代背景下，结合学人进行学术研究时所处的社会环境和历史背景进行综合性探讨，并进行更为深入的时代反思，是民国图书馆学学人研究的又一方向。

3. 强化对民国时期"非专业图书馆学学人"图书馆学思想的研究

经过几十年的努力，目前学界对民国著名学人和"非著名"学人的研究已经逐渐步入正轨，许多原本未受关注的学人被挖掘出来进行深入研究，并取得极大的进展。与此同时我们也要看到，还有许多在文献学、目录学和图书保护技术学等方面作出贡献的"非专业图书馆学学人"，如民国时期文献学家陈乃乾，1949年前曾任职中国书店，主持影印出版多部古籍善本，在古籍保护和编目方面作出了重要贡献。目前仅有一篇《陈乃乾图书馆学成就及其贡献》[①]对其图书馆学成就进行研究,而对其图书保护技术方面的研究较为缺乏。民国时期,像陈乃乾这样的"非专业图书馆学学人"还有很多,因此,针对此类学人学术成就与思想的研究也将是未来民国图书馆学学人研究的一个方向。

4.注重学人研究成果的多样化展示

目前,民国图书馆学学人的研究成果多以学术论文和学术著作的形式进行发表或出版,研究成果的展示方式较为单一,且未能引起大范围的关注。随着数字人文技术的发展与进步,越来越多的新技术手段可以被应用到民国图书馆学学人的研究成果的展示中。如可以根据研究成果建立民国图书馆学学人数据库,将学人的生平、学术成果、日常学术交游以及后人对该学人的研究成果进行汇总,以数字化的形式向读者展现,让读者更加直观、全面地了解该学人的生平和学术成就,增加可读性和互动性。建立民国图书馆学学人数据库也可以将分散各处的学人研究资料进行集中汇总,为后面学者的研究提供便利。

我国目前针对民国图书馆学学人的研究整体呈现欣欣向荣的态势,研究范围不断扩大,研究程度不断加深,并有稳定的作者群体进行相关研究。对民国时期图书馆学学人的研究有利于我们进一步梳理图书馆学这一社会科学在中国产生和发展的脉络,继承学术传统,并加以改进,从而推动中国图书学学科的全面发展。[②]

---

① 杜玉珠:《陈乃乾图书馆学成就及其贡献》,《图书与情报》2005 年第 5 期。
② 赵晓:《民国图书馆学学人研究述评(1999—2019)》,《图书馆杂志》2020 年第 1 期。

第四章

中国文献整理学科研究进展

文献学中与图书收藏、利用关系密切的部分，都属于古代图书馆学的重要内容。因此，对文献整理相关学科研究进展的梳理，有助于我们全面掌握该领域的最新成果，加深对中国图书馆学研究对象与内容的认知。

第一节 文献整理理论研究

一、文献整理研究综论

文献整理是一项由来已久的工作，也是中国传统文献学研究的主要课题。前人的文献整理方法,主要有辨伪、版本、校勘、辑佚、标点、注释、翻译等。这些方法主要是解决文献的"言"和"义"的关系问题,整理者要证实文献中的"言"的确实性,然后再求这"言"所蕴含的确实的"义"。文献整理要达到的一个总体目的,就是确定文献原文的真实可靠性,方便人们理解和利用原文。[①]

20世纪70年代末至21世纪初,文献整理研究有了长足进展,取得了丰富的研究成果。古籍整理方法研究方面,涵盖了古籍的分类、目录、版本、标点、校勘、注释、考据、现代化与数字化等几乎有关古籍整理的全部内容。刘琳、吴洪泽在专著《古籍整理学》(四川大学出版社2003年版)中,首次提出了建立古籍整理学,探讨了古籍整理学的学科定义以及它与相关学科的关系,是文献整理理论研究的代表作之一。

校勘学研究方面,代表性论著主要是对校勘学理论、校勘学史以及校勘的方法、步骤等进行探讨;单篇研究论文有100余篇,主要集中在校勘学理论研究、校勘方法研究、校勘学家研究、专门著作校勘研究、校勘学理论和方法应用研究等方面。校勘方法的研究囿于陈垣的"四校法"而少有发挥,校勘现代化相关问题的研究相对缺乏,是目前校勘学研究存在的主要问题。

目录学研究取得了令人瞩目的成就,相关论著有40余部,单篇研究论文有2000余篇,主要集中在目录学基础理论研究、目录学史研究、专科目录学研究、目录学专题研究、目录学应用研究等方面。值得一提的是,2000年以来网络目录学和数字目录学的提

[①] 王余光:《中国文献史》第一卷,武汉大学出版社,1993年,第14—15页。

出,有力推动了目录学研究和目录工作的快速发展。

版本学研究在版本学理论、古籍版本鉴定、专科版本研究、专类专书版本研究、版本知识普及、版本工具书、书影图录、古籍目录等方面都有论著问世。单篇论文有2000余篇,其中单书的版本考订、古籍版本鉴定研究、历代刻书研究、写本研究、版本学史研究等方面的论文数量较多,研究较为充分;相比之下,写本以外的其他各种版本研究,以及雕版印刷研究,则显得薄弱一些,还需进一步加强。

由于篇幅所限,不能对文献整理的方方面面展开具体的论述,而只能选择一些代表性论著,对其代表性观点、方法及成果进行述评,由此勾勒出文献整理研究的大致轮廓。

二、古籍整理的经验与方法研究

古籍整理的经验和方法直接影响到古籍整理的实践,这历来是文献学研究的重要方面。1985年,黄永年出版了《古籍整理概论》,此书是古籍整理方面一部非常实用的教材类读物。作者根据自己多年从事古籍整理的经验以及古籍整理在方法、工序上的特点,分别阐述了底本、影印、校勘、辑佚、标点、注译、索引等内容,涵盖了古籍整理的各个方面。此书在注重实践的基础上,也有一些理论上的总结,系统性强,重点突出,通俗易懂,适合文献学专业的青年入门之用。此书于2001年由上海书店出版社再版。

1994年,来新夏的《古籍整理散论》出版。该书收录作者关于古籍整理的论文8篇,论及古籍整理的分类、目录、版本、句读、工具、校勘、考据、传注等八个方面。虽未论及古籍整理的全部技能,但所论都是最基本的技能,有利于初学者掌握使用。

1997年,时永乐的《古籍整理教程》出版。该书分为古籍概说、古籍版本、校勘、古书的标点、古籍的注释、辨伪与辑佚、古籍整理的其他工作(撰写序跋、编辑附录、编制索引)等七章。

2003年,刘琳、吴洪泽的《古籍整理学》出版。书中首次提出建立古籍整理学。作者认为,古籍整理学就是研究古籍整理的理论、历史、方式、方法等各个方面、各个环节的规律的一门科学。[①]它与古文献学史、古籍目录学、专科文献学等都是文献学的分支学科。作者还讨论了古籍整理学与古汉语语言文字学、目录学、版本学、文献断代辨伪学的关系。此书与以往同类著作在研究范围上基本一致,但"古籍整理手段的现代化"一章,是以往同类著作所缺少的,体现了传统古籍整理在新时期的变化。

2004年,骆伟的《简明古籍整理与版本学》出版。该书分为绪论、古籍整理内容、古籍著录、古籍版本学、古籍版本的鉴定方法、古籍的典藏与阅览、古籍的现代化与数字化、古籍的一般历史知识等八章。全书层次分明,结构合理。附录"清嘉、道以来少见或精刻印本知见书目"和"清以来岭南文献代征录"具有较高的参考价值。

2007年,曹林娣的《古籍整理概论》出版。此书与黄永年的著作同名,相比之下,其内容更加丰富。除却两书所共同涉及的古籍标点、校勘、注释、序跋、附录之外,此书还有目录版本与古籍整理、版本选择与鉴别、出土资料在古籍整理中的运用、总集别集编纂、辑佚、辨伪内容考证等章节。此外,文后"甲骨文研究著作

---

① 刘琳、吴洪泽:《古籍整理学》,四川大学出版社,2003年,自序。

目录""出土简帛书籍分类述略(六艺篇)"两个附录,可为研究者提供便利,省却其查检之劳。

另外,全国古籍整理出版规划领导小组办公室编的几部论文集也值得关注,包括《古籍整理出版十讲》(岳麓书社2002年版)、《古籍整理出版漫谈》(上海古籍出版社2004年版)以及《古籍整理出版丛谈》(广陵书社2005年版),其中《古籍的标点与校勘》《古籍的注释及今译》《古籍整理与版本之选择》《再谈出土简帛文书的整理和出版》等篇目,都涉及古籍整理方法,对古籍的版本、校勘、标点、注释、翻译等作出了有益探讨。

第二节 文献整理分支学科研究进展

一、校勘学研究

20世纪70年代末至21世纪初,专门的校勘学著作不是很多。

1986年,戴南海的《校勘学概论》出版,此书是作者为古籍整理研究生授课时的讲义,约取胡朴安、陈垣、蒋元卿、周祖谟、张舜徽、蒋礼鸿等学者的成就而成。[①] 全书共七章,前五章论述了校勘的定义、功用、方式、内容、依据、条件、方法、态度、应注

---

① 戴南海:《校勘学概论》,陕西人民出版社,1986年,后记。

意的问题、校记的写法、校本的序跋等,对于校勘原则和方法的论述较为详尽。作者试图专门探讨狭义的校勘学,但由于作者认为辨伪、辑佚和校勘三者必须互相联系、不可分割,所以在第六章论述了古书散佚的原因、散佚简史、辑佚方法以及评价佚书优劣的标准,在第七章探讨了辨伪的重要性、作伪的原因、辨伪略史以及辨伪的方法,因此此书也并非严格意义上的狭义校勘学著作。

1987年,倪其心的《校勘学大纲》问世,这是作者给古典文献学专业讲授校勘学所用的一个教学大纲。全书共八章,第一章论述了校勘学的研究对象,区别了校勘与校对、校勘与校雠,论述了校勘与校雠学之间的关系;第二章回顾了校勘和校勘学的历史,系统归纳了古今校勘学的成果;第三章至第五章讨论了古籍校勘的原则,介绍了校勘的方法和考证的科学依据,分析了致误的原因与校勘通例;第六章和第七章结合实践讨论了校勘的具体方法步骤,总结了出校的原则以及校记的要求;第八章介绍辑佚、辨伪与校勘的关系。此书大致完整地介绍了校勘学的历史、理论以及实践的基本知识和技能,在校勘例证和校勘学理论上都汲取前人和时人的研究成果,能够对不同学派的观点兼采其长、为我所用,但这也意味着作者自己无多创见。

1988年,王云海和裴汝诚合著的《校勘述略》出版。全书共十一章。其中,前九章是校勘学的内容,第十章谈古籍的真伪,第十一章为搜辑阙佚。第一章介绍从简帛到刻本的不同书籍载体及其发展,举例说明古书流传中的散佚和讹误问题;第二章举例说明古籍在流传中发生的抄刻错误;第三章至第六章论述校勘学发生、发展的历史;第七章介绍校勘古籍所需要的基本知识和技能;第八章强调校勘应注意的问题;第九章探讨校勘方法。本书对校勘学史的探讨较为详细,选择了校勘学史上的重要学者及其著作加以介绍评述。此书行文简要,没有烦琐考证,便于阅读学习。

同年,还有钱玄的《校勘学》出版,此书是作者为古典文献学专业研究生讲授校勘学时写成。全书共六章,分别论述了字句校勘、篇章校勘、句读及标点校勘、补阙、校勘方法、校勘学简史及重要著作。此书的最大特点在于作者将校勘学划为应用学科,他在"后记"中强调:"校勘学不是一门理论学科,实是一门综合性的应用学科。"[①] 此书还较多地引用了古今学者的校勘实例以及前人的经验之谈,选例典型,着重说明校勘的各种对象,以及各种校勘方法的运用,以期为读者进行校勘实践提供帮助。此书行文有前代朴学大师遗风,提纲挈领,要言不烦。

1991年,又有一本《校勘学》同名书问世,该书由管锡华著,安徽教育出版社出版。全书共十一章:第一章考释校勘、校雠、校勘学等术语的含义及其关系与发展演变,讨论校勘对古籍整理的意义、校勘所需知识以及古今不同的校勘条件;第二章按朝代回顾校勘历史,论述校勘学的发展历程;第三章和第四章分别论述了古书讹误的情况以及校勘的先导工作;第五章至第九章详论了校勘的方法和应注意的问题,交代了校勘的整个工作步骤;第十章和第十一章分别介绍了目录知识和版本知识在校勘中的运用。与钱著将校勘学划为应用学科、偏重总结校勘实践不同,此书在期冀对校勘实践提供指导的同时,力图在历代校勘实践及其经验教训的基础上建立起一门独立、系统的校勘学。但从总体上看,其还是偏重对校勘方法以及工作流程等的论述。2003年,管锡华在《校勘学》的基础

---

① 钱玄:《校勘学》,江苏古籍出版社,1988年,后记。

上,对正文的内容进行了增删,定为上篇"通论",又在通论之后设置了下篇"专论",收入《〈三余札记〉校书义例试探》《运用典故校勘〈全唐诗〉〈全宋词〉举例》《〈读书杂志〉指瑕录》《乾隆四库谕文献学思想初探》等七篇文章,① 并将书名改为《汉语古籍校勘学》,由成都巴蜀书社出版。

1997年,林艾园的《应用校勘学》出版。全书共六章。其中,第一章罗列古籍讹误的十种情况,第二章从校版本、谨识字、知文义、谙故实、审制度、察义例、辨讳名等角度谈如何发现问题,第三章论述校勘方法,第四章介绍校勘记的类型、在书中的位置以及书写要求,第五章谈校勘注意事项,第六章通过释例总结句读标点错误的原因。"本书不涉校勘学的历史渊源,一般常见的古书中的例证,亦不多援引,仅据笔者教学及整理古籍并参加校点《二十四史》中一些史书暨李焘《续资治通鉴长编》等的实践,拟以《长编》为主,介绍一些校勘基本知识。"② 从这段话可知,书中绝大多数例证为作者实践所得,这是此书的最大特点。

20世纪70年代末以来,校勘学研究取得了不小的成绩。专著方面,基本建立了校勘学的理论体系;论文方面,丰富了校勘学家、校勘著作等个案研究。但随着校勘工作的深入发展,校勘学研究仍存在着一些不足。一是,校勘学理论体系有待进一步完善。上述校勘学专著,对于体系中究竟应该包含哪些内容,有着很大的差异,其中有许多问题值得研究。二是,校勘方法的研究囿于陈垣的"四校法",少有发挥。三是,缺乏对更广泛的校勘学派、校勘学家以及专门校勘机构的研究。四是,缺乏对校勘现代化相关问题的研究。

---

① 管锡华:《汉语古籍校勘学》,巴蜀书社,2003年,目录。
② 林艾园:《应用校勘学》,华东师范大学出版社,1997年,前言。

二、目录学研究

目录学是与图书馆学关系最为密切的文献整理学科分支，甚至不少学者认为，目录学从属于图书馆学，是图书馆学的重要组成部分。因此，目录学研究进展是我们重点关注的方面。以下按成果类型和主题择要述之。

（一）目录学通论著作

通论性的著作，有武汉大学与北京大学合编的《目录学概论》（中华书局1982年版），此书是1949年后出版的第一部目录学教科书。全书分上、下编，共十二章，阐述了目录学基本原理、目录学发展史、国内外研究现状，介绍了各类型目录的性质、特点、作用以及编制方法等。有李曰刚编著的《中国目录学》（台湾明文书局1983年版）。有彭斐章等编著的《目录学》（武汉大学出版社1986年初版，2003年修订版），此书是中央广播电视大学图书馆学专业的教科书，其打破了传统目录学著作的体例，增加了适应目录工作现代化和及时反映目录学最新研究成果的内容，即在第十至十二章着重探讨了书目情报服务、书目工作现代化技术、书目工作组织管理等问题，丰富了目录学的教学内容。有曹慕樊的《目录学纲要》（西南师范大学出版社1988年版），此书也是一本教材，第一章阐述目录学基本理论与知识，第二、三章探讨目录学史，第四至六章分别讨论版本知识、校勘学、辨伪与辑佚，近乎一部文献学大纲。有日本学者清水茂的《中国目录学》（东京筑摩书房1991年版）。还有彭斐章主编的《目录学教程》（高等教育出版社2004年版），此书是高等学校图书馆学专业核心课程系列教材之一，阐述了目录学基础理论，中国目录学发展史，书目、索引、文摘与综述的编制原理，书目控制，书目情报服务，书目工作组织与管理，西方目录学的发展等，着重培养学生的书目情报意识，提高学生实际分析、解决问题的能力。其中，书目控制、书目工作组织与管理、书目文献资源的利用以及西方目录学的产生与发展、网络信息资源的揭示等内容，都是现代目录学研究的重要内容，这些内容首次在教科书中得到充分的反映。

（二）目录学史著作

目录学史研究著作方面，最有成就的是王重民的《中国目录学史论丛》（中华书局1984年版）。此书是其1962年的教学讲义遗稿，原本只写到宋末元初。为求完备，经其学生朱天俊教授精心选择其历年发表的目录学史论文六篇作为附录，以"论丛"名之并出版。全书从先秦到元初，分为三章，十分注重将目录学的起源、发展及成就与各历史时期的社会政治、经济、文化等背景联系起来，考论精核翔实，实为当今古典目录学的代表作。此外，比较重要的有来新夏的《古典目录学浅说》（中华书局1981年版），此书除探讨目录和目录学的起源、书目类型和作用、目录学与相关学科的关系以及发展趋势外，还按照历史发展顺序，有重点地论述了古代著名的古典书目和有成就的古典目录学家。十年后，作者又对此书进行了修订，将目录学与相关学科关系的探讨去除，并将书名改为《古典目录学》，仍由中华书局出版。还有罗孟祯的《中国古代目录学简编》（重庆出版社1983年版），此书侧重介绍各个时期目录学的代表书目，并探讨目录学的功用及与版本学、校勘学的关系等。

此书对一些重要目录学著作进行重点介绍，不求全面系统，但便于初学者了解中国古代目录学之概貌。还有吕绍虞的《中国目录学史稿》（安徽教育出版社1984年版），此书正式出版前曾在《四川图书馆学报》连载。全书分五章，分别对应目录学发展的五个时期，以时代为序来见证中国目录学的发展进程。

20世纪90年代，目录学史的研究加强和深化了我国传统目录学的研究，把目录学置于社会这个大系统之中，从社会发展、文化积累和学术变迁等角度考察传统目录学思想的演进过程，把目录学史的研究深入到学术史、学术思想史中去，将它推向一个新的水平。[①] 其中比较重要的是乔好勤编著的《中国目录学史》（武汉大学出版社1992年版），此书把中国目录学从殷商至当代的发展历史分为九个时期，系统阐述了各时期书目工作和目录学研究的主要成就、存在问题和发展趋势，对重要目录学著作和目录学家都给予了恰如其分的评价。此书从文化大背景探讨目录学发生、发展的历史原因，总结各时期目录学思想的重大进展，是20世纪下半叶第一部目录学通史。此外，还有李瑞良《中国目录学史》（台北文津出版社1993年版）、倪士毅《中国古代目录学史》（杭州大学出版社1998年版）、余庆蓉和王晋卿《中国目录学思想史》（湖南教育出版社1998年版）等，在此不一一赘述。

21世纪初，目录学史未有新作出现，主要是姚名达《中国目录学史》的再版重印。此书是近代西学东渐以来第一部以"中国目录学史"命名、全面系统研究中国目录学发展历史的学术专著。全书分十篇，仿纪传体史书体例，分主题叙述，这种理论架构具有开

---

① 彭斐章、付先华：《20世纪中国目录学研究的回眸与思考》，《图书馆论坛》2004年第6期。

创之功。此书广采博搜文献资料，持论严格理性，对目录学史疑难问题多有考证。此书于1935年由上海商务印书馆初版，1957年重印时，附王重民《后记》一篇，1984年由上海书店重印，2002年又由上海古籍出版社出版了严佐之的导读本，并于2005年再次重印。此书跨越半个多世纪，至今还有着不小的价值和功用。近年来，目录学重新回到图书馆学界的关注视野，最新成果是柯平的《中国目录学史》（中国社会科学出版社2022年版）。此书引入文献传播、知识管理等新视角，对先秦至1949年的目录学发展进行了全景式梳理。但相比中国目录学的漫长历史和丰富成就，其叙述仍显简略，中国目录学史仍有继续深入研究的必要。

（三）专科目录学、目录学应用著作

专科目录学著作有陈秉才、王锦贵《中国历史书籍目录学》（书目文献出版社1984年版），谢灼华《中国文学目录学》（书目文献出版社1986年版），加斯特费尔等著、孙华东译《自然科学文献目录学》（书目文献出版社1989年版），孙钢《档案目录学》（档案出版社1991年版），高潮、刘斌《中国法制古籍目录学》（北京古籍出版社1993年版），王锦贵主编的《中国历史文献目录学》（北京大学出版社1994年版），何新文《中国文学目录学通论》（江苏教育出版社2001年版）等。这些著作将目录学引入相关学科，在拓展目录学自身研究范围的同时，也促进了其他学科的深入研究。

目录学应用著作有彭斐章《书目情报需求与服务研究》（武汉大学出版社1990年版）、胡昌平《信息服务与用户研究》（武汉大学出版社1993年版）、娄策群主编的《文献信息服务》（华中师范大学出版社1994年版）、朱天俊主编的《应用目录学简明教程》

（光明日报出版社1993年版）、倪晓建主编的《书目工作概论》（北京师范大学出版社1991年版）、郑建明编著的《当代目录学》（南京大学出版社1994年版）、柯平编著的《文献目录学》（河南大学出版社1998年版）。这些著作的共同特点是以目录学的方法为中心，显示出目录学的实用性。

（四）目录学专题研究著作

较有代表性的如陈国庆编的《汉书艺文志注释汇编》（中华书局1983年版）、崔富章的《四库提要补正》（杭州大学出版社1990年版）、李裕民的《四库提要订误》（书目文献出版社1990年版）、张舜徽的《汉书艺文志通释》（湖北教育出版社1990年版）、严佐之的《近三百年古籍目录举要》（华东师范大学出版社1994年版）、来新夏主编的《清代目录提要》（齐鲁书社1997年版）、王国强的《明代目录学研究》（中州古籍出版社2000年版）等。

此外，有两部将版本学、校雠学与目录学结合起来加以研究的著作。一是蒋伯潜的《校雠目录学纂要》（北京大学出版社1990年版），此书旨在纂述广义的校雠学，但为便于读者明了所述范围，特并举"校雠""目录"二者为名。此书首篇绪论，叙述校雠目录学的意义和书籍的历史，接着分上、下两篇，分别阐述校雠目录学的历史和内容。另一个是袁庆述的《版本目录学研究》（湖南师范大学出版社2003年版），作者认为版本学与目录学的关系十分密切，所以将两者合并而称为版本目录学，与校勘学等为并列学科。但从此书内容来看，第一章至第三章讨论版本的相关知识、版本学的形成以及版本鉴定，第四章至第八章讨论目录学起源、目录学史、私修目录、目录学资料使用等问题，而并没有将版本目录学作为一个学科来考察。

最后，还有一些综合性的研究著作。主要有《图书馆学目录学资料汇编》（书目文献出版社1984年版）、彭斐章等编《目录学资料汇编》（武汉大学出版社1986年版）、申畅等编《中国目录学家辞典》（河南人民出版社1988年版）、李万健《中国著名目录学家传略》（书目文献出版社1993年版）、彭斐章等编《目录学研究文献汇编（修订版）》（武汉大学出版社1996年版）等。

（五）民国目录学研究进展

民国时期是我国目录学史上一个承前启后的重要阶段，通过一代学人的努力，在这一时期完成了中国传统目录学理论与西方目录学思想的融合，搭建了目录学学科体系和研究框架，形成了近代学科意义上的目录学研究，对其后中国目录学的发展产生了重要的影响。其学科化、体系化的过程几乎与近代图书馆学同时完成，在学术史上形成了互文的关系，故有必要将其单独拎出进行更为详细的梳理。

通过对民国目录学研究论著进行主题分析可以发现，前人的研究兴趣主要集中在四个方面。一是民国目录学的整体研究，对民国目录学的发展状况进行纵贯式的梳理。此外，还有学者撰文对民国目录学的历史分期、流派划分、近代化进程等问题展开讨论，这都可以归入整体研究的范围。二是目录学著作和目录学家的研究。三是分类理论的研究。四是对民国时期出现的各种专科目录的研究。下面我们就对民国目录学研究成果加以详细介绍。

1. 民国目录学的整体研究

民国以来，随着近代目录学学科体系的建立，一批以目录学或目录学史命名的著作相继出现。据笔者统计，此类著作有十余部，其中不少都涉及对民国目录学研究的回顾。姚名达的《中国目录学史》是民国时期最早一部以"目录学史"命名的著作，其出版年代较晚，对同时代的目录学著作多有吸收。该书对我国的目录学发展进行了纵贯式的梳理，其时间下限延至作者所处的时代。特别是对西学东渐后传入我国的各种新分类法进行了系统的介绍，重点论述了民国以来我国学人对新式分类法的改造及其各自优劣。

《中国目录学史稿》是著名目录学家吕绍虞的遗作，原稿撰于1963年。从1980年起，经查启森整理，在《四川图书馆学报》上连续两年刊载。2012年，"武汉大学百年名典丛书"收录此书，因原稿第五章"中国近代目录学的发展（自鸦片战争至中华人民共和国成立前夕）"的后四节仅存提纲，复由查启森在提纲基础上汇辑整理吕氏相关论述以成全本。原稿未尽的章节，恰好就是关于近代目录学的部分，今天我们也只能从提纲中略窥吕氏民国目录学研究的框架和观点。从目前的残稿来看，吕绍虞对民国目录学的关注集中在"五四以后图书馆目录方法上的巨大变化"以及近代书刊索引工作的开展和编制方法上。

1992年，乔好勤的《中国目录学史》系统地梳理了自文字产生至当代中国目录学所取得的主要成就。其中，第八章专以1840—1949年间的目录学发展为研究对象，系统总结了近代目录学的重要著作和理论贡献。其章节目录的设置，似受前述《中国目录学史稿》影响，但再版后，内容更加丰富完整。

1998年，余庆蓉、王晋卿在《中国目录学思想史》第七章中，梳理了洋务运动到民国时期我国目录学理论的发展脉络。

2001年，申少春的《中国近现代目录学简史》出版，该书以1840年以来中国目录学的发展状况为研究对象。作者首先阐释了近代目录学产生的背景，随后分别介绍了推荐目录等六个方面的主要著作和成果。最后对《中国目录学史》《目录学发微》等八部目录学名作进行了专题研究。该书资料收集可称赡富，特别是对1840年以来编制的各种类型目录的梳理，对研究者了解这一时期目录学主要实践成果有很大的帮助。该书资料丰富，但论述甚为简略，缺乏对民国目录学理论的深入挖掘和系统总结，理论深度稍欠。

此外，李瑞良《中国目录学史》的第八章在新学书目、新分类法引进的部分也涉及了部分民国目录学研究的内容。许世瑛的《中国目录学史》（台北中国文化大学出版部1982年版），突破了目录学史以朝代为序的写法，按照目录的种类分章，逐一介绍各种目录形态演进的过程，其中第十二章"专科目录与特种目录"，列举了民国时期产生的各种目录著作。

除了专门讨论目录学史的著作，出于教学的需要，各类目录学教材，也都或多或少地涉及了民国目录学的相关内容。如《中国目录学讲义》（台北文史哲出版社1973年版）就是著名版本目录学家昌彼得在台湾讲授目录学时的教材，第八章"西洋分类法输入后之目录"重点论述了"杜威法"等西方分类法传入后中国目录学的发展情况。武汉大学和北京大学联合编写的《目录学概论》是在1962年两校合编的《目录学讲义》的基础上，经过广泛征求意见修改而成的图书馆学基础教材。此书上编第三章"中国近代现代目录学"梳理了1840—1949年以来中国目录学的主要成就。2003年，彭斐章等重新修订的《目录学》，重点关注了中国目录学的近现代化进程。

在上述专著之外，2000年以后，还有两篇硕士学位论文专以20世纪以来和民国时期目录学成就为研究对象，对各自限定时间范围内的研究成果、学术思潮进行了梳理。这两篇论文分别为：倪梁鸣《论20世纪中国目录学成就》（安徽大学硕士学位论文，2007年），吴坤艳《民国目录学研究》（郑州大学硕士学位论文，2011年）。

2010年，中国人民大学倪梁鸣的博士学位论文《民国目录学研究——以传统目录学为中心》是此领域最新的研究论著。在这篇论文中，作者重点讨论了目录学理论和代表人物、民国时期的图书分类法、综合目录、文史哲专科目录等，收集资料宏富，论证合理。特别是对民国时期目录学理论发展和各流派的梳理，既条理清晰又有所创见。但是，由于作者是历史文献学专业的博士生，故而对民国目录学的讨论主要集中在民国时期坚持以传统目录学方法进行研究的学者身上，对西学东渐后西方目录学思想的传入关注较少。

除了上面介绍的著作和学位论文，讨论民国目录学整体发展脉络的单篇文章还有以下几篇。

乔好勤《1919—1949年我国目录学略论》[①]，从西方目录学的传入及其影响、现代目录学诸流派概观、现代目录学的主要成就等三个方面总结了民国时期我国目录学研究的成果。

---

① 乔好勤：《1919—1949年我国目录学略论》，载武汉大学图书馆学系编《目录学研究资料汇辑（第二分册）·中国目录学史》，1983年，第345—359页。

彭斐章、王心裁《20世纪中国目录学：发展历程、成就与局限》[1] 以甲午战争至20世纪初期为限，将近代以来目录学的发展历程划分为近代和现代两个阶段，认为20世纪的中国目录学在书目工作实践和目录学理论两个方面均取得了突出的成就。由于作者关注的是整个20世纪目录学的发展脉络，故而在论述中更加强调中国传统目录学向西方式的以指示藏书为主要功能的书目学过渡的过程和理论成就。

余庆蓉《1915—1949年目录学研究综述》[2] 将1915—1949年的目录学家分为古典派、新派和融合派，列举各派代表人物及主要观点，分析其产生的历史原因，并对各派观点进行了比较。

王国强《二十世纪中国目录学研究纲要》[3]，总结了20世纪中国目录学的发展大势，并按目录学发展的内在逻辑，将20世纪的目录学划分为三个阶段。其中第一个阶段即民国时期，以输入编目法为主要特征。

贺修铭《20世纪目录学研究的两次高潮及其比较》[4] 认为20世纪30年代和80年代，我国目录学发展经历了两次高潮。其中，第一次高潮的契机是源于对西方目录学的评价。而第二次高潮最主要的变化发生在书目实践领域，动力则是异域目录学理论方法的输入与融合。

---

[1] 彭斐章、王心裁：《20世纪中国目录学：发展历程、成就与局限》，《高校图书馆工作》1999年第2期。
[2] 余庆蓉：《1915—1949年目录学研究综述》，《湖南师范大学社会科学学报》1990年第2期。
[3] 王国强：《二十世纪中国目录学研究纲要》，《图书与情报》1993年第1期。
[4] 贺修铭：《20世纪目录学研究的两次高潮及其比较》，《图书馆》1994年第5期。

全根先《中国近代目录学理论研究之学术遗产》①，认为近代（1840—1949）目录学在确定目录学学科地位、明确目录学研究对象、强化目录学的社会作用等方面贡献巨大，是沟通古代目录学和现代目录学的桥梁。

李立民《近代目录学史的研究进展（1840—1919年）》②，梳理了这近80年间近代目录学研究的整体状况，介绍了相关代表论著，总结了前人研究中的成就和不足。

2. 民国目录学的具体理论问题

除了宏观描述，民国目录学发展过程中的一些具体的理论问题，如目录学流派、近代目录学的形成等，也是人们关注的一个焦点。下面将逐一介绍前人在这些方面的研究成果。

对目录学史分期进行研究的，有全根先《试论中国近代目录学史的分期问题》③，此书将近代目录学划分为四个阶段：孕育时期（1840—1895）、萌芽时期（1896—1917）、构建时期（1918—1937）、衰退时期（1938—1949），并对每个时期的代表人物和主要特征进行了总结。傅荣贤《加强对近代目录学的研究》④将近代目录学的时间起点定为1896年梁启超《西学书目表》的发表，讫于1949年，并总结了近代目录学的显著特征。

对目录学流派进行划分，是目录学发展成熟的标志。清代以来，中国传统目录学已经发展至巅峰。西学东渐后，在西方目录学

---

① 全根先：《中国近代目录学理论研究之学术遗产》，《北京师范大学学报》（社会科学版）2013年第3期。
② 李立民：《近代目录学史的研究进展（1840—1919年）》，《图书情报工作》2009年第21期。
③ 全根先：《试论中国近代目录学史的分期问题》，《晋图学刊》2012年第3期。
④ 傅荣贤：《加强对近代目录学的研究》，《图书馆杂志》1996年第2期。

思想的影响下，融合中西的新目录学流派也相继出现。于是，对目录学的流派进行划分，成为人们普遍关注的一个议题，当时已经有学者注意到这个问题。

刘纪泽《目录学概论》第四章将传统目录学分为三派："或专纪版刻，务在矜炫，百宋纳于一廛，千元比夫十架，此一派也。或袭因四库，录为一编，部居容有出入，条贯原未鬄悬，此一派也。或自成创格，损益刘班，开大辂于椎轮，导后学于津逮，此又一派也。"①

汪辟疆在《目录学研究》中将目录学家划分为四派："第一说之主张纲纪群籍簿属甲乙者，则目录家之目录是也。第二说之主张辨章学术剖析源流者，则史家之目录是也。第三说之主张鉴别旧椠校雠异同者，则藏书家之目录是也。第四说之主张提要钩玄，治学涉径者，则读书家之目录是也。"② 程千帆对此评价道："汪先生持论，殆以目录为宗，其所云目录家、史家、读书家者，皆目录学之流派尔。"③

李小缘在《中国图书馆事业十年来之进步》④ 中将目录学分为四大派别：史的目录学家、版本目录学家、校雠学家、新旧俱全者。

今人对目录学流派进行研究的，有陈传夫的《近代目录学的基本流派及其理论成就》⑤《略论中国现代"新目录学"的基本流派》⑥。

---

① 刘纪泽：《目录学概论》，中华书局，1931年，第40页。
② 汪辟疆：《目录学研究》，商务印书馆，1934年，第6页。
③ 程千帆：《校雠目录辨》，《文献》1981年第1期。
④ 李小缘：《中国图书馆事业十年来之进步》，《图书馆学季刊》1936年第4期。
⑤ 陈传夫：《近代目录学的基本流派及其理论成就》，《四川图书馆学报》1985年第5期。
⑥ 陈传夫：《略论中国现代"新目录学"的基本流派》，《晋图学刊》1991年第3期。

在这两篇文章中，作者系统地讨论了民国目录学家的流派划分。首先，他将全部目录学家分为新派目录学家和传统目录学家两大派别。传统目录学家又分为目录学家之目录学、版本目录学、校雠目录学、文史目录学四派，新派目录学家则分为图书编目派、受日本书志理论影响而形成的书志学派以及"新旧俱全"的折中派。这两篇文章发表后影响巨大，之后的学者在讨论近代目录学流派划分时，大多沿袭了这一划分方法。

西方目录学思想的传入和目录学的近代化，是民国目录学发展的主线。对这个问题进行研究的有：

余庆蓉《新文化与我国目录学的近代化》①，认为近代目录学的发展是古代目录学衰亡、西洋目录学传入并最终促成近代目录学形成的过程。在这个过程中，受到新文化运动的影响，目录学完成了从经验到理论的转变，并实现了社会化。

王心裁《从古典目录学到现代目录学——中国目录学产生发展演变的轨迹》②，认为目录学的演进动力是由目录学的内在动力与外在文化合力相互作用构成的一个系统。

张凤英《略论中国传统目录系统的近代化》③，从分类法发展的角度梳理了目录学的近代化进程，认为中国目录学的近代化经历了《西学书目表》《古越藏书楼书目》到新式图书馆目录，再到《中国图书馆分类法》的过程。

此外，朱静雯《西方目录学的传入及其影响（1896—1949）》，

---

① 余庆蓉：《新文化与我国目录学的近代化》，《图书馆论坛》1991年第2期。
② 王心裁：《从古典目录学到现代目录学——中国目录学产生发展演变的轨迹》，《图书情报工作》1999年第4期。
③ 张凤英：《略论中国传统目录系统的近代化》，《湘潭大学学报》（社会科学版），1989年第S1期。

徐华洋《西学东渐与近代中国目录学》，张安珍《从我国目录学产生和发展过程看目录学的规律》，吕明、李蓉梅《西学东渐对近代中国目录学的影响》等文章都从各自角度对西学东渐及其对目录学近代化的影响展开了论述。

目录学方法的讨论，有鲁军、段薇《中国现代目录学方法初探》，该文介绍了清末以来出现的新的目录形式以及新引入的目录学方法。

3. 目录学家和目录学著作

学术史研究，本质上是对某一时段参与其中的人及其行为，以及由之产生的影响进行的研讨。因此，在民国目录学研究史上，民国目录学家及其目录学著作也是一个十分重要的话题。

目前已经得到关注的民国文献目录学家包括康有为、梁启超、叶昌炽、杨守敬、缪荃孙、孙诒让、王国维、余嘉锡、陈垣、傅增湘、孙德谦、张尔田、朱一新、丁福保、柳诒徵、容肇祖、胡适、鲁迅、张元济、郑振铎、刘纪泽、汪辟疆（国垣）、钱基博、刘咸炘、蒋伯潜、胡玉缙、姚觐元、洪业、袁同礼、王重民、阿英、孙楷第、陈乃乾、刘国钧、郑鹤声、沈祖荣、杜定友、李小缘、姚名达、张舜徽、程千帆、向达、伦明、毛坤、吕澂、赵万里、徐乃昌、姚际恒、王庸、黄侃、姜亮夫、叶德辉、谢国桢、孙殿起、杨家骆、钱亚新、陈光祚、施廷镛、余绍宋、傅惜华、齐如山、王云五、屈万里、张政烺、黎锦熙、王献唐、王绍曾等。

总的来看，人物研究在民国目录学研究中成果最为丰硕，基本上这一时期有一定贡献的文献目录学家都进入了研究视野。但是，这方面的研究也存在一个不容回避的问题，即研究成果极不平均。目录学家中，梁启超、余嘉锡、姚名达、王重民等学者得到的关注较多，研究也较为深入。但是更多学者的目录学成就只有少量甚至单篇论文叙及，研究的连续性不够，深度不足。目录学著作中，以研究《西学书目表》《目录学发微》《中国目录学史》三书的论文居多，但内容多有重复，创新性稍弱，其他著作则没有得到足够的重视。鉴于此领域的研究论文数量十分庞大，在此仅择要介绍。

以目录学家为研究对象的工具书有申畅等的《中国目录学家传略》《中国目录学家辞典》。《中国目录学家传略》比较完整地收录了自孔子以来110位文献目录学家的生平资料、目录学著作等，并进行了简要的评价。在《中国目录学家传略》的基础上，同书作者参编的《中国目录学家辞典》，著录更为详细。该书是我们研究目录学史很好的参考书，可供检索之用。但其由于辞典的性质，受词条字数限制，对目录学家只能进行简要的介绍。

李万健《中国著名目录学家传略》，从我国历史上众多的目录学家中遴选了30位，为每位撰写单篇论文，详细地梳理其传略、生平事迹、目录学论著和主要贡献。其中民国目录学家有梁启超、余嘉锡、孙殿起、郑振铎、姚名达、王重民。

全根先编著的《中国近现代目录学家传略》（国家图书馆出版社2011年版）是近年来专以近现代目录学家为研究对象的新作，体例与《中国著名目录学家传略》略同，均以一人一篇长文的形式展现传主的生平及目录学成就。涉及的目录学家包括莫有芝、龙启瑞、王韬、徐树兰、张之洞、杨守敬、姚振宗、缪荃孙、康有为、余嘉锡、叶德辉、孙毓修、傅增湘、梁启超、丁福保、王国维、柳诒徵、陈垣、沈祖荣、汪国垣、钱基博、王云五、蒋伯潜、孙殿起、袁同礼、郑振铎、杜定友、孙楷第、谢国桢、王重民、姚名达。

李向群《近代三种版本目录学专著之比较》①，从古籍版本的流传收藏情况、著录古籍版本的渊源递嬗关系、著录版本的种类等几个方面，比较了《增订四库简明目录标注》《贩书偶记》《书目答问补正》等三种版本目录的特点和优劣。

王国强《20世纪30年代中国目录学的历史地位》②，对杜定友《校雠新义》、刘纪泽《目录学概论》和姚名达《目录学》进行了介绍和比较研究，并论及三者对20世纪目录学发展的影响。

柯平《王重民与姚名达的目录学思想比较研究》③介绍了姚名达、王重民两位近代目录学领军人物的生平，并以《中国目录学史》和《中国目录学史论丛》为标的，比较了两位学者目录学思想的异同。最后得出结论："姚名达作为现代目录学之父，兼顾学术与编目，引领编目方向"，而"王重民引导目录学向学术发展，成为学术派的代表"。

潘勇《余嘉锡与张舜徽目录学思想比较研究》④从目录学功用、目录学体制类例、目录是否成为独立之学等方面，比较了余嘉锡、张舜徽两位学者目录学思想的异同。

李梦丹《余嘉锡与姚名达目录学理论之比较》⑤，孔庆杰、赵闯《余嘉锡与姚名达目录学思想比较研究》⑥两文，则以《目录学发微》和《中国目录学史》为例，比较了余嘉锡和姚名达两位学者的

---

① 李向群：《近代三种版本目录学专著之比较》，《图书馆杂志》1988年第5期。
② 王国强：《20世纪30年代中国目录学的历史地位》，《图书与情报》2000年第1期。
③ 柯平：《王重民与姚名达的目录学思想比较研究》，《图书与情报》2003年第4期。
④ 潘勇：《余嘉锡与张舜徽目录学思想比较研究》，《湖北经济学院学报》（人文社会科学版）2006年第5期。
⑤ 李梦丹：《余嘉锡与姚名达目录学理论之比较》，《北方文学》（下半月）2012年第10期。
⑥ 孔庆杰、赵闯：《余嘉锡与姚名达目录学思想比较研究》，《内蒙古图书馆工作》2007年第1期。

目录学观点。

平保兴的《文献寻检磨才力　目录索引助学问——胡适、郑振铎目录索引学成就和思想比较研究》①，首先分析了胡适、郑振铎在目录学上的共识，如目录与学术研究密切相关、学术研究应当利用书目等，在此基础上介绍了二人在目录编制、目录利用与考证、推荐目录、目录题跋和索引上的成就。

滑红彬《刘咸炘与汪辟疆的目录学思想比较研究》②，认为刘咸炘和汪辟疆同属近代旧目录学一派中的佼佼者，并从目录学的定义、对分类问题的认识、对"辨章学术，考镜源流"的看法以及读书指导等四个方面，分析两人目录学思想的特点。

一般来说，学位论文是对某一问题的专深研究，能够给读者提供该论题下最新、最全的线索，这里择要列出一些以民国目录学家为研究对象的学位论文，以供参考。

王海刚《缪荃孙文献学研究》（武汉大学硕士学位论文，2005年），刘孝平《叶德辉文献学研究》（武汉大学硕士学位论文，2005年），张晶萍《叶德辉的思想与学术研究》（湖南大学博士学位论文，2008年），江曦《张元济的版本目录学研究》（山东大学硕士学位论文，2008年），乐怡《孙毓修版本目录学著述研究》（复旦大学博士学位论文，2011年），孙荣耒《近代藏书大家傅增湘研究》（山东大学博士学位论文，2007年），彭树欣《梁启超与中国文献学的发展》（华中师范大学博士学位论文，2007年），潘梅《袁同礼与中国图书馆事业》（北京大学博士学位论文，2011年），

---

① 平保兴：《文献寻检磨才力　目录索引助学问——胡适、郑振铎目录索引学成就和思想比较研究》，《贵图学刊》2009年第4期。
② 滑红彬：《刘咸炘与汪辟疆的目录学思想比较研究》，《图书馆界》2012年第2期。

李勇慧《王献唐研究》（山东大学博士学位论文，2011年），王飞《孙楷第小说学研究》（南开大学博士学位论文，2010年）等。

4. 分类理论

分类学是近代目录学中发展最快的一个领域。在传统目录学里，分类和分类理论是依附于目录学而存在的。近代以来，随着西方分类法和分类思想的传入，分类学呈现出脱离目录学成为单独学科的迹象，相关研究十分活跃。

总体来说，前人对民国时期分类学的研究可分为三个专题：一是对分类学史的研究，特别是西方分类法传入后我国分类学的发展脉络；二是文献分类与近代学术转型之间的关系；三是对具体分类法的研究。

分类学史方面的研究论著有：

《一九四八年以前各分类法大纲比较表》[①]将民国时期沈祖荣、刘国钧、皮高品等人编制的十三种图书分类法，与杜威十进分类法的大类进行列表比较。

白国应《世界图书分类法大事记（近代部分）》[②]是1873—1949年发生的与分类法相关的大事年表，其中重要的分类法均列出一级类目表。

刘国钧《中国图书分类法的发展》[③]将中国图书分类法的发展分为"封建社会时期""半封建、半殖民地时期""中华人民共和国成立以后"三个阶段分别加以阐述，另附《现在中国图书馆图书分

---

① 《一九四八年以前各分类法大纲比较表》，《文物》1950年第8期。
② 白国应：《世界图书分类法大事记（近代部分）》，《山东图书馆季刊》1982年第2期。
③ 刘国钧：《中国图书分类法的发展》，载《刘国钧图书馆学论文选集》，书目文献出版社，1983年，第395—421页。

类法情况简述》。

罗平、赵薇的《中国图书分类法发展中的中西合璧》① 实际上也是在介绍"杜威法"传入后中国图书分类法的发展情况,重点阐述了沈祖荣、胡庆生《仿杜威十进分类法》及杜定友《世界图书分类法》的分类思想。

白国应《论20世纪的中国文献分类学》② 的前半部分将20世纪中国文献分类学的发展分为了四个阶段,后半部分介绍了20世纪文献分类学史上的重大理论突破、著名学者等。

全根先《民国时期图书分类思想述评》③ 通过对民国时期图书分类思想的系统研究,认为这一时期中国的图书分类思想大量吸收了西方分类理论,特别是杜威十进分类法的内容体系,在此基础上又有所创新,奠定了中国图书分类学的基础。

虽然从学理上来说,图书分类与学术分类并不完全一致,但是由于知识必须通过书籍的形式进行传播,因此图书分类最能反映学术的发展面貌。近代以来,中国学术史的主流就是学术转型与近代学科体系的建立,图书分类在其中起到的作用,以及两者之间的交互影响,是一个十分值得关注的话题。对文献分类与近代学术转型之间的关系进行研究的论著包括:

邹振环《中国图书分类法的沿革与知识结构的变化》④ 认为近代西学的传入给传统分类格局带来了危机,分类上的危机又带来整个知识结构的革命。这个过程实际上反映了中国人对于西方近代知

---

① 罗平、赵薇:《中国图书分类法发展中的中西合璧》,《图书馆学刊》1986年第3期。
② 白国应:《论20世纪的中国文献分类学》,《晋图学刊》1999年第1、2期。
③ 全根先:《民国时期图书分类思想述评》,《山东图书馆季刊》2006年第2期。
④ 邹振环:《中国图书分类法的沿革与知识结构的变化》,《复旦学报》(社会科学版)1987年第3期。

识体系的认识，最终完成了古代知识结构的现代化转型。

左玉河《从四部之学到七科之学——学术分科与近代中国知识系统之创建》是一部力作。作者认为，从"四部之学"（经史子集）向"七科之学"（文理法商医工农）转变，是中国传统学术向现代学术形态转变的重要标志。此书的重点就是分析这一转变过程是如何发生的，以及中国近代分科性之学术门类建立的过程。①

吴稌年《文献分类与学术转型》②简要介绍了西方文献分类与学术分类的相关理论，在分析近代几十部受西方分类思想影响而出现的图书分类法的基础上，认为图书分类法是对学术转型成果的固化。

袁曦临《中国传统知识系统的转型与文献分类法的演化》③，重点分析了西方学术体系在传入的同时，中国传统知识体系与近代知识体系之间的冲突及本土化过程，并认为两者之间的矛盾并未得到彻底的解决。

民国时期是我国近代分类学形成的重要阶段，所有研究分类学史的论著都要涉及本时段内重要的分类学著作和传入或新编的图书分类法。其中，《杜威十进分类法》是民国时期引入我国的西方分类法中影响最大的一部，学者对具体分类法的研究也集中于此。

李严《为杜威法首次传入我国质疑》④就杜定友和刘国钧对杜威分类法传入时间和传入方式的两种不同说法做了考证，认为孙毓

---

① 左玉河：《从四部之学到七科之学——学术分科与近代中国知识系统之创建》，上海书店出版社，2004年。
② 吴稌年：《文献分类与学术转型》，《图书馆理论与实践》2008年第3期。
③ 袁曦临：《中国传统知识系统的转型与文献分类法的演化》，《图书情报工作》2010年第10期。
④ 李严：《为杜威法首次传入我国质疑》，《江苏图书馆工作》1980年第4期。

修的《图书馆》是最早将"杜威法"介绍进中国的著作，而"杜威法"首次传入的时间应为 1910 年。

1996 年，白国应连续发表了《杜威十进分类法对我国图书分类法的影响——纪念杜威十进分类法出版 120 周年》[①] 和《杜威十进分类法在我国的传播——纪念杜威十进分类法出版 120 周年》[②]。前一篇文章总结了"杜威法"在图书分类法思想等方面的影响，后一篇文章将"杜威法"在我国的传播划分为三个阶段。1997 年，白国应又撰文介绍了沈祖荣、胡庆生合编的《仿杜威书目十类法》，高度评价了该书为我国分类学发展作出的贡献。[③]

刘应芳《民国时期图书分类法本土化之研究》[④] 围绕中国学者对"杜威法"的改造，将其描述为一个"补杜""改杜""仿杜"的过程，认为这个过程体现了我国学者对分类法由浅到深、由点到面的认识规律。

5. 专科目录学

除了分类法的发展，专科目录的繁荣，也是民国目录学的重要特征。

综合研究民国时期专科目录的，有郑春汛《清末民初专科目录研究——以经学目录、文学目录为中心》（华东师范大学博士学位论文，2007 年）。研究经学目录的有王晋卿《经学文献及经学文献

---

① 白国应：《杜威十进分类法对我国图书分类法的影响——纪念杜威十进分类法出版 120 周年》，《上海高校图书情报学刊》1996 年第 3 期。
② 白国应：《杜威十进分类法在我国的传播——纪念杜威十进分类法出版 120 周年》，《晋图学刊》1996 年第 3 期。
③ 白国应：《中国近代文献分类法的里程碑——纪念沈祖荣、胡庆生合编的〈仿杜威书目十类法〉出版 80 周年》，《图书情报论坛》1997 年第 3 期。
④ 刘应芳：《民国时期图书分类法本土化之研究》，《图书情报工作》2012 年第 1 期。

目录述略》①、张巍《民国"四书"题录研究》②。史志目录方面,李樱《试论补正史艺文志及其价值》③介绍了宋代至民国的37部补正史艺文志及其产生的社会影响;王余光《清以来史志书目补辑述略》④为清代以来的数十种补史艺文志撰写了提要,其《清以来史志书目补辑研究》⑤,则在搜集的81种史志书目补辑目录基础上,对史志书目补辑的贯通与合刻、史志书目补辑的研究与数量等问题进行了系统的研究。

方志目录方面,朱士嘉的《中国地方志综录》是民国时期此领域研究中的经典论著。在《我研究方志的历史回顾》⑥中,朱士嘉回顾了自己走向方志研究的缘由以及所采用的研究方法。巴兆祥的《民国方志目录学之成就与影响》⑦将民国时期的方志目录学研究划分为四个阶段。《云南书目》是我国近代著名图书馆学家、文献学家李小缘的地方文献学代表作,徐有富撰文介绍了李小缘的生平,并对《云南书目》的收录范围、分类体系、著录项目进行了分析。⑧

民国时期,文学诸科中尤以小说和戏曲目录学最为发达。石昌渝的《20世纪以来的中国古代小说目录学》⑨系统梳理了20世纪小说目录学的发展概况。苗怀明的《二十世纪目录学的发展与中国

---

① 王晋卿:《经学文献及经学文献目录述略》,《图书馆》1985年第4期。
② 张巍:《民国"四书"题录研究》,《齐鲁学刊》2008年第2期。
③ 李樱:《试论补正史艺文志及其价值》,《四川图书馆学报》1982年第3期。
④ 王余光:《清以来史志书目补辑述略》,载马费成主编《世代相传的智慧与服务精神——文华图专八十周年纪念文集》,北京图书馆出版社,2001年,第294—319页。
⑤ 王余光:《清以来史志书目补辑研究》,《图书馆学研究》2002年第3期。
⑥ 朱士嘉:《我研究方志的历史回顾》,《文史杂志》1987年第4期。
⑦ 巴兆祥:《民国方志目录学之成就与影响》,《江苏图书馆学报》1997年第1期。
⑧ 徐有富:《试论〈云南书目〉》,《大学图书馆学报》2009年第3期。
⑨ 石昌渝:《20世纪以来的中国古代小说目录学》,《社会科学管理与评论》2004年第4期。

戏曲著作的编目》①结合若干20世纪重要的戏曲目录,讨论了戏曲文献分类是沿用四部法加以变通,还是需要另立新法的问题。

金石目录方面,王亮的《民国时期的两部总帐式金石学著作——〈国史金石志稿〉暨〈续修四库全书总目提要金石类分纂稿〉》②,对这一时期两部重要金石著作的撰述始末、体例和内容等进行了总结和阐释。宗教目录方面,冯国栋的《佛教目录研究八十年(1926—2006)述评——以中国大陆地区为中心》③,认为梁启超1926年发表的《佛家经录在中国目录学之位置》开创了佛教目录学。

图书馆目录是20世纪初近代图书馆出现后才诞生的目录类型,张志伟的《中国近代图书馆目录初探》④对近代图书馆目录产生的时代背景、主要形式、目录类别、著录方式、图书分类等问题展开了论述。

除了上面提到的这些论著,还有沈国强《我国近代科技目录学概述》、徐继安《医学文献目录学初探》、郭星寿《试论马克思主义文献目录学的产生与发展》、孟昭晋《书业书目概说》、林申清《敦煌学书目家族述略》《中国报刊目录述略》、陈建华《20世纪中国音乐文献学研究概述》、秦颖《中国古籍丛书目录编纂研究》等,都涉及了民国专科目录学研究的相关内容。

---

① 苗怀明:《二十世纪目录学的发展与中国戏曲著作的编目》,《戏剧》2005年第1期。
② 王亮:《民国时期的两部总帐式金石学著作——〈国史金石志稿〉暨〈续修四库全书总目提要金石类分纂稿〉》,《山东图书馆学刊》2009年第6期。
③ 冯国栋:《佛教目录研究八十年(1926—2006)述评——以中国大陆地区为中心》,《文献》2008年第1期。
④ 张志伟:《中国近代图书馆目录初探》,《图书与情报》1991年第1期。

6. 研究趋势

以上梳理了前人民国目录学研究的主要成果。通过文献调查可以发现，前人研究涉及的话题十分广泛，成果颇为丰硕，对个别问题的研究，如对目录学理论问题的讨论、对西洋分类法的传入及本土化以及部分目录学家的研究，已经达到了一定的深度，研究思路和提出的观点都值得我们借鉴。但是，其中存在的一些问题也是不容忽视的。

一是，前人的研究成果虽然数量不少，但是有创新价值的成果不多，大量论文只是重复梳理一些基本史实，对此领域研究的推进作用十分有限。如对民国目录学家的研究，半数以上的论文集中在康有为、梁启超、王重民、姚名达、余嘉锡等少数几人身上，而且内容的重复度也比较高。

二是，对民国目录学发展部分史实的梳理尚欠清晰。目前学界比较公认的看法是，近代目录学是在西方目录学思想传入的背景下，融合了我国传统目录学"辨章学术，考镜源流"的传统而形成的。几乎所有涉及这个问题的论著都采用了这一说法。但是，对于西方目录学是何时传入、通过何种途径传入、传入后影响如何这些具体的问题往往语焉不详，缺乏对一手史料的系统爬梳。

三是，目录学是近代学术体系的重要组成部分。晚清以来，在近代学术转型这一历史大变局下，任何学科的发展都无法脱离时代的影响。值得肯定的一点是，在过去的研究中，人们已经注意到目录学与学术转型之间的关系，但更多的是从近代学术史发展对目录学的影响这个角度论述，而忽略了目录学作为"学问门径"这样一种工具性质的学科，对学术发展的促进作用。而这应当是目录学在近代仍然能够延续"显学"之势，得到众多学问大家青睐的关键所在。这些问题都是我们在未来的研究中所应重点关注的领域。[①]

三、版本学研究

20世纪70年代至21世纪初，版本学在版本学论著、古籍版本鉴定、专科版本研究、专类专书版本研究、版本知识普及、版本工具书、书影图录、古籍目录等方面都取得了丰硕的成果。限于篇幅，在此只择取几个方面进行阐述。

（一）版本学论著

这一时期的版本学论著多以"学""论"为名，较具代表性的有洪北江的《古书版本学》（台北洪氏出版社1974年版）、昌彼得的《版本目录学论丛》（台北学海出版社1977年版）、屈万里与昌彼得合著的《图书版本学要略》（台北中国文化大学出版部1986年版）、施廷镛的《中国古籍版本概要》（天津古籍出版社1987年版）、戴南海的《版本学概论》（巴蜀书社1989年版）、严佐之的《古籍版本学概论》（华东师范大学出版社1989年版）、李致忠的《古书版本学概论》（书目文献出版社1990年版）、陈宏天的《古籍版本概要》（辽宁教育出版社1991年版）、曹之的《中国古籍版本学》（武汉大学出版社1992年版）、姚伯岳的《版本学》（北京大学出版社1993年版）、黄永年的《古籍版本学》（江苏教育出版社2005年版）等。

这批论著跟以往任何时代的版本学研究都有所不同，除了对传统的古籍制作方式的演变源流、古籍版本鉴定规律及版本演变源流

[①] 熊静：《民国目录学研究述评》，《图书馆杂志》2017年第11期。

进行研究，还开始对数千年来古籍版本学的发展进行历史总结，虽然这种总结还是片段的、不成系统的，有时甚至是混乱和矛盾的，但毕竟开始了对学科的自我审视。另外，这一时期的学者开始有意识地构建版本学的学科体系，如曹之的《中国古籍版本学》在版本学基础理论方面，对什么是版本和古籍版本学、版本学与其他相关学科的关系、版本学的研究内容、版本学研究方法等作了深入探讨。这些都是版本学独立、成熟的标志。至此可以说，中国古籍版本学已经摆脱了目录学、校勘学的羁绊，完全可以自立于学术之林。

（二）古籍版本鉴定研究

古籍版本鉴定研究方面，有李清志的《古书版本鉴定研究》（台湾文史哲出版社1986年版），魏隐儒、王金雨的《古籍版本鉴定丛谈》（印刷工业出版社1984年版），李致忠的《古书版本鉴定》（文物出版社1997年版）等。《古书版本鉴定研究》旨在采用科学的态度探讨古书版本的鉴定方法，全书分为鉴定法总论、历代版刻字体之研究、历代版刻版式之研究、历代古书纸墨之研究、历代写刻书籍之避讳研究以及其他版本类型之鉴定法共六章。《古书版本鉴定》分上、中、下三编，分别为史证编、版本编、鉴定编。其中，鉴定编是此书的主题，讨论了中国古书的雕版印制、活字排版印制、抄写复制等不同的生产方式，以及由这些生产方式所赋予书籍的不同特点。

（三）某一作者、某类著作及专书的版本研究

考订某一作者或某一类著述版本源流的专著，有万曼《唐集叙录》（中华书局 1980 年版）、唐弢等《鲁迅著作版本丛谈》（书目文献出版社 1983 年版）、刘尚荣《苏轼著作版本论丛》（巴蜀书社 1988 年版）、李致忠《宋版书叙录》（书目文献出版社 1994 年版）、施金炎《毛泽东著作版本述录与考订》（海南国际新闻出版中心 1995 年版）、蒋建农等《毛泽东著作版本编年纪事》（湖南人民出版社 2003 年版）、金宏宇《中国现代长篇小说名著版本校评》（人民文学出版社 2004 年版）、欧阳健《古代小说版本简论》（山西人民出版社 2005 年版）、蔡锦芳《杜诗版本及作品研究》（上海大学出版社 2007 年版）等，其中有为数不少的新书版本研究的专著，突破了传统的古籍版本研究的范围。

专书版本研究方面，首先是关于《红楼梦》版本考订的一系列著作。有魏绍昌《〈红楼梦〉版本小考》（中国社会科学出版社 1982 年版）、郑庆山《红楼梦的版本及其校勘》（北京图书馆出版社 2002 年版）及《续编》（北京图书馆出版社 2006 年版）、刘世德《〈红楼梦〉版本探微》（华东师范大学出版社 2003 年版）、曹立波《红楼梦版本与文本》（中华书局 2007 年版）、杨传镛《红楼梦版本辨源》（北京图书馆出版社 2007 年版）等。此外，还有蒋星煜《明刊本〈西厢记〉研究》（中国戏剧出版社 1982 年版），刘辉《〈金瓶梅〉成书与版本研究》（辽宁人民出版社 1986 年版），朴现圭等《〈广韵〉版本考》（台北学海出版社 1986 年版），高正《〈荀子〉版本源流考》（中国社会科学出版社 1992 年版），傅刚《〈文选〉版本研

究》(北京大学出版社2000年版)，张玉春《〈史记〉版本研究》(商务印书馆2001年版)，金英淑《〈琵琶记〉版本流变研究》(中华书局2003年版)，张国风《〈太平广记〉版本考述》(中华书局2004年版)，范志新《〈文选〉版本论稿》(江西人民出版社2003年版)和《〈文选〉版本撷英》(贵州人民出版社2004年版)，张玉春、应三玉《〈史记〉版本及三家注研究》(华文出版社2005年版)等。

（四）其他著作

其他著作方面，有版本知识普及著作，如李致忠《古籍版本知识500问》(北京图书馆出版社2001年版)、宋庆森《书海珠尘——漫话老版本书刊》(新华出版社2001年版)等。

值得关注的一套版本知识普及丛书是由江苏古籍出版社2002至2003年推出的《中国版本文化丛书》。这套书讲究图文并茂的篇章格局，提倡深入浅出的随笔文字，通过总和分、纵和横的交织，组成了中国版本文化色彩斑斓的知识平台。此丛书以奚椿年的《中国书源流》为开篇，从张丽娟与科有庆《宋本》、陈红彦《元本》、赵前《明本》到黄裳的《清刻本》及姜德明的《新文学版本》，按中国版本时代纵向发展的线索，勾勒出中国历代版本的代表性文化风貌；从江庆柏等《稿本》、韦力《批校本》、黄镇伟《坊刻本》、王桂平《家刻本》、徐忆农《活字本》、薛冰《插图本》到李际宁《佛经版本》、黄润华与史金波《少数民族古籍版本——民族文字古籍》这一版本专题系列，展示了我国版本横断面的文化风采。担任丛书学术顾问的黄永年在"总序"中说："把版本这门学问从学者的书斋和图书馆的善本部中解放出来，直接面对广大读者。"中国版本文化知识的大众化，正是这套书选题创意和策划创新所在。

还有专门文献版本学著作,如吉文辉、王大妹的《中医古籍版本学》(上海科技出版社 2000 年版)。该书在参考古籍版本学和中医文献学的基础上,结合有关研究的最新成果,系统地论述了中医古籍版本学的功用、版本鉴定的各种方法和途径,并简要介绍了中医古籍版本沿革与重要医籍版本系统,具有较高的参考价值。

第三节　专科文献整理与研究

一、方志文献整理与研究

方志是我国文化遗产中的重要组成部分,纂修方志是我国的优良文化传统,源远流长,绵延不绝。1980 年,党中央第十六号文件号召全国编史修志;1981 年 8 月,"中国地方史志协会"正式成立;1983 年 4 月,中国地方志指导小组恢复,全国上下掀起了修志热潮,各地逐渐组建起了人数众多的修志队伍。伴随着修志工作的蓬勃开展,方志研究在方志学基础理论、方志学史、方志编纂、方志评论、方志文化等领域,都取得了长足的进步。

(一)方志学通论

20 世纪 80 年代,随着修志工作的广泛深入开展,各地修志人员对方志知识和理论的学习要求日益迫切，虽有旧时论著可供参考，但不能满足编修新方志的需要。在这种形势下，出现了来新夏主编的《方志学概论》（福建人民出版社1983年版）、王复兴的《方志学基础》（山东大学出版社1987年版）、林衍经的《方志学综论》（华东师范大学出版社1988年版）等论著。《方志学概论》分五章，分别讨论方志与方志学，历代的方志编纂与研究，1949年以来的方志整理、研究与编纂，方志编纂的原则与体例以及方法与步骤。《方志学基础》第一章至第三章介绍方志的基本知识，考察方志的起源和发展，梳理历代方志理论研究和方志学的发展脉络；第四章至第十四章着重探讨方志的编纂，设章专论大事记、人物志、专业分志、乡镇志以及厂矿志的编写，涵盖了方志编纂的主要步骤，有点有面，较为详尽；第十五章探讨旧志整理和研究，注重对传统的继承。《方志学综论》分十章，第一章至第三章探讨方志基本知识及方志和方志学的起源和发展，第四章探讨1949年后的方志编纂和方志学发展，第五章探讨方志的收藏、整理和利用，第六章至第九章阐述地方志的编纂工作，最后一章是地方志和方志学的前瞻。这三部著作在篇目结构上无大差异，为了满足当时的修志工作需求都侧重于方志编纂研究。

20世纪90年代，较具代表性的有仓修良的《方志学通论》（齐鲁书社1990年初版）和黄苇等著的《方志学》（复旦大学出版社1993年版）。《方志学通论》第一章探讨方志的起源、性质与特点，作者认为方志起源于两汉地记，是史学发展的一个旁支；第二章梳理了方志自魏晋南北朝至清代的三个发展阶段和四次高潮；由于作者对章学诚的研究持续了近40年之久，故第三章较为详细地论述了章学诚其人及其方志学理论，认为从章氏开始，方志始成为一门学问;第四章讨论了旧方志的价值以及全国旧志整理的基本情况;第五章是新方志的编纂,作者详细论述了资料的搜集、整理和鉴别,并就拟定篇目、编写大纲、批判继承旧方志、据事直书、撰写人物传、撰写专业志、编修山志等方面提出了自己独到的意见。张舜徽先生在《题辞》中说道:"余观其纲举目张,有条不紊,自来论方志者,皆不及此书之全备而精密。"2003年,方志出版社出版了此书的修订本。此次修订,作者认为初版第二章中"方志发展四次高潮"的提法不科学,故而删去,在第二节增加了"图经是一种什么样的著作""敦煌图经残卷的价值和启示"等内容,还增加了"新中国修志事业概述"作为此章第七节。另外,修订本还增加了第六章"新一轮志书的编纂",肯定了首轮修志的巨大成就,同时指出了存在的一些问题。作者赞同王忍之提出的"既修又续,不可偏废"的广义续修观点,认为它符合我国传统方志的编修形式。从用志的角度来看,得此一本,新旧内容都在期间,便于利用。①《方志学》是由黄苇领衔,并联合复旦大学同道,在其讲授多年的《方志学讲义》基础上共同撰写而成的。此书全面论述了方志学的发展历史,阐发了方志学的基本理论及其应用,探讨了新方志编纂的原则和方法,构建了方志学的学科体系。首为绪论,讨论方志学的研究对象、任务和内容;以下正文依次为方志概况,方志源流,方志内容、特点和性质,方志体例、体裁和流派,方志价值、功用和通病,名志述评,诸家方志理论研究,方志继承与创新,诸志编纂研究,诸篇编撰探讨;以地方志的汇总成书殿其后,内容贯通古今,论述自成体系,并联系修志实践提出了较多新证和创见,极富学术

---

① 中国地方志指导小组办公室编:《新方志理论著述提要》,方志出版社,2006年,第38页。

价值和实用价值。

此外，还有来新夏的《中国地方志》（台湾商务印书馆1995年版）、梅森的《方志学简论》（黄山书社1997年版）、杨军昌的《中国方志学概论》（贵州人民出版社1999年版）、韩章训的《普通方志学》（方志出版社1999年版）等。这几部结构上与以往著作没有大的差异，但来著在适当章节写入香港、台湾修志状况与主要流派观点，为当前方志学著述所少及，① 梅著、杨著和韩著则都涉及方志评论，是方志实践和理论向前发展的反映。

21世纪初，比较重要的有曹子西、朱明德主编的《中国现代方志学》和巴兆祥的《方志学新论》。《中国现代方志学》运用"方志三个理论"——方志政治学、方志基础理论和方志应用理论，架构出中国现代方志学的学科体系，这是对传统方志理论的一般结构的一种突破。此书总结和借鉴了我国修志历史成果特别是近年来国内优秀方志研究成果及国外有关信息，从方志学的基础理论到应用理论，从研究对象与任务的理论体系到学科体系，从历代方志编纂到当前志书的质量要求，从方志人员的培训到方志信息化建设，等等。凡是涉及方志学学科建设和方志事业可持续发展的，此书都尽可能吸收进来，力求做到内容涵盖古今，又重点总结新时期修志工作的成就与经验。② 《方志学新论》指出，"书中所论不求体系完整，面面俱到，而将重点放在方志学基本理论、方志史、方志目录学、续志编写四大方面。所研究的问题不落俗套，较为新颖，如《一统志》与方志的关系、乡土志体式与创新、伪满方志、台湾方志演

---

① 中国地方志指导小组办公室编：《新方志理论著述提要》，方志出版社，2006年，第84页。
② 曹子西、朱明德主编：《中国现代方志学》，方志出版社，2005年，前言。

变、方志目录学的构建、流散日本的方志研究等，都是本书首次提出探究的论题。每个章节不是平面叙述，而是当作学术论文来写，都有深度和品位"①。此外，还有黄道立的《中国方志学》和卢万发的《方志学原理》，由巴蜀书社分别于 2005 年和 2007 年出版。

（二）方志编纂研究

20 世纪 80 年代开始的方志编纂热潮，也促进了一批专门研究方志编纂的著作的产生。其中，不乏以"方志编纂学"命名的，如王亚洲等的《实用方志编纂学》（黄山书社 1988 年版），王复兴主编的《方志编纂学》（济南出版社 1989 年版）、《省志编纂学》（齐鲁书社 1992 年版），吴奈夫的《新方志编纂学》（江苏科学技术出版社 1991 年版），姚金祥、何惠明的《简明方志编纂学》（南海出版公司 1994 年版），毛东武的《方志编纂学》（黄山书社 1996 年版），张文桂、荣竹林的《方志编纂学概论》（内蒙古人民出版社 1998 年版），黄勋拔的《方志编纂学论纲》（广东人民出版社 2000 年版），李在营的《方志编纂学概论》（德宏民族出版社 2001 年版）等。这些著作中，毛东武的《方志编纂学》首次明确提出方志编纂学是专门研究方志编纂活动的一门学科，它应有自己独立的学科体系。张文桂、荣竹林的《方志编纂学概论》，则提出应批判地继承中国历代方志编纂理论，并以近几十年中国修志的现实为根据和出发点，总结修志实践的经验和教训，求得理论上的突破和创新，以确立方志编纂学科的理论体系。李在营的《方志编纂学概论》则阐述了方志编纂学的研究对象及编纂范围、内容和方法，认为其学科

---

① 巴兆祥：《方志学新论》，学林出版社，2004 年，序一。

体系应由基础理论、编纂实务及方志续修构成。其他几部虽以"方志编纂学"命名，但仍局限于在方法论层面上论述方志编纂的一般问题，尚未上升到学科高度，篇章结构也与上文的《方志学通论》没有大的差异，只不过更加注重编纂实践的论述。

方志编纂研究除以上成就之外，还有李明的《新方志编纂实践》（上海人民出版社 1988 年版），李明、徐瑞清主编的《实用方志编纂研究》（沈阳出版社 1989 年版），王景玉主编的《新方志编纂探论》（学苑出版社 1990 年版），欧阳发的《方志编纂概要》（黄山书社 1993 年版），张桂江的《地方志编纂与续修》（香港天马图书有限公司 2000 年版），许还平主编的《省志编纂概论》（中州古籍出版社 2001 年版），林衍经的《方志编纂系论》（安徽大学出版社 2001 年版）等。

（三）方志学史研究、专题研究

方志学史研究方面也有专著问世。其中，以"方志学史"冠名的有两部，一是吕志毅主编的《方志学史》（河北大学出版社 1993 年版），该作提出方志学史是研究探讨中国地方志及其理论的产生、发展和演变规律的一门历史学科。上至春秋，下终民国，凡重要志书，不论存佚，皆在此书论列之内。此书于每个历史时期，首叙全国总志，次叙地方志、图，其次为方志理论主要成就，再次为域外边疆地志，最后为小结。全书列举代表性志、图著作 480 余部，方志学家 120 余人。此书于每部志书，述及纂修年代、版本、存佚情况、优劣得失、社会价值以及历代学者对其评价；于每位方志学家，均摘其理论要点予以载述，并注明出处。二是陈光贻的《中国方志学史》（福建人民出版社 1998 年版）。全书分四部分，第一部分为方志学议论；第二部分是方志渊源与发展；第三部分论列历代主要方志72部，述及作者情况、纂修时间、版本、存佚、优劣等，简明扼要；第四部分论列著名方志学家52人，论述其生平及主要成就。此外，还有林衍经的《方志史话》（中州书画社1983年版）、许卫平的《中国近代方志学》（江苏古籍出版社2002年版）等。

专题研究方面有林天蔚的《方志学与地方史研究》（台北南天书局1995年版）。全书分三编，第一编探讨方志源流与发展，提出了史地两元论；第二编主要介绍章学诚及戴震、顾炎武、顾祖禹、洪亮吉的方志学理论；第三编是广东方志研究，介绍了明清时修的六部《广东通志》，并有人物、史事、民族史、方志族谱联合研究等四个地方史专题研究，为其他专著所无。此书的出版，弥补了当时港台方志学研究专著寥寥无几的缺憾。林衍经的《地方志与旅游》（方志出版社2005年版），全书设10章33节，对地方志与旅游产生和发展的历史进行了考察和比较研究，指出地方志与旅游文化密切相关、地方志在旅游资源开发方面的作用、旅游方志学建设等方面的问题。张英聘的《明代南直隶方志研究》（社会科学文献出版社2005年版），既考虑时间又考虑区域，全书分10章，系统论述了与明代南直隶方志有关的方方面面，包括明代南直隶修志兴盛的原因、编修源流、编纂队伍、经费来源、种类、结构、内容、理论创新、史料价值、影响、历史地位等。此外，还有陈捷先的《清代台湾方志研究》（台湾学生书局1996年版）也值得关注。

二、民族文献研究

我国少数民族历史悠久，并留下了丰富的文献。据统计，1949

年前蒙文文献就有 1500 余种；藏文档案文书有 300 万件，古籍约 60 万函；① 彝文、傣文、纳西文、女真文、满文、阿拉伯文等文献，也都十分丰富。

20 世纪 70 年代末至 21 世纪初，对于少数民族文献的研究一度较为薄弱，20 世纪 80 年代值得关注的仅有云南人民出版社 1986 年起出版的 100 卷《纳西东巴古籍译注全集》。这套书收录纳西东巴古籍 1500 多种，内容包括祈福类、消灾类、丧葬类、占卜类及东巴舞谱、药书、杂言、字典等，被称为"纳西族的百科全书"。

到 20 世纪 90 年代末，我国才出现了一些少数民族文献整理和研究成果。其中，较具代表性的有巴蜀书社 1997 年起出版的《中国少数民族古籍论》和同年民族出版社出版的《民族古文献概览》。前者是一套论文集，每年出版一辑，目前已出版五辑（分别于 1997 年、1998 年、1999 年、2001 年和 2004 年出版，第五辑由四川民族出版社出版）。此丛书以通论、专论和作品评介为主要内容，旨在对我国少数民族的一些重要古籍进行深入的探讨，以反映我国少数民族古籍整理、研究的概况。后者是一部教材，比较全面地介绍了我国少数民族文献的流传状况，对非研究者来说，是一本较好的参考书。②

21 世纪初，少数民族文献研究著作有所增加。

俄罗斯学者捷连提耶夫-卡坦斯基所著的《西夏书籍业》，由王克孝、景永时译成中文，2000 年由宁夏人民出版社出版。圣彼得堡是世界上收集西夏图书规模最大的地方，作者在此写成《西夏书籍业》，讨论了西夏书籍的制作技术、装帧艺术、写本、印本等一

---

① 王余光：《再论文献学》，《图书情报知识》1997 年第 1 期。
② 王余光：《文献学研究的新进展》，《江西图书馆学刊》2005 年第 2 期。

系列问题。尤其受到学者重视的是,现存西夏文活字版文献,是世界上最早的活字印本实物,它对世界印刷史的研究具有重要价值。①

李杰所撰的《中国少数民族文献探研》一书,2002年由民族出版社出版。全书共5章,分别选择了史书13种、文书3种、金石铭刻5种、宗教典籍4种、文学典籍9种,包括蒙古、藏、彝、傣、高山、畲、黎、维吾尔、纳西、侗、柯尔克孜、壮、白共13个民族的共计34种重要典籍,并一一进行了介绍。此书在较大程度上弥补了汉族典籍资料的不足,让读者透过典籍了解各少数民族的社会经济发展状况、阶级及阶级关系、重大历史事件和关键人物、宗教信仰、民族关系等情况,具有一定的综合参考价值。

包和平等人的《中国少数民族文献学概论》(民族出版社2004年版),是第一部系统研究少数民族文献学的专著。作者提出,中国少数民族文献学是以少数民族文献和少数民族文献事业发展规律为对象进行系统研究的学问;它的学科体系由理论中国少数民族文献学、应用中国少数民族文献学、专门中国少数民族文献学以及交叉中国少数民族文献学四个部分构成。全书共6编28章,对中国少数民族文献的产生发展、载体形制、记录形式、类型、特征、价值与社会功能、收集整理、鉴定统计、技术保护、信息资源的开发利用,以及少数民族文献工作的内容、任务、特点、作用等诸多理论与实践问题进行了探讨,尤其是末章,探讨了我国少数民族文献数字化建设的原则和方法等问题,具有重要的现实意义。此书既填补了我国文献学理论研究的空白,又补充和发展了民族学的研究内容。

---

① 王余光:《文献学研究的新进展》,《江西图书馆学刊》2005年第2期。

2005年，民族出版社出版了由朱崇先主编的《中国少数民族古典文献学》。此书是首部以"民族古典文献学"为题的论著和教材，旨在全面展示我国少数民族古籍的整理研究与开发利用情况。全书分11章，探讨了我国少数民族古典文献学的性质、任务、理论、方法、与其他学科的关系，以及少数民族古文字与古文献的源流与特点、积聚与散失、载体种类与特点、文献分类与编目著录、版本与装帧、校勘、翻译和注释、保护与开发利用等问题。此书对近30个文种的少数民族古文字文献进行了不同程度的列举和介绍，从而全面展示了民族古典文献的基本面貌。[①]

同年，辽宁民族出版社出版的何丽的《中国少数民族古籍管理研究》，探讨了少数民族古籍的概况、科学管理、分类与编目、鉴定、保护、注译与出版、研究状况等问题。此书是第一部以"少数民族古籍管理"命名的论著，但从内容上看，主要还是围绕少数民族古籍的搜集、分类、编目、鉴定、保护等进行的探讨。这些基本属于古籍整理的范畴，而并未如其书名所示对少数民族古籍管理的涵义、内容、方法等方面作深入研究。

同年，还有张铁山的《突厥语族文献学》一书，由中央民族大学出版社出版。突厥语族作为阿尔泰语系的语族之一，在我国包括了7个民族的8种语言。此书是阿尔泰学研究丛书之一，是在普通文献学的一般理论和方法基础上研究突厥语族各民族文献的学术专著，属于专业文献学的范围。其中，绪论探讨了"突厥"及其相关概念和突厥语族文献学的研究对象和任务，各章分别探讨突厥语族各民族的历史文化、各民族使用过的各种文字的起源与类型，以及

---

① 朱崇先主编：《中国少数民族古典文献学》，民族出版社，2005年，前言。

突厥语族文献的载体形态、分期和分类、转写翻译和注释、收藏整理和研究、开发利用与现代化等问题。此书在篇章架构上虽无创新之处，但研究不局限于某个特定民族的某种特定语言，而是着眼于我国使用突厥语族语言的 7 个民族所用的 8 种语言，并且注重与这些民族的历史、文化相关联，这也是此书的特色所在。

2006 年，赵令志编著的《中国民族历史文献学》，作为民族历史文化研究书系之一，由中央民族大学出版社出版。此书是中央民族大学国家"十五"规划重点建设项目及"211 工程"项目，为突出民族学科特点，名为《中国民族历史文献学》。[①] 全书分 3 编 15 章，从内容上看，仅有"目录学"一编中的第六章对数种民族文字文献进行了专门探讨，此外几乎不涉及民族文献。所以，此书总体上与以往的历史文献学论著无明显差异，并未对民族文献进行深入研究。

此外，还有刘建丽的《宋代西北民族文献与研究》（甘肃人民出版社 2004 年版）。此书分两编，上编 5 章，主要探讨西北各民族的生存环境与历史演变；下编 4 章，分别探讨西北民族文献资料、文物考古资料、西夏学研究状况以及西北吐蕃、回鹘、西辽的研究动态，属于民族文献的专题研究。

三、其他

20 世纪 80 年代至 21 世纪初，分科文献学研究的出现，是文献学理论研究纵深化发展的重要表现，人们运用文献学的一般理论和

---

① 赵令志编著：《中国民族历史文献学》，中央民族大学出版社，2006 年，后记。

方法来研究某一学科的专门文献，主张为该学科研究提供资料基础。目前，历史文献学、文学文献学、档案文献学、社会科学文献学、科技文献学、法律文献学、经济文献学、艺术文献学、戏曲文献学、医学文献学等方面均有著作问世。

我国已出版的一些分科文献学著作有：王秀成编著的《科技文献学》（吉林工业大学1984年版），胡昌平、邱均平编著的《科技文献学》（武汉大学出版社1991年版），黄存勋等著的《档案文献学》（四川大学出版社1988年版），郭星寿编著的《社会科学文献学》（武汉大学出版社1990年版），张伯元的《法律文献学》（浙江人民出版社1999年版），李振宇的《法律文献学》（中国检察出版社2005年版），单淑卿、张春玲主编的《中国经济文献学》（青岛海洋大学出版社1991年版），董占军的《艺术文献学论纲》（清华大学出版社2006年版），熊第志主编的《医学文献学》（辽宁科学技术出版社1990年版），苗怀明的《二十世纪戏曲文献学述略》（中华书局2005年版）等。这些著作大体上包括学科知识概论、学科文献源和有关检索技术等内容。

21世纪初，主要的相关著作有王子今《20世纪中国历史文献研究》、夏南强《类书通论》、李杰《中国少数民族文献探研》、朱渊清《再现的文明：中国出土文献与传统学术》、李零《简帛古书与学术源流》等。王子今的《20世纪中国历史文献研究》着重于20世纪中国历史文献研究的总结，书中详细讨论了经学、子学与史学文献的研究，另兼及清人历史文献研究成就的继承，时代风潮与历史文献研究，疑古运动、考古新发现的文献，辑佚、历史文献研究与出版机构等问题。① 这是一部有分量的文献学专著。夏南强的《类书通论》与以前的研究不同，该书从文化史的角度，探讨我国类书发展演变及其对文化、学术的影响。朱渊清与李零的著作都是讨论出土文献和简帛。前者介绍历代简帛书籍出土的状况，具有知识普及性质。后者虽然是大学教材，但每讲之后的附录很有学术价值；全书上篇综合讨论简帛书的发现、形制、体例与分类等，下篇是对简帛书的导读。另外，张兴武的《五代艺文考》，亦是近年出版的史志目录补辑的一部力作。新、旧《五代史》皆无艺文志，前人补辑虽有数种，但皆不完善，张氏作了仔细的考证、补辑，最后形成《新编五代艺文志》，为文献史研究提供了一份有价值的资料。王岚的《宋人文集编刻流传丛考》，是《中国古代典籍与文化研究丛书》中的一种，该书选取了32家宋人文集，对其版本流传进行了周密的考证，"或发前人所未发，或补前人所未备，或正前人之误说，创获良多"②，实为近年文献学界的一部力作。③

---

① 王子今：《20世纪中国历史文献研究》，清华大学出版社，2002年，前言。
② 王岚：《宋人文集编刻流传丛考》，江苏古籍出版社，2003年，孙钦善序。
③ 王余光：《文献学研究的新进展》，《江西图书馆学刊》2005年第2期。

第四节 文献史与文献学家研究

一、文献史研究

文献史研究是文献学研究的一个重要组成部分。1993年,王余光所著的《中国文献史》(第一卷)由武汉大学出版社出版。这部文献史共分十编,分别是绪论、先秦文献、秦汉文献、魏晋南北朝文献、隋唐五代文献、宋代文献、西夏辽金元文献、明代文献、清代文献、民国文献。《中国文献史》(第一卷)写的是上述十编中的前两编。作者在序言中说:"中国文献延续数千年不断,内容丰富,数量繁多,但至今尚未作过系统的总结和全面的揭示,对中国文献的发展历史也缺少完整的研究。这正是我立志撰写一部多卷本《中国文献史》的初衷所在。"① 对中国文献的发展历史作一个完整的梳理,总结出其中的规律,这项工作的难度很大,在随后的十多年间并没有出现全面系统的文献史著作。但文献史的某些专题研究,在这30年间有了很大的发展,有很多研究成果问世,这些成果从一个侧面反映出文献发展过程中的特点。从研究成果的类型上

---

① 王余光:《中国文献史》第一卷,武汉大学出版社,1993年,序。

看，学者们投注心力较多的是图书史、出版史、藏书史的研究。尤其是出版史研究，这一时期有大量的著作出现，有学者认为"从 1978 年以来，特别是 80 年代以来，出版史研究取得空前的发展"，"出版史研究进入了发达时期"。① 不但出版史研究本身有了很大的发展，出版史理论、断代出版史、区域出版史、出版史料的编纂等方面也成果颇丰，与出版史关系密切的印刷史，文献编纂、编辑史，发行史等也取得了进一步的成果。阅读史在这一时期逐渐成为研究的新关注点，有一批学者正在这个领域进行着有益的探索，并有一些成果问世。值得一提的是，出版史、藏书史和阅读史在这一时期都有通史著作问世。通史著作的出现，标志着该领域研究的日趋成熟和完善，也为今后的研究工作奠定了坚实的基础。除此之外，这一时期中国档案史、方志史、报刊史研究也取得了一定的成果。中国档案史方面的主要著作有邹家炜等编著的《中国档案事业简史》，杨小红编著的《中国档案史》，丁海滨、陈凡编著的《中国科技档案史》等；主要的方志史著作有彭静中编著的《中国方志简史》等。中国报刊史相关著作有戈公振的《中国报学史》、方汉奇的《中国近代报刊史》等。

21 世纪初，文献学专门史（包括文献编纂史、图书出版史、藏书史、阅读史及相关专门史）的研究取得长足的发展。2000 年以来，在出版史方面，先后出版了李瑞良《中国古代图书流通史》、杨巨中《中国古代造纸史渊源》等。2004 年，钱存训的《中国纸和印刷文化史》一书出版。钱氏是一位旅居美国的中国书史研究专家，早年的《中国古代书史》一书影响很广，为中国学界所熟知。

---

① 魏玉山：《出版史研究百年沿革（一）》，《出版发行研究》2002 年第 3 期。

《中国纸和印刷文化史》原为李约瑟《中国科学技术史》中的一册，英文版在英国出版，后译成中文在国内出版，此次为修订本。书中讨论中国古代造纸与印刷的方法、技术及工艺，纸与印刷术的传播及对世界文明的贡献。中国古代造纸与印刷，因为具有重要的国际影响，研究者相对较多，研究成果也较为丰富。

出版史自身建设也有不小的进步。宋原放主编的《中国出版史料》分为古代、近代、现代三部分，于2000—2001年由山东教育出版社和湖南教育出版社出版。叶再生的《中国近代现代出版通史》，约400万字，于2002年出版。由多家高校教师参与的《中国出版通史》九卷本，经近十年的努力，于2008年出版。

在藏书史方面，近年最为重要的成果是任继愈主编的《中国藏书楼》三册与傅璇琮、谢灼华主编的《中国藏书通史》两册。前者分三编：论、史、表，从不同角度展现中国几千年藏书的风貌，可惜正文中没有引用文献的出处，降低了该书的学术价值。后者是一部严格意义上的藏书通史，从古到今，依时间顺序叙述了中国藏书的发展历史。2004年，由徐凌志主编的《中国历代藏书史》问世，与前两书相比，这部书比较简约。与藏书史相关的是藏书文化的讨论，此前曾有周少川《藏书与文化——古代私家藏书文化研究》、李雪梅《中国近代藏书文化》等问世，近年有桑良至的《中国藏书文化》出版。①

二、文献学家研究

在中国，文献学研究历史悠久，源远流长，涌现了一大批文献

---

① 王余光：《文献学研究的新进展》，《江西图书馆学刊》2005年第2期。

学者，张家璠、阎崇东主编的《中国古代文献学家研究》（广西师范大学出版社 1996 年版）一书，对这些学者的生平与成就作了初步的总结，但此书收录的学者仅限于古代。进入 20 世纪，文献学蓬勃发展，文献学学者更是人才辈出，两者相辅相成。

20 世纪的中国文献学学者群体延续着传统文献学研究的路径，做着目录、版本、校勘、辨伪、注释等工作，但又体现出新的特征，这与 20 世纪社会、思潮与文献变迁有着密切的关系。

20 世纪末，郑伟章的《文献家通考》，网罗清初以来的文献学家 1500 余人，详记其生平、藏书、校书、刻书、辑书及编目、题识等文献工作。近年，姚淦铭的《王国维文献学研究》，对王国维在文献学上的成就作了全方位的考究。王国维的国学根底深厚，精于目录、版本、校勘之学，又处在那个新材料不断被发现的时代，因而他对出土文献及传世的经史典籍、古代少数民族文献都作了卓有成效的考证，成就突出。另外，《图书情报工作》杂志在 2004 年第 3 期曾推出 5 篇"现代文献学家海外访书研究"专题文章，除 1 篇综论外，另 4 篇分别对董康、傅增湘、郑振铎、向达四人海外访书的过程与成就进行专门研究，这对推动该领域研究的深入开展具有十分重要的意义。

根据已有的了解与认识，在对 20 世纪文献学学者群体中约 40 位重要的文献学家（限已故者）的学术背景进行分析后，大致分为以下两类：

一是传统的藏书家或图书馆专家。藏书家如李盛铎、叶德辉、张元济、董康、傅增湘、伦明、朱希祖、郑振铎、杨家骆等；在图书馆工作或曾在图书馆工作过的文献学家如胡朴安、柳诒徵、蒋伯潜、王献唐、杜定友、孙楷第、范希曾、向达、陈登原、谢国桢、王重民、顾廷龙、赵万里、冀淑英等。李盛铎的《木犀轩藏书题记及书录》、傅增湘的《藏园群书题记》、朱希祖的《明季史料题跋》、王献唐的《国史金石志稿》、孙楷第的《中国通俗小说书目》、范希曾的《书目答问补正》、谢国桢的《晚明史籍考》、王重民的《中国善本书提要》及《补编》等，都是相当重要的书目及提要著作。张元济的《校史随笔》、柳诒徵的《中国版本概论》、赵万里《中国版刻图录》等，都是很重要的校勘、版本学著作。这些著作偏重于目录、提要、版本及文献收集、编纂诸端，实践性强，具有很高的实用价值，体现了传统文献学的延续性。

二是以教学、研究为主的文献学家，如孙德谦、梁启超、张国淦、王国维、陈垣、余嘉锡、钱基博、汪辟疆、张心澂、郑鹤声、姚名达、郭伯恭、张舜徽、程千帆、吴枫等。张国淦的《中国古方志考》、王国维《观堂集林》中的一些文献学论著、余嘉锡的《四库提要辨证》、张心澂的《伪书通考》、郭伯恭的《四库全书纂修考》等，偏重文献考证；梁启超的《古书真伪及其年代》、王欣夫的《文献学讲义》、张舜徽的《中国文献学》、吴枫的《中国古典文献学》等，均是应教学之需所作的讲义或教材，偏重理论与方法的概括。

当代重要文献学家主要有以下12位：

当代重要文献学家简表（按生年排）

序号	姓名	生年	卒年	籍贯	文献学代表作
1	张心澂	1896	1988	广西永福	《伪书通考》
2	孙楷第	1898	1986	河北沧县	《中国通俗小说书目》
3	郑鹤声	1901	1989	浙江诸暨	《中国文献学概要》
4	谢国桢	1901	1982	河南安阳	《晚明史籍考》
5	顾廷龙	1904	1998	江苏苏州	《顾廷龙文集》

续表

序号	姓名	生年	卒年	籍贯	文献学代表作
6	赵万里	1905	1980	浙江海宁	《中国版刻图录》
7	王绍曾	1910	2007	江苏江阴	《清史稿艺文志拾遗》
8	张舜徽	1911	1992	湖南沅江	《中国文献学》
9	杨家骆	1912	1991	江苏南京	《四库全书百科大辞典》
10	程千帆	1913	2000	湖南宁乡	《校雠广义》
11	冀淑英	1920	2001	河北河间	《冀淑英文集》
12	吴枫	1926	2001	辽宁兴城	《中国古典文献学》

综上，文献学作为一门独立的学科，在20世纪80年代就已初步形成。特别是古典文献学领域，其研究对象、范围、目的等，都基本形成了共识，但对于现代文献学一系列理论问题，尚待进一步深入研究。文献学中的不少内容，都与图书馆学、情报学、信息资源研究相交叉，因而学科的融合研究，还有待不同领域的学者共同合作。

随着现代技术的发展，出现了很多新型文献、文献新载体与新的传播方式，以及与此相关的利用、阅读等，对文献学研究提出了新的挑战。目前，在文献学领域，对这一挑战还没有很充分的应对。

文献学著作的出版相当丰富，但研究者缺少必要的交流与合作，有些成果在某些程度上出现低水平的重复。因而，应推动建立文献学学术组织，举办学术研讨会，以加强学者间的交流与沟通。[①]

---

① 王余光：《文献学研究的新进展》，《江西图书馆学刊》2005年第2期。

第五章

中国图书馆学史的研究框架与主要内容

第一节　中国图书馆学发展的历史阶段

　　历史分期是学术史研究中的基本理论问题之一。作为近代学科体系的一员，中国图书馆学是在中国传统藏书理论和西方图书馆学思想的双重滋养下，形成并发展起来的一门学科，经过了长时期的积累，中国的图书馆学已经发展到了一个相对成熟的阶段。对图书馆学学术史进行总结，是时代赋予当代学人的使命和责任。而在展开图书馆学史研究之前，首先需要解决的就是中国图书馆学的历史分期问题。

一、前人对中国图书馆学历史分期的观点

1928年，金敏甫在《中山大学图书馆周刊》发表《中国图书馆学术史》一文，这是首部冠以"图书馆学学术史"的论著。在这篇文章中，金氏讨论了中国图书馆学形成的标志，并将中国图书馆学分为"东西洋图书馆学术流入时期"和"中国图书馆学术发轫时期"两个阶段，这是国内学界对图书馆学历史分期的最早论述。按照金氏的考察，中国的图书馆学术古已有之，"如目录学，校雠学，版本学等，实际上即为图书馆学之一部份"，然而"完全之图书馆学术发现，至于图书馆学名词之产生"，① 则要晚至20世纪20年代。《中国图书馆学术史》出现在近代图书馆学形成和发展的高潮期，代表了当时图书馆学界对我国图书馆学发展历程的一般看法。

20世纪80年代，我国图书馆学理论研究迎来了一次高潮，对图书馆学历史分期的讨论也是其中一个重要的议题，许多学者参与其中，并提出了许多不同的观点。1983年，周文骏在《概论图书馆学》中认为"我国图书馆学发展的萌芽时期到底从什么时候开始，很难确定"②，20世纪20年代为中国图书馆学发展的建立时期，1949年后为中国图书馆学的发展时期。1985年，杨建东、罗德运在《中国图书馆学的形成和发展》一文中，将中国图书馆学分为：孕育时期（2000年前刘向、刘歆父子校书至清代学者周永年发表《儒藏说》），萌芽时期（19世纪后半叶至20世纪初），近代图书馆学产生时期（辛亥革命至1949年），发展时期（以1979年

---

① 金敏甫：《中国图书馆学术史》，《中山大学图书馆周刊》1928年第2期。
② 周文骏：《概论图书馆学》，《图书馆学研究》1983年第3期。

为界分为两个发展阶段）。① 同年，谢灼华发表《中国图书馆学史序论》，力证古代图书馆学的存在，并将古代图书馆学划分为四个发展阶段，分别为：古代图书馆学思想的酝酿时期（汉魏六朝）、古代图书馆学思想的形成时期（隋唐五代）、古代图书馆学体系的建立时期（宋元时期）、古代图书馆学体系的完善时期（明清）。1986年，况能富在《图书馆学思想史纲》中，将中国图书馆学发展史划分为：图书馆学知识的萌芽与积累、经验图书馆学的形成（唐宋）、经验图书馆学的发展和终结（明清）、理论图书馆学的产生和发展（1840年后）。1988年，宓浩主编的《图书馆学原理》一书将中国图书馆学分为三个阶段：古代图书馆学时期、近代图书馆学创建时期（20世纪20年代至1949年）、新中国图书馆学发展时期（1949年以后）。同年，黄宗忠在《图书馆学导论》中提出"中外图书馆学史的分期应采用同一标准"，并以此为指导思想，将中国图书馆学分为孕育时期（殷代至19世纪初）、确立与发展时期（19世纪中叶至20世纪40年代）、逐渐走向成熟时期（1949年后）。1991年，石呈祥在《关于图书馆学发展史分期问题之我见》一文中，将中国图书馆学分成四个阶段：萌芽时期（殷代至20世纪初期）、建立时期（20世纪一二十年代）、发展时期（20世纪20年代至1949年）、逐渐成熟时期（1949年后）。同年，吴仲强等出版了《中国图书馆学史》，该书是目前唯一一部以"图书馆学史"为名的专业著作。在书中，作者将中国图书馆学分为古代图书馆学史（1840年以前）、近代图书馆学史（1840—1919）、现代图书馆学史（1919—1949）、当代图书馆学史（1949年至今）。

---

① 杨建东、罗德运：《中国图书馆学的形成和发展》，《湖北高校图书馆》1985年第3期。

20世纪90年代以后,图书馆学理论研究进入了一个相对平缓的发展时期,对图书馆学历史分期问题的讨论也有所消歇。近年来,随着学界对学科史研究的重视,图书馆学历史分期问题重新引起了人们的关注。2000年,李刚、倪波发表《中国现代图书馆学的确立》,以20世纪20年代为时间断限,将中国图书馆学分为古代图书馆学思想与现代图书馆学。[1] 2008年,戎军涛、吴杏冉在《中国图书馆学理论发展史的历史分期问题研究》一文中,提出中国古代没有图书馆学的观点,认为"中国古代图书馆学思想和20世纪以后的中国图书馆学严格意义上并没有学术继承和血缘关系"。基于以上认识,其将中国图书馆学分为:中国图书馆学的形成时期(20世纪初至40年代)、中国图书馆学的曲折发展时期(20世纪50年代至70年代)、中国图书馆学理论变革时期(20世纪80年代至90年代初)、中国图书馆学理论变革中平稳前进时期(20世纪90年代初至今)。[2] 2014年出版的《中国图书馆学学科史》,将中国图书馆学分为古代、近代、现当代三个部分,分别对应中国图书馆学的孕育时期(古代藏书思想),中国图书馆学的萌芽、建立与初步发展时期,中国图书馆学在当代的繁荣与发展时期,体现了编写者对中国图书馆学历史分期的观点。

二、对各种历史分期观点的分析

上面我们介绍了前人关于中国图书馆学历史分期的主要观点,

---

[1] 李刚、倪波:《中国现代图书馆学的确立》,《图书情报工作》2000年第1期。
[2] 戎军涛、吴杏冉:《中国图书馆学理论发展史的历史分期问题研究》,《图书馆建设》2008年第3期。

除了谢灼华《中国图书馆学史序论》是专门以古代图书馆学为对象展开的研究，其余的论述均是对中国图书馆学发展历程的宏观描述。由于在一些关键问题上的分歧，前人对中国图书馆学历史分期几乎没有完全一致的表述。

以中国古代的目录学、校雠学、版本学等关于藏书的学问是否属于图书馆学的范畴，也就是中国古代有没有图书馆学为标准，我们可以将前人关于中国图书馆学历史分期的观点分为两大类。一部分学者认为古代的目录学、校雠学等关于书籍的学问是中国图书馆学的源头，进而承认古代图书馆学的存在。前述杨建东、罗德运、谢灼华、况能富、宓浩、黄宗忠、吴仲强、李刚、倪波、索传军等人均持此观点。而另一部分学者则否认古代图书馆学的存在，认为中国图书馆学形成于20世纪20年代，因此中国图书馆学史的起点也应在此。上述周文骏、石呈祥、戎军涛、吴杏冉等人均持此议。

对于古代藏书思想和理论是否属于图书馆学的范畴，虽然学者存在着争议，但是可以看到，大多数观点还是认为古代图书馆学是成立的。在前人关于历史分期问题的论述中，更大的分歧在于划分图书馆学发展阶段的时间节点的选择。正是因为时间节点选择的不同，才出现了所谓"三分法""四分法"的区别。

在"四分法"中，比较常见的观点是以鸦片战争（1840年）、辛亥革命（1919年）、中华人民共和国成立（1949年）为三个时间节点，即以自然时序为划分标准，将中国图书馆学分为古代、近代、现代和当代四个阶段，前述杨建东、罗德运、吴仲强等人的观点就是其中的代表。这种划分方法，由于与社会政治分期一致，比较便于操作，受到了许多学者的认可。

然而，按照社会政治分期虽然便于与社会史等相关学科接轨，但由于中国近代图书馆学在形成之初，经历了一个向西方学习的阶段，因此在发展上要滞后于社会整体发展。也就是说，近代中国"西学东渐"的过程集中于鸦片战争至辛亥革命之间，而图书馆学东西洋学术的传入则要晚至 20 世纪初期至 20 年代。基于此点，有学者认为将 1840—1919 年，也就是中国近代史阶段，用在图书馆学历史分期上并不恰当。这部分学者虽然也认为中国图书馆学可以分为四个发展阶段，但将古代图书馆学的下限延至 20 世纪初期，将 20 世纪一二十年代作为一个独立的阶段。石呈祥等人即持此观点。在"四分法"中，戎军涛、吴杏冉的观点是比较特殊的，首先他们并不认可古代图书馆学的存在，其次则是对 1949 年后的图书馆学，以 20 世纪 70 年代为界，做了进一步的细分，总体仍然保持了四个阶段的划分。

相对于"四分法"，"三分法"减少了 1840 年这个时间节点。对于 1840—1919 年这个时间段，应该如何归入中国图书馆学的历史分期，"三分法"的论者也存在着不同意见。一派以 1920 年为时间节点进行划分，将 1920 年前统称为古代图书馆学。以宓浩等人的论点为代表。另一派则以 1840 年为限，将之前的时段归为古代图书馆学，而将 1840—1949 年作为图书馆学确立和发展的历史时期。以黄宗忠等人的意见为代表。

通过对上述关于中国图书馆学历史分期的观点进行分析，我们可以清晰地看到，学者对于这个问题所产生的分歧主要集中在两个方面：一是古代图书馆学是否成立，二是历史分期的划分是否要遵循社会政治时序。第一个问题在本卷第一章已经进行了详细阐释。下面，我们将在回答第二个问题的基础上，提出笔者关于中国图书馆学历史分期的观点。

三、中国图书馆学的历史分期

在中国图书馆学历史分期的讨论中，依据什么标准来进行划分，是论者产生分歧的主要原因。

前面已经说到，鸦片战争（1840年）、辛亥革命（1919年）、中华人民共和国成立（1949年），是被提及频率最高的三个时间节点。这种观点，实质上参照了中国近现代史的分期，是以社会历史阶段论为中心的划分方法。由于这种社会历史阶段论，在很长一段时间内，都是社会科学研究，特别是史学研究中的主流观点，因此，以之为标准划分的学科史分期，在包括图书馆学在内的社会科学研究领域内，是十分普遍的做法。

然而，这种以社会政治分期，而并非以学科发展内在规律为标准的划分方法适用于中国图书馆学吗？答案应是否定的。

中国社会的近代史始于鸦片战争，与之相比，中国图书馆学的近代化进程则要晚得多。鸦片战争之后，一批有识之士痛心于祖国积贫积弱的局面，下决心向西方学习，数量众多的西学书籍被翻译介绍进来，中国近代化的车轮也由此缓缓启动。然而相对于自然科学和工程科学，包括图书馆学在内的众多社会科学的"西学东渐"则要滞后许多，被誉为"中国图书馆学术书籍之滥觞"[①] 的《图书馆小识》，晚至民国六年（1917）才被北京通俗教育研究会译介进来。其后中国图书馆学又经历了一个广泛吸收西方图书馆学思想的发展阶段，在"新图书馆运动"的促进下，到了20世纪20年代，

---

① 金敏甫：《中国图书馆学术史》，《中山大学图书馆周刊》1928年第2期。

第一批中国图书馆学家才基本完成了西方图书馆学理论的本土化，以及中国传统藏书理论与近代图书馆学思想融合的历史使命。图书馆学教育的兴办、中国图书馆学理论著作的大量涌现都集中在这一时期，因此，中国图书馆学的近代阶段主要集中在20世纪前期。事实上，由于学科发展的差异性，以及相对于社会政治变迁的滞后性，以诸如1840年、1919年、1949年这样具体的年份来界定发展阶段，是不妥当的。

在对中国图书馆学历史分期进行划分时，除了要兼顾社会政治发展阶段，更需要从图书馆学本身的内在学理出发，提出符合学科发展事实的划分方法。据此我们认为，中国图书馆学可以分为以下四个发展阶段。

（一）中国古代图书馆学（20世纪以前）

古代图书馆学是中国图书馆学史上的一个重要阶段与组成部分。按照史学家的观点，中国古代史结束于1840年。但从中国图书馆学的实际发展情况来看，1840年至20世纪初，虽然有不少新式图书馆被兴建，也有西方图书馆学思想的零星传入，但这并不是图书馆和图书馆学发展的主流。特别是在图书馆学研究中，研究内容和研究方法并没有质的改变，主要是对传统图书馆学理论和方法的继承和总结。因此，我们将古代图书馆学的下限定在19世纪末20世纪初。

（二）中国近代图书馆学（20世纪前期）

20世纪前期是中国近代图书馆学确立和最终形成的历史阶段。"图书馆"和"图书馆学"的提出均发生在这一时间段内。大量的西方图书馆学著作被翻译和介绍进来，给了第一代中国图书馆学学人思想上的启蒙。中国最早的一批图书馆学家赴外留学，受到了系统和良好的图书馆学培训，学成归国后又反过来促进了中国图书馆学的发展。图书馆学专业教育也迈上了现代化、正规化的进程，中国图书馆学的发展在这一时期正式告别古代阶段，进入了近代阶段。

（三）中国现代图书馆学（20 世纪后期）

对于图书馆学来说，1949 年后发生的第一次变革，是由学习欧美转向学习苏联，仿照苏联图书馆学建立起一整套的图书馆学理论体系，时至今日，这一体系仍在图书馆学研究中发挥着影响。20 世纪 60 至 70 年代，受政治运动的影响，图书馆学和其他社会科学一样，虽然有局部的闪光，但整体上处于发展的低谷期。20 世纪的最后 20 年，是中国图书馆学发展的又一个黄金时代，无论是教育还是研究方面，在深度与广度上都超越了 20 世纪前期的水平，中国图书馆学的发展真正进入现代阶段。

（四）中国当代图书馆学（21 世纪以来）

20 世纪末，随着网络的迅速普及与数字图书馆的出现，图书馆学研究在许多领域出现了根本性的变革。传统图书馆学理论受到了极大的冲击和挑战，如何应对新技术带来的影响，重构图书馆学价值和理论体系，是当代学人不得不面对的课题。因此，我们认为，以 21 世纪为节点，中国图书馆学的发展进入当代阶段。

第二节 《中国图书馆学史》的框架与内容

回顾历史,中国图书馆学经历了波澜壮阔的发展历程,形成了既有以古代藏书"措理之术"为主体的优秀文化传统,又能容纳西方图书馆学公开、公共思想的理论体系,并随着时代发展不断向上生长,焕发着勃勃生机。我们在研究中发现,上述阶段划分,虽然能很好地展现中国图书馆学发展的时代特征,但在材料组织、写作框架搭建方面有较大的难度。考虑到全书结构的完整与均衡,以上述阶段划分为依据,我们对《中国图书馆学史》的写作框架进行了细化,最终形成了目前呈现在读者面前的面貌。

一、《中国图书馆学史》的写作框架

第一,古代部分时间跨度太大,资料庞杂,如一卷连写,恐不能充分反映我国古代图书馆学的历史贡献,容易出现各卷比例失衡,遗漏重要人物、著作的问题。

第二,晚清时期是中国图书馆学史上承前启后的阶段,其一方面仍然延续着我国古代藏书传统,另一方面也出现了具有启蒙意义的新式图书馆建设浪潮和西方图书馆学思想的早期传播。其与之前、之后的时代均有千丝万缕的联系,将之与清中前期连写,并在

民国部分作为背景再次加以重点阐释，更利于在历史场域中理解中国图书馆学史的发展路径。

第三，民国时期是我国图书馆学学科体系建立的关键阶段，不仅涌现出大批学人、著作，学术团体、学科教育等学术建制也在这一时期萌芽与成熟，对于学科发展意义重大，同样应当进入学术史的范畴。而学人、著作是学术史的"主角"，以人为纲的学案体写法更利于展现学派、学术发展之内在关联。故而亦有必要对民国图书馆学史进行进一步的细分，以契合其在中国图书馆学史上的重要地位。

第四，1949年以后的中国图书馆学，经历了波澜壮阔的发展历程，按照其特征可将之划分为两个阶段。一是1949—1978年。这一阶段既有中华人民共和国成立初期向苏联学习的欣欣向荣，也有各种政治运动造成的学术发展混乱。对这一历史时期的考察，既需要有宏观视野，也需要有深入细部的微观把握。但是，由于历史原因，有关这一时期的研究资料获取难度极大，部分资料尚未进入公众研究视野，给研究者准确理解和正确把握本阶段图书馆学现象与发展机理造成了巨大的困难。二是1979年至今。借改革开放的东风，中国图书馆学经历了发展最为迅速的一个阶段，大量优秀成果、学人不断涌现。21世纪以来，在技术变革的影响下，新旧思想不断碰撞、融合，学科之树不断生长出新的内容，中国图书馆学进入了前所未有的"黄金"时期。然而，从学术史的角度而言，盖棺方能定论，当代图书馆学正处在一个高速发展的历史阶段，"变化"是唯一的"不变"。作为"亲历者"，我们对于本阶段学术成果的评述会不可避免地受到时代的局限。因此，这一阶段的图书馆学发展尚不宜进入当下学术史的书写范畴。

综合上述考虑，我们确定十卷本《中国图书馆学史》的框架结构如下：第一卷包括"绪论""先秦秦汉魏晋南北朝"两部分，首先解决中国图书馆学史研究的基本理论问题，然后转入对各阶段中国图书馆学史的梳理。第二卷至第五卷，分别为"隋唐五代""宋辽夏金元""明代""清代"的图书馆学史，继续阐释中国古代图书馆学的发展，系统总结各阶段藏书建设、保藏、管理、整理、流通、利用的思想与理论，并对各时期最重要的图书馆学学人展开个案研究。第六卷至十卷，为民国图书馆学史研究部分，鉴于20世纪前半期是建构中国图书馆学学科体系的关键阶段，民国时期是我们研究的重中之重，首先在"民国图书馆学理论"中，全景展示民国图书馆学的发生、发展历程和主要贡献。然后再以专业教育、学术建制、学人学案为专题，分为"民国图书馆学教育""民国图书馆学学术团体""民国图书馆学学者""民国文献学学者"，以专题研究的形式，从不同侧面勾勒民国目录学的面貌，帮助读者更加深入地理解中国图书馆学的发展脉络。下面，我们简要介绍各部分的主要内容。

二、《中国图书馆学史》的主要内容

（一）先秦秦汉魏晋南北朝图书馆学史

先秦秦汉魏晋南北朝是我国古代图书馆学的萌芽阶段。此卷重点叙述了先秦秦汉魏晋南北朝时期图书馆学发展的历史，首先简要回顾了本时期藏书发展的社会历史背景，然后从藏书聚散与访求、图书机构及藏书实践等角度，总结传统重要藏书管理经验。随后分章节论述了先秦秦汉魏晋南北朝时期藏书整理的理论成就，代表人物、著作及主要研究成果。具体包括：先秦时期的重要学者及其论著——《尚书·金縢》"纳册于金縢之匮中"、《周礼》"辟藏"说、老子"周守藏室之史"、孔子"治书"、韩非"藏书"。两汉时期主要论述西汉刘向《别录》和刘歆《七略》的理论贡献、东汉班固《汉书·艺文志》的目录学贡献。魏晋南北朝时期主要论述王肃、萧绎的藏书管理思想，荀勖、李充等的藏书分类思想，王俭、阮孝绪等的目录学思想。

（二）隋唐五代图书馆学史

隋唐时期是我国古代历史上经济文化大繁荣时期，程焕文先生在《清代藏书思想研究·序》中称这一时期为"（我国古代藏书思想的）形成时期"。从藏书体系上看，中国古代传统意义上的官府藏书、私人藏书、寺院藏书和书院藏书四大藏书体系均形成于这一时期；从藏书主体来看，印刷术、造纸术在这一时期的发展促成了抄本书向印刷书籍的转变，印刷书籍逐渐盛行，书籍的形式在这一时期日趋稳定；从藏书思想上看，私人藏书的乐借与吝借思想、书厄论思想皆产生于这一时期。因此，对隋唐时期藏书"措理之术"的深入挖掘和系统梳理，能够帮助我们继承、吸收、分析、批判时人的藏书思想，并对前人的经验加以综合概括，最终形成对这一时期藏书事业的整体概览，从而有助于我们科学、全面地探讨我国古代藏书与图书馆学术思想的历史。此卷主要由隋唐五代时期图书馆学发展的历史背景、图书馆管理实践和图书馆学理论三部分构成。首先从隋唐之前图书馆学发展的整体情况入手，论述隋唐五代时期四大藏书体系形成的历史背景和主要原因。然后以隋唐五代时期官府藏书建设为切入点，重点阐述这一时期官府藏书建设过程中图书征集政策和征集过程中的藏书建设实践，以及在官府藏书建设过程中所体现出的官府藏书的思想与理论。其后分别从藏书整理、保管、流通与利用的角度，阐释隋唐五代时期藏书思想与理论的成就。最后以隋唐五代时期具有代表性的图书馆学学人为研究对象，对牛弘《请开献书之路表》和魏徵的《隋书·经籍志》中的图书馆学思想进行阐释。

（三）宋辽夏金元图书馆学史

两宋是我国古代文化发展的高峰期，与之对峙的辽夏金三朝，以及后来实现一统的元朝，在政治、经济、文化诸领域都各具特色。这一时期，哲学、宗教、史学、文学、艺术、科技、教育等七个方面的发展与刻书和藏书事业关系密切，可以说上述领域的发展促进了宋辽夏金元时期的刻书与藏书事业，从而带动了图书馆学的发展。这一时期官府刻书、私家刻书以及书坊刻书都取得了进一步的发展。古代文书典籍的收藏文化稳步发展，到了宋代更是有了系统的理论，即郑樵在《通志·校雠略》中提出的"求书八法"。这一理论对于辽、金、元的藏书事业具有指导作用，也使得更多藏书家掌握了藏书之要义。辽、西夏、金、元这几个由少数民族建立起的政权，虽然很大程度上吸收和接纳了中原文化，但对图书收集与保管的重视程度远不及前代。在图书分类与编目方面，主要有官修书目、史志目录、私家目录、书院编目和佛录编制等。图书保藏是继图书分类、编目之后的又一重要环节，宋代时三馆和秘阁等处也都设有职位，北宋至南宋，一些著名政治家、文学家和史学家都曾在此任职。宋代承袭唐代旧制，也设有秘书监。秘书监作为藏书机构在我国历史上共延续1500多年，在辽、西夏、金、元时期，负责图书保藏与管理等相关事宜。辽、西夏、金三代秘书监之设置，不见史载。元代秘书监则具有较大规模，已然成为中央政府建制完备的图书机构。元代时期的书院管理中也出现了比较完备的借阅制度，如登记读者姓名、借阅书籍名、预还书日期、损毁条约等。图书的传播以图书的生产为前提，宋代版印的兴盛使图书呈几何级数增长，不仅促进了图书的生产，也促进了图书的传播。在重要图书馆学家及其著作部分，重点研究了郑樵《通志·艺文略》、晁公武《郡斋读书志》、陈振孙《直斋书录解题》、尤袤《遂初堂书目》、马端临《文献通考·经籍考》以及脱脱《宋史·艺文志》、欧阳修等《崇文总目》《新唐书·艺术文》等学者及其代表作中蕴含的图书馆学思想。

（四）明代图书馆学史

明代是中国古代藏书事业的兴盛期。一方面，明朝的建立结束了元代统治期间的战乱局面，社会经济得到了恢复；另一方面，由朱元璋建立的汉族政权，为了申明"正统"的地位，尊儒崇道，大力提倡程朱理学，并以此为基础建立统治秩序，文教事业发展迅速。在多种因素的共同作用下，明代的藏书事业经过早期的恢复，很快便进入了快速发展阶段，四大藏书体系均取得了辉煌的成就，藏书思想和理论也随实践发展进一步丰富和充实，我国古代图书馆学迈入成熟期。此卷首先介绍了明代藏书事业发展的历史背景，并分别梳理了官府、私人、书院、寺观藏书事业的发展脉络。随后从藏书观念、藏书建设思想、藏书保藏思想、藏书整理思想、藏书利用和流通思想等角度，分别总结了明代该领域最具思想火花的理论贡献，借以展现明代图书馆学的总体面貌。在重要图书馆学家及其论著部分，重点论述了丘濬、焦竑、胡应麟、祁承㸁、高濂等学者的主要图书馆学论著及其历史影响,力求客观真实地还原明代图书馆学的发展路径。

(五)清代图书馆学史

与前代相比,清朝是一个特征明显的时代。中前期,统治阶层充分吸收了历代统治经验,设置了严密的管理体制,中央集权统治臻于巅峰,中国古代文化、皇权统治发展到极致,学术文化进入系统总结的时代。中后期,故步自封、沉浸在"天朝上国"想象中的清朝已经远远落后于世界进程,鸦片战争的爆发,将这艘看上去金碧辉煌,实则已不堪重负的巨舰打击得千疮百孔。面对"三千余年一大变局""秦汉以来未有之世变",中国的有识之士,从"师夷长技以制夷"到"中学为体、西学为用",再到全面引入西学,思想的门户一旦被打开,就再也没有闭上的可能了。至此,中国社会发生巨变,传统的价值观在瓦解和重构,皇权统治秩序被质疑,由此引发思想与学术界的连锁效应,清代末期的学术与思想呈现出与前期迥然不同的气象。

藏书事业是文化事业的组成部分,藏书思想与理念,是学术体系的重要一环。清代社会发生的巨变,折射在藏书事业上的突出特征就是清末公共藏书机构的建设浪潮;反映在藏书思想与理念上,就是公藏、公用思想的产生与萌芽。当然,纵观清代历史,从藏书事业发展的角度,仍是传统藏书类型、藏书楼占主流,清末西方图书馆学思想虽已经较为普遍地在我国传播,但其价值主要体现在思想启蒙方面,其对藏书事业的影响在下一个时代——民国时期,才真正显现出来。因此,此卷仍将重点放在总结和梳理清代传统藏书事业及其思想、理论的发展情况上,最后以专章的形式介绍西方图书馆理念的传入及近代图书馆学思想的萌芽和发展,以见清代图书馆学之全貌。

清代的传统图书馆学与前代相比,理论总结的意味十分明显,这一点在藏书建设、保藏、流通和利用等"措理之术"方面体现得同样明显。因此,在介绍学人及其著作时,我们选择的学人及其主要论著,也都是传统图书馆学领域集大成者。

清代的历史,以鸦片战争为界,明显地被划分为两个时代,前者尚属古代中国;后者则以狂飙猛进之势,迅速地完成了中国社会的近代化进程。藏书事业是文化事业的组成部分,不可避免地受到社会发展变化的影响,但相对于政治、经济,藏书事业对社会环境变化的反应明显滞后。因此,纵观整个清代历史,藏书实践与理论的主流仍延续了古代藏书的传统。随着西学东渐的深入,西方图书馆理念和学术思想开始传入我国并得到较为广泛的宣传传播,一颗现代图书馆学的种子被种下,并将在下一个时代真正地生根发芽,成为融合中西的、自立于近代学术之林的中国图书馆学。此卷对晚清图书馆学史的描述,即以上述思路展开。

(六)民国图书馆学理论

图书馆学的本质到底是什么?它与图书馆是什么关系?它从哪里来又将往哪里去?如何科学地反映和总结中国图书馆学的发展历史,汲取中国传统目录学或校雠学思想来建设真正的"中国图书馆学"?解决这些问题成为当代学人肩负的重要使命。作为图书馆学史上重要一环的民国图书馆学,在新旧碰撞、社会动荡的大变局之中,完成了从传统目录学、校雠学向真正意义上的近现代图书馆学的转变。因此,全面系统地阐述民国图书馆学理论的内容、发展规律、特点、贡献及其对于理论的应用情状等，客观评价并确立其在中国图书馆学史上的地位，对于图书馆学的学术传承及创新都有着极其重要的意义。在此卷中，我们将民国图书馆学的发展划分为三个阶段，概要介绍了每个阶段中国图书馆学在各个分支领域取得的主要成就、代表人物及论著，在此基础上总结阶段特征，梳理民国图书馆学发展的整体脉络。然后从社会文化、国家建设、国民教育等多个角度，阐释了在民国学者的论述下，图书馆与社会发展之间的关系，进而准确理解民国时期图书馆学的内涵。最后，重点讨论了民国图书馆学学科命名和体系化构建的过程，亦即作为社会科学学科门类一员的中国图书馆学，是何时定名的及其定名的过程，以及在此过程中学科内生的冲突与融合。

（七）民国图书馆学教育

我国正规的图书馆学教育肇始于民国，这一时期奠定了我国图书馆学专门教育的基础。此卷以时间为经，以事件为纬，利用史料分析法，分别从教育制度史、教育活动史和教育思想史等不同的维度，考察我国图书馆学教育在特定的时代政治、文化环境下，克服时艰、勉力维系的过程，并从学术史的视角回溯了西学东渐背景下西方图书馆学，尤其是美国图书馆学知识、技术、理念在中国的传播路径以及中国早期图书馆学教育者对美式图书馆学教育进行移植、改良进而本土化的历程。

从图书馆学教育萌芽的背景来看，高等教育与社会教育的发展使高校图书馆和公共图书馆事业兴起，产生了图书馆专门管理人才的需求。教会大学及其附设的图书馆为我国第一批图书馆学人才的培养提供了土壤。文华图书馆学专科学校创办人韦棣华女士努力争取庚子退款用于图书馆事业，为图书馆事业和图书馆学教育的发展提供了一定的经费支持。而中国传统的目录、版本等文献学知识与西方图书馆学知识的结合则为本土图书馆学的形成奠定了理论基础。早期的图书馆学专门人才主要通过传教士推荐、国立大学资助，获得留学美国进行美式图书馆学训练的机会。此卷根据赴美时间的阶段性特征，将留美图书馆学学人分为两批，详述其留学经历，并介绍了当时美国图书馆学教育的具体情况。通过史料法，列举了民国时期不同形式的图书馆学教育活动，介绍了主要办学机构和图书学教育家，重点讨论了文华图书馆学专科学校在学科建设、学术发展和人才培养等方面的情况，从而系统地考察了我国图书馆学教育从萌芽到发展再到停滞继而复兴的历程。

从教育人物研究来看，此卷将民国时期的图书馆学家分成外国来华图书馆学家、本土图书馆学教育家和社会活动家三大类，并总结了韦棣华、克乃文、沈祖荣、杜定友、李小缘、刘国钧、袁同礼等代表性人物的图书馆学教育实践和思想。国内早期的图书馆学教育属于精英教育，文华图书馆学专科学校、金陵大学图书馆学系最初招收的均为大学毕业生或大学二年级以上肄业生，录取标准高，招生人数少。随着社会教育和图书馆事业的发展，图书馆学教育的形式更为多元，层次更加立体，涵盖了高等院校、各类专门学校图书馆学系附设的相关课程，以及讲习会、函授、暑期学校等各种在职培训，实现从早期精英化的人才培养模式向职业化、大众化方向的发展。抗战后，社会动荡，经济凋敝，图书馆事业受到重创，图书馆学教育困难重重，但幸而未曾中辍。整体来看，民国时期的图书馆学教育无论是在学科建设、理论研究还是人才培养方面，都为今天的图书馆学教育打下了基础，并且树立了典范。尤其是图书馆学教育家们筚路蓝缕、锲而不舍的创业精神，更是为后来者提供了宝贵的精神财富。

（八）民国图书馆学学术团体

图书馆学学术团体的出现是现代图书馆事业发展的必然产物，同时又对图书馆事业和图书馆学的发展起到重要的推动作用，因而长期得到中外图书馆学界的高度评价。图书馆学学术团体还是图书馆学作为现代意义上的学科制度确立的标志之一。此卷从图书馆学学术团体成立的背景、过程及图书馆学学术团体的组织、活动、学术贡献以及对图书馆学学术团体的认识这些方面进行了系统研究，披露了一些较为罕见的地方图书馆协会史料，补充了地方图书馆协会研究的不足。同时，将中华图书馆协会置于更大的体系化背景下审视，以中华图书馆协会和地方图书馆协会史料为基础，概括出民国时期图书馆协会的共性特点，以及图书馆协会对图书馆学和图书馆事业的影响，从而加深我们对民国时期图书馆协会的认识。

民国时期图书馆协会的成立，从主观意识层面来说，是一个从自发成立地方图书馆协会到自觉组织全国图书馆协会的过程；从客观事实层面来说，是一个先集中成立一批地方图书馆协会，再联合组成全国图书馆协会，再到普遍设立更多地方图书馆协会的过程。中华图书馆协会作为全国性图书馆协会与各地方图书馆协会的关系是松散的，虽然后来地方图书馆协会成为其会员，但它们之间不存在上下级的直接隶属关系。其原因在于协会经费不足以建立起垂直关系的组织结构。尽管中华图书馆协会通常被视为图书馆界的领导机构，但这种"领导"靠的是专业性所形成的号召力和凝聚力，而非强制性的规范。

民国时期图书馆协会的产生是中国图书馆事业内在发展需求推动的结果。自诞生之日起，图书馆协会便与图书馆事业命运与共、休戚相关。图书馆协会以"研究图书馆学术，发展图书馆事业，并谋图书馆之协助"为宗旨开展各项活动。图书馆协会作为教育学术团体之一，其主要活动形式是召开年会和其他会议，并在会议中安排学术讲演、论文宣读。除此之外还有开展调查、举办展览、对外交流、编辑出版等活动，活动形式与其他学术团体并无二致。图书馆协会的活动内容也体现出图书馆协会的独特性，即它始终围绕着图书馆专业教育、图书馆学研究和图书馆事业的发展，而图书馆专业教育和学术研究也是为了图书馆事业的发展。

经费是制约图书馆事业发展的关键。民国时期图书馆事业饱受经费的困扰和战争的摧残，图书馆协会亦面临同样的困境。除中华图书馆协会外，真正长期活跃的只有位于北京、上海、浙江、江苏等地的少数几个图书馆协会。这些图书馆协会除有专业人士的领导外，大多有实力较强的图书馆作为依托。图书馆协会在自身经费极其困难的境况下，首先考虑的也是想方设法为图书馆事业的发展和图书馆专业教育谋经费，这是因为只有图书馆事业和图书馆专业教育发达了，图书馆协会的生存和发展才能有更好的条件。总之，图书馆事业不仅是图书馆协会存在的基础，而且其发展特点也决定着图书馆协会的组织经营和各项活动的开展。同时，图书馆协会基于对图书馆事业的调查和研究，对图书馆事业的发展起到指引的作用，并集合政府、教育界、图书馆界及全社会的资源，推动图书馆事业的进步，从而使图书馆更好实现其本质价值，为国家、社会和人民服务。

（九）民国图书馆学学者、民国文献学学者

中国图书馆学植根于传统藏书楼的土壤，得益于近代图书馆在中国的建立，兴盛于民国图书馆学学人的推陈出新。一代代图书馆学学人的不懈努力促成了中国图书馆学的兴盛，也是学科得以持续发展的动力源泉。研究民国时期图书馆学学人，不仅可以更好地梳理中国近代图书馆学的知识体系和发展脉络，而且可以帮助我们更为深刻地理解这一时期在图书馆学史上的历史地位和作用，同时对于探究现代图书馆学学科的理论和未来发展方向意义深远。依据其主要研究兴趣的不同，我们将民国时期图书馆学学人分为两种类型：图书馆学学者和文献学学者。并按照以下两个标准筛选人物：一是其重要学术成就的取得发生于民国时期，如韦棣华、杨昭悊、李小缘、洪有丰、袁同礼、戴志骞、姚名达、孙殿起、伦明等，他们构成民国图书馆学学者和文献学学者的主体；二是其重要学术成就的取得发生于 1949 年后，但其在民国时期已具有较大的学术影响力，如钱亚新、皮高品、王重民、张舜徽、吕绍虞等。根据上述标准，我们分别筛选出较有代表性的 24 位图书馆学学者和 24 位文献学学者，并按照生卒年的顺序逐一论述每一位学者的学术贡献，对其生平、著述及学术思想进行研究。

在绪论里，我们阐释了关于中国图书馆学史研究的一些基本理论问题，对前人研究成果进行了梳理，在此基础上提出了本论关于中国图书馆学发展阶段的观点，并据此构建了《中国图书馆学史》的写作框架。从先秦秦汉魏晋南北朝开始，我们将逐一对具体时段的史实和主要学术成就展开梳理与总结，带领读者一起走进中国图书馆学波澜壮阔、异彩纷呈的世界。

先秦秦汉魏晋南北朝

引　言

　　中国古代藏书文化历史悠久，传统图书馆学伴随着古代藏书管理和藏书整理思想的产生而出现。根据对相关历史文献的梳理和诠释，中国古代的图书馆学发展历史，可以追溯至先秦秦汉魏晋南北朝时期。

　　本部分重点叙述先秦秦汉魏晋南北朝时期传统图书馆学的发展历史。第一章简述藏书发展的社会历史背景，主要介绍先秦秦汉魏晋南北朝的时代背景，以及这一时期与图书文化密切相关的技术变迁。第二章和第三章分别论述藏书聚散与访求、图书机构及藏书实践等重要的传统藏书管理经验，这些藏书管理经验是藏书管理和藏书整理思想出现的基础。随后，分章节重点论述先秦秦汉魏晋南北朝时期藏书整理的理论成就，主要包括代表人物、著作及主要研究成果。其中，第四章对先秦时期的重要学者及其论著进行简要阐述，第五章和第六章对汉代的重要学者及其论著进行简要阐述，第七章至第九章对魏晋南北朝时期的重要学者及其论著进行简要阐述。

　　总而言之，先秦秦汉魏晋南北朝时期的时间跨度较长，特别是在先秦时期出现的有关藏书的观念或理念，可谓吉光片羽，但从学术思想和文化发展的角度看，其具有开辟门径和光昭后世的深远意义与影响。我们应重视并全面梳理这一时期的图书馆学学人及其论著和观点，并进行深入研究，尽可能客观地反映图书馆学发展的特征和规律。

第一章

先秦秦汉魏晋南北朝时期藏书发展的社会历史背景

第一节 时代背景

一、先秦时期

从时间的单向线性描述来看,中华文化的历史从传说的盘古开天辟地开始,到三皇五帝,再到夏商周三代,这三千多年间发生了巨大的社会变革。周王朝由统一逐渐走向衰落,诸侯纷争不断,竞相称霸。春秋时期称霸的主要诸侯国有齐、晋、秦、楚等,战国时期称雄的七个最强大的诸侯国分别是齐、楚、燕、韩、赵、魏、秦。战国末期,秦国打败其他诸侯国,结束了春秋战国数百年剧烈震荡的局面,完成了统一大业。先秦时期,即春秋战国及其以前几个历史时期的统称。

先秦时期,社会政治历史呈现出从大统一到大分裂的变革,即从西周的大统一,到春秋战国的四分五裂。

先秦时期,出现了文字。据考古发现和文献记载,早期的先贤将文字记录在石器、陶器、甲骨、青铜、竹木、丝绸等材质上,为记载中华文化和开创中华文明史作出了重大贡献。

先秦时期,特别是在春秋战国时期,思想自由,文化繁荣,出现了诸子百家的盛况,即出现了孔子、老子、墨子、庄子、孟子、荀子、韩非等诸子,以及儒家、道家、墨家、法家、兵家、名家、阴阳家、纵横家、杂家等百家。各家各派的学术思想竞相争论,学界将这一时期的历史特征概括为"百家争鸣"。

二、秦汉时期

秦汉时期,是对中华历史上秦汉大一统时期的合称。公元前221年,秦统一六国,秦王政称帝,实现了中华历史上第一次真正意义上的统一。秦朝实行"车同轨"、"书同文"、统一货币和度量衡等政策,对后世的影响十分深远。秦王朝只持续了短暂的15年,就被西汉王朝代替。西汉、新朝和东汉,继承秦朝制度运行,维持了大一统的局面。公元220年,曹丕代汉献帝而立魏,标志汉朝灭亡和秦汉大一统时期的结束。

秦汉时期,造纸术不断改进,纸书代替竹简,促进了图书的出版和流通,也因而促进了藏书文化的发展。

在文化政策方面,相较于春秋战国时期的"百家争鸣",秦代的"焚书坑儒"和汉代的"独尊儒术",对秦汉时期及后来的社会历史和思想文化影响最为深远。

三、魏晋南北朝时期

"魏晋南北朝","魏"主要指三国时期的曹魏,涵盖了蜀汉和东吴政权,总的时间是从 220 年曹魏建立至 280 年东吴被西晋取代,共计 61 年。"晋"主要指西晋、东晋和十六国,西晋从 265 年建立至 317 年被东晋取代,共计 53 年;西晋灭亡后,南北分裂,南方建立了东晋政权,从 317 年建立至 420 年被南朝宋取代,共计 104 年;北方则处于五胡十六国时期,从 304 年至 439 年被北朝时北魏取代,共计 136 年。"南北朝"主要指东晋灭亡后,南北政权分裂形成的南朝和北朝。南朝先后出现宋、齐、梁、陈四个朝代,宋从 420 年建立至 479 年被齐取代,共计 60 年;齐从 479 年建立至 502 年被梁取代,共计 24 年;梁从 502 年建立至 557 年被陈取代,共计 56 年;陈从 557 年建立至 589 年亡于隋朝,共计 33 年。北朝有北魏、东魏、西魏、北齐、北周五个朝代,北魏从 386 年建立至 534 年分裂为东魏与西魏,共计 149 年;东魏从 534 年建立至 550 年被北齐取代,共计 17 年;北齐从 550 年建立至 577 年亡于北周,共计 28 年;西魏从 535 年建立至 556 年被北周取代,共计 22 年;北周从 557 年建立至 581 年亡于隋朝,共计 25 年。[①] 总之,从

---

① 万国鼎编:《中国历史纪年表》,中华书局,1978 年,第 82—83、111 页。

220年曹魏建立至589年隋朝统一全国，历时370年的魏晋南北朝走完了它分裂动荡而繁复的历史时期。

魏晋南北朝，从曹魏建立到南朝陈被隋朝取代近四百年的时间，是中国历史上最漫长的不安定期。政权分裂动荡，士庶阶层分化，文化多元融合，成为这一历史时期主要的社会发展特征。与此同时，造纸技术不断改进，纸书渐渐代替了简帛，图书抄写和流传的数量大增，为各种类型藏书的发展奠定了基础。

第二节　技术变迁

与图书文化密切相关的技术变迁，主要是指图书文献载体和形态变化中的技术变迁。造纸技术的发明和改进，带来了纸本书和纸本书写文化。印刷术发明之前，图书文献主要靠手写流传，其物质载体和装帧形式历经变迁。纸本图书时代，出现了卷轴装和卷轴书文化。

一、图书文献载体变迁

1. 纸前时代

中国古代图书馆学史和古代藏书文化史，虽然是以藏书发展历史为主要叙述对象，但是讨论藏书文化必然要追溯到文字的出现和不同文献载体的变迁，毕竟早期文献庋藏的起源和流变伴随着文字的出现与文献载体的变迁。

从原始社会的结绳记事，到用于记事表达的刻画符号，再一步步演变形成文字，这些都是人类文明的产物和结晶。中国古老的文字是象形文字，经由考古发现得知，这些文字先后出现在不同时期不同的载体上面，诸如甲骨、青铜、刻石、简牍、帛书等。据考古发现，有大量甲骨文出现在商代，有不少青铜铭文出现在周代。先秦时期的刻石，如唐代发现于陕西凤翔的"秦石鼓"，石鼓上刻有文字，堪称中国现存最早的石刻文字，被康有为赞为"中华第一古物"。此后，东汉灵帝时的《熹平石经》、三国魏齐王时的《正始石经》等，都是其中的代表。

甲骨、青铜、刻石等载体过于繁重，不易篆刻和移动。竹简开始出现并不断流传，战国时已经大量使用竹简和木片作为文字载体，人们称之为"简牍"。简牍被长期作为书写载体使用，直到汉魏时期造纸术不断推广后，才被纸书逐步代替。在简牍流行期间，还出现了一种用缣帛作为书写载体的帛书。简牍和帛书并行于当时，成为重要的文献载体类型，记载和见证了当时的文化和历史。

2.纸书时代

造纸技术发明于汉代，是中国古代四大科技发明之一，为人类文明和进步作出了巨大贡献。虽然简牍和帛书在当时有着明显的优点，但是其缺点也很突出，例如简册刻写费时费力，保存周期有限，翻阅困难；帛书制造成本太高，较难广泛推广和使用。随着人们生产技术的不断进步和对生产技术需求的不断提高，西汉劳动人民发明了造纸术。汉代的造纸原料主要是麻和树皮，据潘吉星在《中国造纸技术史稿》中的观点，西汉是麻纸的萌芽阶段，但当时的书写材料主要还是简帛。① 根据出土资料发现，东汉已出现有字麻纸，也就是说麻纸在当时已经应用于书写。此外，东汉时也采用树皮作为造纸原料。

魏晋南北朝时期，造纸技术在承继汉代的基础上有较大改进。麻和树皮仍然是主要造纸原料，又新出现了藤皮纸和"侧理"纸等。关于麻纸的使用，潘吉星等人曾对魏晋南北朝近百种古纸进行检验，证明其中90%以上都是麻纸。② 其中，现存最早的名家笔墨、西晋陆机的《平复帖》，用的就是麻纸。现存最早、在新疆出土的东晋写本《三国志》也采用的是麻纸。北宋米芾《书史》云："王羲之《来戏帖》，黄麻纸。"米芾《十纸说》云："六合（今扬州附近）纸，自晋已用，乃蔡侯渔网遗制也。网，麻也。"可见麻纸在当时应用得十分广泛。藤皮纸的使用，创始于晋代，在今浙江省嵊县南曹娥江上游的剡溪附近，③ 据张华《博物志》记载："剡溪古藤甚多，可造纸，故即名纸为剡藤。"关于侧理纸的使用，根据晋王嘉《拾遗记》记载，西晋张华完成《博物志》四百卷，奏于武帝，晋武帝赐张华侧理纸。④ 侧理纸的原料仍采用麻类等，因经特殊加工后纸面出现纹理而得名。⑤ 从史料记载和现代科学检验来看，魏晋南北朝时期造纸原料主要有麻、树皮和藤皮等。《后汉书》载："自古书契多编以竹简，其用缣帛者谓之为纸。缣贵而简重，并不便于人。"⑥ 蔡伦改进造纸术，使用麻类造纸，原料易得，成本低

---

① 潘吉星：《中国造纸技术史稿》，文物出版社，1979年，第42页。
② 潘吉星：《中国造纸技术史稿》，文物出版社，1979年，第55页。
③ 潘吉星：《中国造纸技术史稿》，文物出版社，1979年，第58页。
④ 王嘉撰，萧绮录，齐治平校注：《拾遗记校注》卷九，中华书局，1981年，第211页。
⑤ 潘吉星：《中国造纸技术史稿》，文物出版社，1979年，第60页。
⑥ 范晔撰，李贤等注：《后汉书》卷七十八，中华书局，1965年，第2513页。

廉，造纸工艺相对简单，且所造之纸纸张轻薄，纸面平整，易于书写，笔画流畅，为人们广为采用，并促使书写字体从篆体转向较为圆润的隶书体。

魏晋南北朝时期，造纸技术得到进一步改进，纸张发生较大变化。一方面，纸的质量提高，纸张更薄，纸面更平滑，还可以人为染色；另一方面，技术改进后，造纸的效率提高，纸的产量增加，纸张逐渐代替竹简，成为主要的书写材料。而且，纸的成本降低，促进了纸的推广使用。

随着技术的改进，以纸代简体现出纸的优势：首先，易于书写。表面涂布，使得纸张吸墨性好，墨水不易渗透或者蔓延开，纸面更光滑，易于书写，并且书写效果较好，书写字迹更清晰、美观。其次，易于携带。以往用竹简书写时，先将一片片竹简用绳子编连成一长串，再卷成一大捆，有些需要人抬着才能移动。而纸张更轻薄，更易于做成卷轴状，轻便实用，易于携带，有时放在口袋里就可以带走，十分方便。[①]

二、图书文献形态变迁

纸本图书之前的文献形态，对其文献载体的依赖性很强。甲骨、青铜和刻石类文献的形态多依照其载体的大小和形态，在其表面刻上文字，所刻文字较难涂抹更改，但其保存时间较为长久。简牍因由竹简和木片制作而成，早期并没有固定的形制，随着人们在使用中不断根据需要进行改进，逐渐形成大家都方便制作和使用的

---

① 何官峰：《中国阅读通史·魏晋南北朝卷》，安徽教育出版社，2017年，第25页。

形态，但是依然存在较大差异。据考证，竹简的长度有约55厘米、48厘米、45厘米、39厘米、33厘米、27厘米、16厘米的，宽度大多数为0.5—0.7厘米。①帛书因其制作材料缣帛较难长期藏存，古代帛书的出土数量很少。已知的如子弹库帛书和马王堆帛书，关于其尺寸，《汉书·食货志下》记载："布帛广二尺二寸为幅，长四丈为匹。"子弹库帛书宽为47厘米，约合战国二尺一寸；马王堆帛书宽为48厘米或24厘米，约合汉尺二尺一寸或一尺。帛书的长度，则根据书写内容的长短裁截而成。②这些文献类型的形态，虽然因为载体藏存时间过长，有些已经残损或破裂了，导致形态缺乏完整性和一致性，但是上述情况依然为我们呈现了先秦时期文献的大致形态。

纸本图书出现之后的文献形态，更加丰富和蕴含审美意义。魏晋南北朝是我国图书卷轴文化的兴起阶段③，经历了从简帛向纸本卷轴书的过渡。卷轴书主要由卷、轴、褾、带四个部分构成，"玉轴牙签，绢锦飘带"是对其生动的描绘。纸本卷轴装的"卷"，一般是由多张纸首尾相接成长卷，长短不一，可舒卷。"轴"，作为便于人们舒卷操作的中心材质，可取材于竹木或者象牙等。卷首粘接的空白纸或丝织品等一般叫作"褾"，主要是为了保护书卷。褾头再系上丝"带"，用来缚扎书卷，阅读时，"揽之则舒，舍之则卷"④，

---

① 贾连翔：《战国竹书形制及相关问题研究：以清华大学藏战国竹简为中心》，中西书局，2015年，第105—119页。
② 贾连翔：《战国竹书形制及相关问题研究：以清华大学藏战国竹简为中心》，中西书局，2015年，第7—9页。
③ 程焕文：《中国图书文化导论》，中山大学出版社，1995年，第244页。
④ 傅咸：《纸赋》，载严可均校辑《全上古三代秦汉三国六朝文·全晋文》卷五十一，中华书局，1958年，第1752页。

既保护了书籍,又方便了阅读。这种装帧在当时既美观又实用,特别是纸本书写的图书,既有帛书卷轴的特质和功能,又相对低廉,成为当时流行的图书形态。卷轴装这种书籍形态发展到隋唐,从其实用性逐渐演变出审美意义,特别是轴的自然材质从普通木料到象牙等,制作越来越精美,几乎成为艺术品。卷轴的材质在区分图书品质方面凸显了价值,《隋书·经籍志》记载:"炀帝即位,秘阁之书,限写五十副本,分为三品:上品红琉璃轴,中品绀琉璃轴,下品漆轴。"[1] 卷轴发展到唐代还成为区分图书四部分类的标识,《全唐文》记载:唐开元年间,官府召集学士们修书,"分为四部,一曰甲为经,二曰乙为史,三曰丙为子,四曰丁为集。两京各一本,共二万五千九百六十卷。经库书白牙轴黄带红牙签,史库书青牙轴缥带青牙签,子库书紫檀轴紫带碧牙签,集库书绿牙轴朱带白牙签,以为分别"[2]。

---

[1] 魏徵、令狐德棻:《隋书》卷三十二,中华书局,1973年,第908页。
[2] 王锴:《上蜀主奏记》,载董诰等编《全唐文》卷八百九十,中华书局,1983年,第9299页。

第二章

藏书聚散与访求

第一节　书厄与藏书聚散

一、书厄的文献记载

书厄是指书籍遭遇的灾难,导致书籍毁坏、残缺或损失。中国历史上发生过很多次书厄,除了一些破坏和影响比较大的书厄事件被记录在案,还有一些或大或小的书厄并没有被记录下来。据已知可见的文献,中国历史上一些破坏比较大的书厄,包括秦始皇焚书、王莽之乱、董卓之祸、西晋惠怀之乱、梁元帝焚书、唐安史之乱、清代禁毁图书、八国联军入侵、日本侵华等历史时期书籍所遭遇的灾难。在中国历史上，自从有书厄的发生，关于书厄的记述和批判就不曾断绝，已知记录或评述先秦至魏晋南北朝期间发生书厄的文献主要有以下数种[①]：

隋代牛弘《请开献书之路表》中的书之"五厄"论，开书厄记录和评论的历史先河。五厄具体为："秦皇驭宇，吞灭诸侯，任用威力，事不师古，始下焚书之令，行偶语之刑。先王坟籍，扫地皆尽。本既先亡，从而颠覆。臣以图谶言之，经典盛衰，信有徵数。此则书之一厄也"，"王莽之末，长安兵起，宫室图书，并从焚烬。此则书之二厄也"，"孝献移都，吏民扰乱，图书缣帛，皆取为帷囊。所收而西，裁七十余乘，属西京大乱，一时燔荡。此则书之三厄也"，"刘、石凭陵，京华覆灭，朝章国典，从而失坠。此则书之四厄也"，"周师入郢，绎悉焚之于外城，所收十才一二。此则书之五厄也"。牛弘的"五厄"论，创始了书厄历史记载和评论的笔法，其批判破坏书籍的做法，揭示收集藏书之难，为后世学者不断效仿、继承和补充、扩展。

唐代封演《封氏闻见记》中的"典籍"部分，提出藏书一聚一散。散亡主要包括："王莽之末，又被焚烧"，"董卓移都之际，自辟雍、东观、兰台、石室、宣明、鸿都诸藏典册文章，竟共剖散，图书缣帛，军人以为帷囊"，"长安之乱，一时焚荡"，"惠、怀之末，靡有孑遗"，"齐末，兵火延烧秘阁"。[②] 封演记录了汉代至唐代

[①] 徐雁、王雁均主编：《中国历史藏书论著读本》，四川大学出版社，1990年，第54—94页。
[②] 封演：《封氏闻见记》，中华书局，1985年，第10—12页。

的书籍聚散情况,并特别记录了几次书厄事件。

宋代洪迈也记述了梁元帝焚书的书厄事件:"梁元帝在江陵,蓄古今图书十四万卷,将亡之夕尽焚之。"①

明代丘濬在《大学衍义补·图籍之储》中,对秦始皇焚书事件("秦始皇三十四年,烧《诗》、《书》、百家语")批判道:"若夫《诗》、《书》、百家语皆自古圣帝明王、贤人君子,精神心术之微,道德文章之懿,行义事功之大,建置议论之详,所以阐明已往而垂示将来者,固非一人之事,亦非一日可成,累千百人之见,积千万年之久,而后备具者也。乃以一人之私,快一时之意,付之烈焰,使之散为飞烟,荡为寒灰,以贻千万世无穷之恨。呜呼!秦之罪上通于天矣。始皇李斯,所以为万世之罪人欤!"②丘濬在论述书籍重要价值和意义的基础上,痛批了秦始皇焚书的罪大恶极。

丘濬在《大学衍义补·图籍之储》中,还论述了王莽之乱和董卓之乱等历史事件中书籍遭遇的厄运,几乎被"焚烧无遗""焚荡泯尽"③。

明代胡应麟在《少室山房笔丛·经籍会通》中,论述了自古至明代发生的八大书厄事件,即"祖龙也,新莽也,萧绎也,隋炀也,安史也,黄巢也,女真也,蒙古也,皆大厄之会也"④。这八大书厄是在前人基础上的补充。

后来,明代陆深等人在复述牛弘"五厄"的基础上继续补充历

---

① 洪迈:《容斋随笔》,吉林文史出版社,1994年,第317页。
② 丘濬著,蓝田玉、王家忠、许山河等校点:《大学衍义补》,中州古籍出版社,1995年,第1189—1190页。
③ 丘濬著,蓝田玉、王家忠、许山河等校点:《大学衍义补》,中州古籍出版社,1995年,第1192页。
④ 胡应麟:《少室山房笔丛》上,中华书局,1958年,第8页。

史上发生的书厄。

民国陈登原在《古今典籍聚散考》中,记述了自先秦至清末发生的书厄,并将所记书厄分为四大类型:政治厄、兵火厄、收藏厄、人事厄。

二、五大书厄

先秦至魏晋南北朝期间,发生了数次影响比较大的书厄,主要有秦始皇焚书、王莽之乱、董卓之乱、惠怀之乱、梁元帝焚书。

1. 秦始皇焚书

关于秦始皇焚书的历史记载不绝于书,司马迁在《史记》中有较为详细的记载。秦始皇三十四年,有博士七十人前去为秦始皇祝寿,周青臣先是一番赞颂,淳于越对周青臣进行反驳,随后李斯论述了古今之变和焚书的背景:"古者天下散乱,莫之能一,是以诸侯并作,语皆道古以害今,饰虚言以乱实,人善其所私学,以非上之所建立。今皇帝并有天下,别黑白而定一尊。私学而相与非法教,人闻令下,则各以其学议之,入则心非,出则巷议,夸主以为名,异取以为高,率群下以造谤。如此弗禁,则主势降乎上,党与成乎下。禁之便。"在此基础上,他提议:"请史官非秦记皆烧之。非博士官所职,天下敢有藏《诗》、《书》、百家语者,悉诣守、尉杂烧之。有敢偶语《诗》《书》者弃市。以古非今者族。吏见知不举者与同罪。令下三十日不烧,黥为城旦。所不去者,医药卜筮种树之书。若欲有学法令,以吏为师。"李斯的主要建议是焚书,提议将非秦纪的史籍,民间藏的《诗》《书》和诸子百家之书都焚烧掉;对于违反规定私藏这些书者、谈论这些书者和以古非今者,都处以相应的刑罚，包括弃市、灭族、城旦等。此外，李斯提议不用焚毁的有医药、卜筮、种树等类书籍。对于李斯的提议，秦始皇赞同曰"可"。经由李斯提出，秦始皇认可并令行的"焚书"政策，对文献造成巨大损害，是一大书厄。

对于秦始皇焚书的历史批判不绝于耳，有南宋王应麟的焚书钳制言论说："秦既烧《诗》《书》，钳偶语。"① 有元代马端临的焚书愚弄天下说："《诗》、《书》、百家语之在人间者焚之，其在博士官者存之，盖亦知其本不可废也。罢侯置守者，私其土地于己也；焚书而独存博士官者，又欲私其经术于己也。主相之心，务欲灭经籍以愚天下，峻法律以威天下，而使之莫予毒。"② 马端临分析认为，秦始皇和李斯焚书的目的在于愚弄天下民众，强化对政权的控制。牛弘《请开献书之路表》、丘濬《大学衍义补·图籍之储》、陈登原《古今典籍聚散考》等文献中，都评述了秦始皇焚书这一书厄事件。

2. 王莽之乱

西汉初年实施宽松的文化政策，废除了挟书律。汉武帝时更加鼓励藏书和献书，经历百余年，西汉收藏文献数量大增，刘歆编撰《七略》时仅著录的典籍就有"一万三千二百六十九卷"，而当时收藏的文献数量远不止这么多。公元 8 年，王莽代汉建立新朝，推行一系列改制政策，随后发生汉末农民起义，战乱多年，大量书籍遭到毁坏。至公元 24 年，长安被攻陷，大量书籍被焚毁。据《后汉书》记载，"昔王莽、更始之际，天下散乱，礼乐分崩，典文残落"③。《文献通考》也从文献聚散的角度，记载了王莽之乱对书籍的毁坏：

---

① 王应麟：《通鉴答问》卷二，清文渊阁四库全书本，第 21a 页。
② 马端临：《文献通考》卷一百七十四，中华书局，1986 年，第 1503 页。
③ 范晔撰，李贤等注：《后汉书》卷七十九，中华书局，1965 年，第 2545 页。

"刘歆总群书,著《七略》,大凡三万三千九十卷。王莽之乱,焚烧无遗。"① 可谓,兵火战乱为书之大厄。

3. 董卓之乱

东汉光武中兴,文化复兴。其间,蔡伦改进造纸术,使得纸本书写更加便捷,纸本书写的典籍增多,加之东汉重视藏书和校书,设立东观等机构,校书事业兴盛,藏书数量大增。东汉末,董卓专权,引发诸侯讨伐,董卓挟持汉献帝西迁长安,烧毁洛阳城,造成大量书籍被损毁。据《隋书·经籍志》记载:"董卓之乱,献帝西迁,图书缣帛,军人皆取为帷囊。所收而西,犹七十余载。两京大乱,扫地皆尽。"② 又据《后汉书·儒林列传》记载:"初,光武迁还洛阳,其经牒秘书载之二千余两,自此以后,参倍于前。及董卓移都之际,吏民扰乱,自辟雍、东观、兰台、石室、宣明、鸿都诸藏典策文章,竞共剖散,其缣帛图书,大则连为帷盖,小乃制为縢囊。及王允所收而西者,裁七十余乘,道路艰远,复弃其半矣。后长安之乱,一时焚荡,莫不泯尽焉。"③ 东汉初迁都洛阳时载书籍的车有"二千余两",迁都洛阳后,书籍不断增加,有之前的三倍之多,但是经董卓之乱,书籍损毁严重,只有"七十余乘",迁都长安时,路上又丢弃了一半,长安之乱中几乎被焚毁殆尽。董卓之乱和迁都之兵乱,使书籍遭遇大厄。

4. 惠怀之乱

牛弘在《请开献书之路表》中记载,书籍之第四大厄是"刘、

---

① 马端临:《文献通考》卷一百七十四,中华书局,1986年,第1504页。
② 魏徵、令狐德棻:《隋书》卷三十二,中华书局,1973年,第906页。
③ 范晔撰,李贤等注:《后汉书》卷七十九,中华书局,1965年,第2548页。

石凭陵,京华覆灭,朝章国典,从而失坠"①。这次书厄发生在晋惠帝和晋怀帝时期,所以史书多称之为"惠怀之乱"。据阮孝绪《七录序》记载:"晋领秘书监荀勖因魏《中经》更著《新簿》,虽分为十有余卷,而总以四部别之。"② 当时著录文献有"大凡四部合二万九千九百四十五卷"(《隋书·经籍志》),这些藏书经"惠怀之乱",几乎损毁殆尽。"惠怀之乱,其书略尽。江左草创,十不一存。"③《隋书·经籍志》也记载:"惠、怀之乱,京华荡覆,渠阁文籍,靡有孑遗。"④"惠怀之乱"使得曹魏以来收集的大量藏书,几乎荡然无存。

5. 梁元帝焚书

牛弘"五厄"之第五厄曰:"周师入郢,绎悉焚之于外城,所收十才一二。"⑤ 这是指梁元帝焚书这一书籍的大浩劫。梁元帝萧绎本是好学、爱藏书和爱读书之人,史书记载其"好学,博总群书"⑥,"(梁元帝萧绎)性爱书籍,既患目,多不自执卷,置读书左右,番次上直,昼夜为常,略无休已,虽睡,卷犹不释。五人各伺一更,恒致达晓。常眠熟大鼾,左右有睡,读失次第,或偷卷度

---

① 牛弘:《请开献书之路表》,载张舜徽选编《文献学论著辑要》,陕西人民出版社,1985年,第253页。
② 阮孝绪:《七录序》,载释道宣辑《广弘明集》卷三,上海书店1989年据商务印书馆1926年版重印本。
③ 阮孝绪:《七录序》,载释道宣辑《广弘明集》卷三,上海书店1989年据商务印书馆1926年版重印本。
④ 魏徵、令狐德棻:《隋书》卷三十二,中华书局,1973年,第906页。
⑤ 牛弘:《请开献书之路表》,载张舜徽选编《文献学论著辑要》,陕西人民出版社,1985年,第253页。
⑥ 姚思廉:《梁书》卷五,中华书局,1973年,第135页。

纸。帝必惊觉，更令追读，加以榎楚"①。梁元帝爱读书，睡觉时也令侍者旁读，如果侍者偷懒，他必会发觉并命令继续读书。可就是这样一位爱书的帝王，在承圣三年（554），当西魏攻破江陵城时，下令"焚古今图书十四万卷"。据《太平御览》引《三国典略》之记载："周师陷江陵，梁王知事不济，入东阁竹殿，命舍人高善宝，焚古今图书十四万卷，欲自投火与之俱灭，宫人引衣，遂及火灭尽。并以宝剑斫柱令折，叹曰：文武之道，今夜穷矣。"② 事后有人问他为何焚书，他答曰："读书万卷，犹有今日，故焚之。"③ 后来，王夫之等学者撰文，痛批梁元帝焚烧十四万卷书籍的恶行，指明这一书厄给中华典籍的流传和中华文化传承造成了巨大损失。

第二节　图书访求及其文化史意义

中国藏书文化史可追述至夏代，因为"从文献和考古等资料来看，我国的官方藏书早在夏代便已经出现了"④。但是秦汉以降，藏书文化的史料记载才逐渐增多，国家藏书文化史也随着大一统王朝的建立而登上历史舞台。在古代藏书文化史中，国家"求书"文化

---

① 李延寿：《南史》卷八，中华书局，2000年，第160页。
② 李昉等：《太平御览》卷六一九，中华书局，1960年，第2781页。
③ 刘盼遂、郭预衡主编：《中国历代散文选》下册，北京出版社，1980年，第570页。
④ 傅璇琮、谢灼华主编：《中国藏书通史》，宁波出版社，2001年，第5页。

是一种特殊的现象，其相关史料比较零散稀少，笔者特以文化史中的"藏书文化史"为关注点，从一种新的视角，以国家"求书"这一文化行为为研究对象，以典籍流传、文化传承和社会文明进步为出发点和落脚点来观照这一特殊的文化现象。在此基础上，笔者针对这一特殊文化现象，以"历史感"和"文以载道"两种理论为框架，构建出一种新的文化解释。

一、图书访求的简要历史

下面根据古代国家求书行为的时代演绎，依次介绍两汉时期和魏晋南北朝时期的求书文化史。

1. 两汉时期

据文献记载，国家求书文化史起源于汉代。最早的记载是汉惠帝四年（前191），发"除挟书律"[①]，随之汉兴，"改秦之败，大收篇籍，广开献书之路"[②]。汉惠帝时废除了秦朝规定的"挟书律"，广泛开放献书的途径，开始大量访求和收集图书文献。汉惠帝"广开献书之路"的同时，也打开了古代国家求书历史的记忆之门。《汉书·艺文志》记载："迄孝武世，书缺简脱，礼坏乐崩，圣上（汉武帝）喟然而称曰：'朕甚闵焉。'"[③] 汉武帝对书简脱落残缺不全的状况，发出感慨，为之感到痛心哀伤。随后，元朔五年（前124），"武帝置太史公，命天下计书，先上太史，副上丞相，开献书之路，置写书之官，外有太常、太史、博士之藏，内有延阁、广

---

① 班固：《汉书》卷二，中华书局，1962年，第90页。
② 班固撰，颜师古注：《汉书艺文志》，商务印书馆，1955年，第1页。
③ 班固撰，颜师古注：《汉书艺文志》，商务印书馆，1955年，第1页。

内、秘室之府"①。汉武帝在公元前124年，设置太史公等职，诏令天下民众献书于朝廷。河平三年（前26），汉成帝"以书颇散亡，使谒者陈农求遗书于天下"②，派遣谒者陈农等人向天下访求遗书。

汉明帝永平十年（67），"帝遣郎中蔡愔及秦景使天竺求之，得《佛经四十二章》及释迦立像……其经缄于兰台石室。"③汉明帝派遣蔡愔和秦景等人前往天竺访求佛经，他们带回《佛经四十二章》等佛教典籍，"这是我国历史上第一次由国家遣使出国访求搜集佛经"④。《论衡》中又有记载："孝明（汉明帝）世好文人，并征兰台之官，文雄会聚。今上即令，诏求亡失，购募以金。"⑤汉明帝好书，诏令官员访求散落民间的书籍，并用金钱购买所访求的书籍，这是已知文献中首次出现用财物购求书籍的记载。

2. 魏晋南北朝时期

魏晋南北朝时期是公藏求书文化的兴起阶段，政府为了充实公藏，实行了求书政策。据《三国志》记载："魏国初建，（袁涣）为郎中令，行御史大夫事。涣言于太祖曰：'今天下大难已除，文武并用，长久之道也。以为可大收篇籍，明先圣之教，以易民视听，使海内斐然向风，则远人不服可以文德来之。'太祖善其言。"⑥袁涣曾向魏太祖曹操建议大量收集图书，曹操赞赏了他的建议。

据《魏书》记载，北魏道武帝时，有一次，太祖问李先曰："天下书籍，凡有几何？朕欲集之，如何可备？"对曰："伏羲创制，

---

① 魏徵、令狐德棻：《隋书》卷三十二，中华书局，1973年，第905页。
② 班固撰，颜师古注：《汉书艺文志》，商务印书馆，1955年，第2页。
③ 魏徵、令狐德棻：《隋书》卷三十五，中华书局，1973年，第1096页。
④ 傅璇琮、谢灼华主编：《中国藏书通史》，宁波出版社，2001年，第72页。
⑤ 黄晖：《论衡校释（附刘盼遂集解）》，中华书局，1990年，第866—867页。
⑥ 陈寿撰，裴松之注：《三国志·魏书》卷十一，中华书局，1959年，第335页。

帝王相承，以至于今，世传国记，天文秘纬不可计数。陛下诚欲集之，严制天下诸州郡县搜索备送，主之所好，集亦不难。"太祖于是班制天下，经籍稍集。① 北魏道武帝拓跋珪曾向李先询问如何收集天下图书之策，李先建议下令各个州、郡、县搜寻皇帝所好的书籍，呈送给皇帝。北魏高宗文成皇帝太安年间，秘书郎高谧奏请曰："谧以坟典残缺，奏请广访群书，大加缮写。"② 孝文帝于太和十九年（495）六月颁诏："诏求天下遗书，秘阁所无、有裨益时用者加以优赏。"③ 十五年之后，宣武帝于永平三年（510）"诏重求遗书于天下"④。北魏时，多位皇帝在统治期间，都有向天下访求书籍的诏令或者行为，可见北魏时期求书活动比较频繁，比较注重书籍收藏和文化传承。

两汉和魏晋南北朝时期，国家求书行为的特征主要体现为以下几个方面：一是，国家求书的皇家或者官府行为特征。皇帝下诏搜寻访求书籍，体现了国家或者皇家意志。二是，广开献书之路，体现出皇帝及相关大臣拥有开放的心态。无论是皇帝主动下诏广开献书之路，还是大臣奏请访求书籍的建议，都体现出一种积极收藏保存文献和传承文化的文明开放心态。三是，用金银钱财购买民间藏书的访书措施，体现出官府尊重民间藏书的权利，不只采用诏令等行政手段强行收缴所访民间藏书，也采用较为市场化的行为和手段，用金钱与民间藏书者交换所访藏书。四是，访求遗书的高潮时期一般发生在朝代更替之时。新朝建立之初，一般会采取措施访求

---

① 魏收：《魏书》卷三十三，中华书局，1974年，第789页。
② 魏收：《魏书》卷三十二，中华书局，1974年，第752页。
③ 魏收：《魏书》卷七，中华书局，1974年，第178页。
④ 魏收：《魏书》卷八，中华书局，1974年，第209页。

前朝遗落民间的藏书。五是，国家访求天下书籍，有助于充实当朝的皇家藏书。

二、"求书"之文化解释

文化的历史痕迹看似散落在历史长河中的不同角落里，然而，当我们把一些"一以贯之"的历史痕迹摆放在一起，则很容易发现其中有着潜在的关联和共性。不同时代对于这种"一以贯之"的文化行为有不同的解释，面对已经终结的古代国家求书行为，历史赋予我们对其进行文化解释和评价的任务与时机。要解释历史中的文化行为，并且在理念上有所超越，则必须进行理论形态的转变。主要问题是如何用现代思维和观念解释古代国家的求书行为。第一，要明确古代国家的求书行为是一种文化历史范畴的活动。第二，有必要对古代国家求书的相关文献记载进行梳理，这是我们进行文化解释的基础。第三，应用什么样的理论框架进行文化解释？笔者认为要回归并尊重历史的现实性和发生学意义，用更理性、更符合现代意识的理论来解释这一文化行为。在本文所构建的二元理论框架中，"历史感"与"文以载道"可谓并驾齐驱。如果说"历史感"倾向于说明这一文化行为的主事者们（一些帝王及官员）对于个体价值实现的认知，那么，"文以载道"倾向于说明这一文化行为的社会历史影响力。如果说前者是一种内在诉求，那么后者就是一种外在体现。如果说"历史感"代表着时间的维度，"文以载道"代表着空间的维度，那么二者构架起来的时空感恰好对应文化解释的立体感。

1. "历史感"

从文化解释的角度,古代国家求书行为的发生有一种内在的思维和逻辑,即"有巨大的历史感作基础"[①],它是一种历史感知和历史使命,也是一种历史精神和行动力,并且总是发生着从选择到超越的迁移。从选择到超越,可以看作历史的现实性与发展的逻辑性同归,选择与超越在时空辩证中形成一种偶然与必然的飞跃。历史使命必然走向选择,历史的选择在偶然中发生超越,历史使命也恰恰在这选择与超越的飞跃中得以实现。求书是一种历史使命,不仅选择了求书的帝王也选择了文化传承的载体,这是偶然的也是必然的;历史使命并不止于此,它超越了选择,实现了另一个层面的历史使命即文化传承及其历史影响力,这是对选择的超越。主事者们在求书中不可回避的是对这种历史使命感的认同,历史使命感偶然地选择了求书的主事者们,主事者们在特定历史背景下也必然地选择了求书;主事者们因这种历史使命感偶然赢得了文化传承的超越性价值,而这种超越性价值的实现是对选择的必然性超越。

在文化解释的特定领域,"历史感"有其具体所指。在对古代国家求书这一文化行为进行解释时,"历史感"是指对历史有较强感知力的主体能够把握历史时机,意识到并领会当时的历史使命,即对于典籍保存与文化传承的历史责任感。同时,这些感知与对使命的把握都将承载历史赋予的精神并完全转换为行动力,这种行动力就是古代国家实施具体的求书行为所必须具备的力量。对于历史感所依附的求书行为主体,我们不得不加以重视;对于执行求书这

---

① 恩格斯:《卡尔·马克思〈政治经济学批判〉》,载《马克思恩格斯选集》第2卷,人民出版社,1995年,第42页。

一行为的主事者们身上具体呈现出的这一"历史感",我们无法忽视其意义。考察古代国家藏书文化史,可以见得,历史上"一以贯之"的藏书文化事业是一脉相承的。并且,如果当朝皇帝英明而有所作为,一般都很重视文化事业的发展,并且这些皇帝对藏书文化事业的发展都有很大贡献,具体而言就是实施"求书"这一文化行为所承载的历史使命和价值。

2. "文以载道"

"文以载道"一语最早出现在北宋周敦颐的《通书·文辞》中,曰:"文所以载道也。""文"是"载道"的起点,那么"文"和"道"是什么呢?在藏书文化意义上,"文"是指图书文献中记载的文章;"道"是指文章所承载的思想,也即图书所承载的思想,并且其思想内容主要包括社会科学以及自然科学等在内的一切人类文化成果的沉淀与人类精神意志的表达。正如有言曰:文章可"传承恒常之大道"。图书作为载体承载着文章所要传承的"大道",求书是为了藏书和传播文化,也必然承载着传承"大道"的历史使命。这种"大道"可以借用宋代张载的"横渠四句"来解释:"为天地立心,为生民立命,为往圣继绝学,为万世开太平。"国家藏书以及求书在一定意义上承载着"横渠四句"的要旨。如果将藏书文化史中"文以载道"的"文"看作形而下的"器"(载体性的),将"道"看作形而上的"道"(精神性的),那么我们所依靠的指向和道路将是:依靠纸质图书作为载体传承文化的精要和人类精神意志,依靠对抗纸质图书的可亡佚性走向对文化传承的可持续性。我们寻找的是这种上升而不是下坠,我们看到古代国家通过求书致力于对图书的保存,并深入发现其行为背后所承载的历史文化价值和深远意义。我们也是基于此而体悟到人类文明在传承与进步中的美感和价值的。

　　此处用"文以载道"来解释古代国家求书这一文化行为，其另外一个意图是直击政治化倾向的解释观念。有一种说法，认为"文以载道"的目的在于政治教化，甚至有人怀疑"文以载道"有功利性动机。事实上，抛开狭隘的文化史观，我们不得不承认古代的帝王以及官员们在内心对"文以载道"的认同，因为他们在更高层面上看到了"文以载道"深远的影响力。"文以载道"成为帝王们求书、藏书等一系列文化活动的基本理念，历史也雄辩地向我们证明了这一理念的巨大社会影响力。此外，我们可以从文化传播意义和社会历史发展的角度来观察，"文以载道"作为对古代国家求书行为的一种更理性和更符合中国文化传统的解释，比以往很多文章中解释为政治教化更表现出现代意识。古代国家求书行为的发生脱离不了各种时代背景和主事者的个人特色，后人要认识和理解古人，需要寻求一种新的视角来观照。现代社会更开放，文化意识更强烈，所以上文沿用了这种比较开放和现代的文化解释思路。①

---

① 何官峰：《"求书"文化史与文化解释——中国藏书文化史研究的一种新视角》，载天一阁博物馆编《天一阁文丛》第8辑，浙江古籍出版社，2010年，第139—147页。

第三章

图书机构及藏书实践

中华藏书文化历史悠久,内涵十分丰富,在中华传统文化的基础上衍生出自己独有的文化特征。从广义上讲,藏书文化包括物质文化层面和精神文化层面的成果,是由藏书家、藏书楼、藏书及其周边形态共同形成的一种文化。具体而言,物质文化层面的藏书文化主要包括:藏书主体如藏书家、藏书楼等,藏书客体如简帛、纸书等各类文献,藏书活动如图书的收集、整理、刊刻和利用等,藏书的周边产物如藏书票、藏书印等。精神文化层面的藏书文化主要包括:藏书家精神,藏书思想成果如目录学、校勘学、版本学等,藏书历史如藏书文化的产生、发展等,藏书机构的设置及其变迁,藏书制度如《流通古书约》等。中国古代藏书事业在发展中逐渐形成了官府藏书、私家藏书、佛寺道观藏书、书院藏书四大系统。由于书院藏书的真正出现和形成在唐代,本章主要阐述先秦至魏晋南北朝期间,官府藏书、私家藏书和寺观藏书的机构变迁和藏书实践活动的发展变化。

第一节　官府藏书

一、先秦时期

1. 夏代

春秋时期的孔子感叹不能详谈夏礼:"夏礼,吾能言之,杞不足征也;殷礼,吾能言之,宋不足征也。文献不足故也。足,则吾能征之矣。"① 孔子尚且感叹没有足够文献来佐证,更何况现在,即使有考古发现和有限的文字记载,我们也很难以今天的观念理解和确定当时的官府藏书情况。当然如果以比附和推测的方式考察,也可以做些尝试和探索。有学者认为,"夏王室收藏图书有专门的处所,即宗庙"②。其依据是《周礼·冬官考工记》中的记载:"夏后氏世室,堂修二七,广四修一。五室,三四步,四三尺。九阶。四旁两夹,窗白盛。门堂,三之二;室,三之一。"③ 郑玄注曰:"世室者,宗庙也。"④ 世室作为夏王朝的大型殿堂,其功能除了统治者

---

① 孔子:《论语·八佾》,载刘宝楠《论语正义》上,中华书局,1990年,第91—92页。
② 傅璇琮、谢灼华主编:《中国藏书通史》,宁波出版社,2001年,第7页。
③ 陈戍国点校:《周礼·仪礼·礼记》,岳麓书社,2006年,第108页。
④ 郑玄注:《周礼郑氏注》,中华书局,1985年,第306页。

处理政务和祭祀等①，还可以推测其中存有夏王朝的典籍和档案，这些可以理解为当时的官府藏书。此外，我们可以进一步结合当时相关职官的文献记载相互佐证。据《吕氏春秋·先识》记载："夏太史令终古出其图法，执而泣之。夏桀迷惑，暴乱愈甚。太史令终古乃出奔如商。"②夏朝的太史令终古捧出王朝的法典向夏桀进谏，但是夏桀执迷不悟，并且变本加厉。掌管法典的终古无奈出逃投奔了商。可见，夏代已有掌管"图法"的"太史令"之官，而且夏代已设有史官，这是可信的。③夏代已有专门掌管官府典籍文献的史官，加之当时有宗庙这样的大型建筑，因此对于夏代的官府藏书我们大致可以做如上理解和推测。

2. 商代

商代较夏代距今稍近，考古发现也为我们认识和推测商代官府藏书情况提供了一些线索。《尚书·周书·多士》中记载周公告诉众人"惟殷先人，有册有典，殷革夏命"。可见殷商时期已有典册图籍，这些典籍中记载了殷商接替夏代的历史。关于殷商时期的馆藏文献，已知的主要是甲骨文。首先以殷墟甲骨为例。清末河南安阳小屯村民发现埋于地下的甲骨，后来有专家发现并认出甲骨上的文字，这些文字被称为甲骨文。这些刻有文字的甲骨属于殷商时期遗物，位置处于殷地的废墟都城，故而称为殷墟甲骨。根据多年来的考古研究，可以认定这些甲骨有固定的收藏处所，不仅十分集中而且是有意识有目的地收藏，是为王室服务的。④在河南安阳小屯

---

① 李剑平编著：《中国古建筑名词图解辞典》，山西科学技术出版社，2011年，第356页。
② 吕不韦编著，王启才注译：《吕氏春秋》，中州古籍出版社，2010年，第232页。
③ 来新夏等：《中国古代图书事业史》，上海人民出版社，1990年，第19页。
④ 任继愈主编：《中国藏书楼》，辽宁人民出版社，2001年，第337页。

发掘出的宗庙式宫殿遗址中，地上是宗庙宫室，地下是复穴、窦窖。这些甲骨文献大部分出土于地下的穴窖之中，可以清楚地看出是"有意识贮存"，数量大而且集中，贮存场所被称为"龟室"。①

殷墟甲骨藏于宗庙地下的"龟室"，我们可以将"龟室"理解为商代官府的藏书处所。此外，比较大的甲骨文考古发现是周原甲骨。1976年，考古人员在陕西省岐山凤雏村周原遗址，发现一批甲骨文，这批甲骨文大约是西周早期的遗物。西周早期承继了商代文化，这批甲骨文也可以作为理解商代文化的线索。周原甲骨也储存在宗庙遗址区，类似殷墟甲骨的"龟室"。关于"龟室"的文献记载，如"凡取龟用秋时，攻龟用春时，各以其物入于龟室"②；"高庙中有龟室"③。考古发掘成果与古籍记载相互印证证实：殷商和西周王室所建宗庙内均设有专门收藏刻辞甲骨的处所。小屯南地殷商宗庙遗址板筑基址下穴窖之中出土很多刻辞甲骨，进一步证实商王室宗庙确为收藏文献处所。④

对商代这些馆藏文献的管理，既然有专门的收藏处所，那么就少不了管理的人员。有专家学者研究认为，商代有史官⑤，这些史官当中有人负责管理商代官藏典籍。据考证，甲骨文中出现了"史""御史""大史""乍册"等相关文字。如"贞，令我史步"（《铁》250.1），"才南土，告史"（《甲》2902），"我入商，北我御史"（《合集》27717），"利令，隹大史寮令"（《前》5.59.8）等。

---

① 任继愈主编：《中国藏书楼》，辽宁人民出版社，2001年，第337页。
② 陈戍国点校：《周礼·仪礼·礼记》，岳麓书社，2006年，第55页。
③ 司马迁撰，裴骃集解，司马贞索隐，张守节正义：《史记》，中华书局，2000年，第2444页。
④ 傅璇琮、谢灼华主编：《中国藏书通史》，宁波出版社，2001年，第9页。
⑤ 来新夏等：《中国古代图书事业史》，上海人民出版社，1990年，第19页。

王国维认为"乍册"即内史,也即史官①,"史之职,专以藏书、读书、作书为事"②。商代有记载的著名史官如向挚,"殷内史向挚见纣之愈乱迷惑也,于是载其图法,出亡之周"③,殷内史向挚曾掌管殷商官藏图法典籍。

3.周代

周朝官府藏书相较于夏商两代有较大发展:一是藏书处所不断扩增,二是藏书管理人员的层级体制逐渐形成,分工更为明确。"周朝的官府藏书比商代有了发展,从中央到地方诸侯国建立了类型不同的藏书机构,散见于文献记载之中的就有龟室、图室、太史府、盟府、策府,春秋时期有周府、公府,战国时称为府库、周室、秘室;地方有的称闾府、州府等。"④

(1)宗庙

周王室藏书处所,最高层级的是宗庙,具体是宗庙中延续商代的"龟室"和周代扩增的"图室"。据"周无专鼎"铭文记载曰:"唯九月既望甲戌,王格于周庙,燔于图室。司徒南仲右无专入门,立中庭。"⑤又有"善夫山鼎"的铭文记载曰:"王才周;各图室;南宫乎入,右善夫山入门,立中廷。"⑥两则铭文来自西周晚期的青铜器,记录了周宣王到过周宗庙中的"图室"。这里的图室,推测是周王室文献典藏之所。"侍御朱右甫同门为弼曰:图室,藏河图

---

① 王国维:《观堂集林》,中华书局,1959年,第272页。
② 王国维:《观堂集林》,中华书局,1959年,第269页。
③ 吕不韦编著,王启才注译:《吕氏春秋》,中州古籍出版社,2010年,第232页。
④ 任继愈主编:《中国藏书楼》,辽宁人民出版社,2001年,第346页。
⑤ 蒋光煦著,梁颖校点:《东湖丛记》,辽宁教育出版社,2001年,第60页。
⑥ 夏含夷:《古史异观》,上海古籍出版社,2005年,第241页。

之室也,唐虞谓之天府,周谓之明堂。"①

《孟子·告子章句下》:"诸侯之地方百里。不百里,不足以守宗庙之典籍。"汉赵岐注:典籍,谓先祖常籍法度之文也。宋代孙奭疏:谓先祖之典籍也。清代焦循《孟子正义》:"典籍受之天下,传自先祖,藏诸宗庙。宗庙之典籍,即先祖之典籍也。"据《周礼·地官司徒》记载:"群吏,献贤能之书于王,王再拜受之,登于天府,内史贰之。"郑玄注:"天府,掌祖庙之宝藏者,内史,副写其书者。"②《周礼·秋官大司寇》:"凡邦之大盟约,莅其盟书,而登之于天府,大史、内史……皆受其贰而藏之。"郑玄注:"天府,祖庙之藏。"③《周礼·春官·天府》:"天府:掌祖庙之守藏与其禁令。"④ 祖庙即周之宗庙,收藏先祖的典籍;天府是管理宗庙藏书的专职机构和职官,王朝为宗庙之典籍专设天府进行典藏和管理,可见周代对先祖典籍之重视。

(2)大史府

周朝王室藏书处所之大史府,也即太史府,是仅次于宗庙的重要官府藏书地。⑤《周礼·春官宗伯第三》:"大史,掌建邦之六典,以逆邦国之治。掌法,以逆官府之治;掌则,以逆都鄙之治。"《左传》记载,昭公二年,晋侯派韩宣子到鲁国聘问,韩宣子参观了大史府的藏书,看到"《易》《象》与《鲁春秋》",曰:"周礼尽在鲁矣。"当时大史府藏有《易》《鲁春秋》等典籍。孔颖达解释曰:"大

---

① 蒋光煦著,梁颖校点:《东湖丛记》,辽宁教育出版社,2001年,第61页。
② 郑玄注:《周礼郑氏注》,中华书局,1985年,第74页。
③ 郑玄注:《周礼郑氏注》,中华书局,1985年,第236页。
④ 陈戍国点校:《周礼·仪礼·礼记》,岳麓书社,2006年,第48页。
⑤ 傅璇琮、谢灼华主编:《中国藏书通史》,宁波出版社,2001年,第15页。

史之官职掌书籍,必有藏书之处,若今之秘阁也。观书于大史氏者,氏,犹家也,就其所司之处,观其书也。"①

大史府作为周朝官府藏书之所,设有专门的职官。周代史官,有大史、小史、内史、外史、御史,分别掌管王室典籍、法令等文献。其中,大史是专职掌管建邦之六典的职官;小史是掌管邦国之志的职官;内史是掌管王之八枋之法的职官,掌书王命;外史"掌书外令,掌四方之志,掌三皇五帝之书"②;御史"掌邦国都鄙及万民之治令……掌赞书"③。《周礼·天官冢宰》:"史,掌官书以赞治。"④

章学诚在《文史通义·史释》中认为,周代史官之五史"则卿、大夫、士为之,所掌图书、纪载、命令、法式之事,今之所谓内阁六科、翰林中书之属是也"⑤。五史的职责主要是掌管周王室的典籍法令,相当于后世的翰林中书等职官。《史记·老子韩非列传》记载老子为"周守藏室之史"⑥,司马贞在"索隐"中注释曰:"藏室史,周藏书室之史也。"⑦ 老子曾任周王室藏书室之史。

(3) 盟府

周代在宗庙和大史府之外,增设了"盟府",专门收藏盟约等

---

① 杜预注,孔颖达等正义:《春秋左传正义(附校勘记)》下,上海古籍出版社,1990年,第718页。
② 陈戍国点校:《周礼·仪礼·礼记》,岳麓书社,2006年,第59页。
③ 陈戍国点校:《周礼·仪礼·礼记》,岳麓书社,2006年,第59页。
④ 陈戍国点校:《周礼·仪礼·礼记》,岳麓书社,2006年,第9页。
⑤ 章学诚著,叶瑛校注:《文史通义校注》,中华书局,1985年,第230页。
⑥ 司马迁撰,裴骃集解,司马贞索隐,张守节正义:《史记》,中华书局,2000年,第1701页。
⑦ 司马迁撰,裴骃集解,司马贞索隐,张守节正义:《史记》,中华书局,2000年,第1702页。

文献。《逸周书·尝麦解》记载："藏之于盟府，以为岁典。"《左传·僖公五年》："勋在王室，藏于盟府。"《左传·襄公十一年》："夫赏，国之典也，藏在盟府，不可废也。"这些记载都印证了周代盟府收藏文献的历史。当然，这些盟府所藏的基本是盟约，因而，盟府实为周王室之国家档案馆。这与宗庙藏书、大史府藏书是有所不同的。①

（4）其他藏书处所

周代藏书处所除了宗庙、大史府和盟府，史籍中还提到了其他藏书处所，如公室、公府、藏室、周室、策府等。②

在周代，官府藏书管理人员已有"一班人"。这"一班人"由三部分人员组成：管理长官、一般管理官员、供官员使役之用的人员。管理长官：宗庙藏书为天府。太史府藏书正长为太史，副长为小史。一般的管理官员有两种，即"府"和"史"。供官员使役之用的人员也有两种，即"胥"和"徒"。实际上，胥、徒是一类人，都是从农民中派列官府服徭役者。胥为徒之长，十徒配一胥。③ 天府和五史等官府藏书的职官，在上文中已有介绍，胥和徒等供使役之用的人员，不仅为周代新增设，而且体现出周代藏书管理人员的层级体制逐渐形成，藏书管理人员的分工更为明确。

二、秦代

秦朝统治时间较为短暂，仅有十余年，其间官府藏书情况见于

---

① 傅璇琮、谢灼华主编：《中国藏书通史》，宁波出版社，2001年，第16页。
② 傅荣贤：《中国古代图书馆学思想史》，黄山书社，2016年，第27页。
③ 刘渝生：《中国藏书起源史》，江西人民出版社，1994年，第97页。

史书的不多，至今对秦朝官府图书的研究也是一个薄弱环节。①

秦始皇统一中国前，秦国已收藏了大量的图书。秦统一六国后，又将周朝及诸侯六国的藏书集藏起来，这就使秦朝的藏书量大大增加。② 因而，秦始皇曾说"吾前收天下书"③。据已有历史文献记载可知，秦朝所收藏的图书典籍，分别被存储在明堂、石室、金匮、周室等藏书处所。《史记·太史公自序》记载："秦拨去古文，焚灭《诗》《书》，故明堂石室金匮玉版图籍散乱。"④《史记·六国年表》记载："秦既得意，烧天下《诗》《书》，诸侯史记尤甚，为其有所刺讥也。《诗》《书》所以复见者，多藏人家，而史记独藏周室，以故灭。"⑤

秦代官藏图书的制度基本上是沿袭战国时期的。据《汉书》记载："御史大夫，秦官，位上卿……中丞，在殿中兰台，掌图籍秘书。"按《唐六典》的解释："《周官》宗伯属官御史……以其在殿柱之间，亦谓之柱下史。秦改为侍御史。"司马迁称张苍"好书律历，秦时为御史，主柱下方书"，又称"张苍乃自秦时为柱下史，明习天下图书计籍"。班固也说："张苍，武阳人也，好书律历。秦时为御史，主柱下方书。"据此可知，御史大夫是御史之长，而御史则是在君主左右具体掌管文书、图籍、档案、记录诸事的官员。

---

① 傅荣贤：《中国古代图书馆学思想史》，黄山书社，2016年，第69页。
② 傅璇琮、谢灼华主编：《中国藏书通史》，宁波出版社，2001年，第53页。
③ 司马迁撰，裴骃集解，司马贞索隐，张守节正义：《史记》，中华书局，2000年，第183页。
④ 司马迁撰，裴骃集解，司马贞索隐，张守节正义：《史记》，中华书局，2000年，第2507页。
⑤ 司马迁撰，裴骃集解，司马贞索隐，张守节正义：《史记》，中华书局，2000年，第538页。

秦朝主管图籍的官员是由御史大夫负其总责，而具体执掌图籍工作的则由御史或称侍御史的官员承担。作为御史或称柱下史的张苍，在秦朝是一位学识渊博而又具有一定影响的执掌官藏图书的著名人物。①

三、汉代

1.西汉

西汉官府藏书可以分为"内书"和"外书"。内书，即中书，地位较高，是收藏在宫廷中的图书典籍。西汉的内书藏书处所，主要有石渠阁、天禄阁、麒麟阁、延阁、广内、秘府、石室、金匮等。

石渠阁。《三辅黄图》卷六："石渠阁，萧何造，其下砻石为渠，以导水，若今御沟，因为阁名，所藏入关所得秦之图籍。至于成帝，又于此藏秘书焉。"②《汉书·儒林传》引《三辅旧事》云："石渠阁在未央殿北，以藏秘书也。"其中所记载的"石渠阁"建于西汉之初，因其藏书处所建在未央殿北的石头水渠之上而得名。"石渠阁"因具有防火功能，为后代建造藏书处所提供了典范。

天禄阁、麒麟阁。《三辅黄图》卷六："天禄阁，藏典籍之所。"并引《汉宫殿疏》云："天禄、麒麟阁，萧何造，以藏秘书、处贤才也。刘向于成帝之末，校书天禄阁。"《三辅黄图》卷二引《汉宫殿疏》云"未央宫有麒麟阁、天禄阁"。从文献记载可知，西汉的两大藏书处所天禄阁和麒麟阁，位于宫廷之内，收藏秘书即官府藏

---

① 转引自傅璇琮、谢灼华主编《中国藏书通史》，宁波出版社，2001年，第54页。
② 毕沅校正：《三辅黄图》，商务印书馆，1936年，第47页。

书,除此之外,天禄阁和麒麟阁还具备"处贤才"的作用。后来,刘向等人在天禄阁阅书和校书。

延阁、广内、秘府。《汉书·艺文志》之唐代颜师古注引如淳曰:"刘歆《七略》曰:外则有太常、太史、博士之藏,内则有延阁、广内、秘室之府。"从中可知,"延阁、广内、秘府"属于收藏内书的宫廷藏书处,并成为宫廷藏书处的代名词。

石室、金匮。《汉书·高帝纪下》:"与功臣剖符作誓,丹书铁契,金匮石室,藏之宗庙。"颜师古注曰:"以金为匮,以石为室,重缄封之,保慎之义。"又《史记·太史公自序》:"迁为太史令,䌷史记、石室金匮之书。"司马贞"索隐":"石室、金匮皆国家藏书之处。"从文献记载可知,石室、金匮,都是汉代官府藏书之处。

除了"内书",还有"外书"。《汉书·艺文志》之唐代颜师古注引如淳曰:"刘歆《七略》曰:外则有太常、太史、博士之藏。"此处记载了汉代太常、太史、博士等官员的藏书处所,并将其归入官府藏书的范畴。

2.东汉

东汉官府藏书,基本上是对西汉时期官府藏书格局的延续,也出现了一些变革。东汉官府藏书处所,在西汉的基础上,新增的主要有东观和兰台。

"光武中兴,笃好文雅,明、章继轨,尤重经术。四方鸿生巨儒,负帙自远而至者,不可胜算。石室、兰台,弥以充积。又于东观及仁寿阁集新书,校书郎班固、傅毅等典掌焉。"[①] 东汉光武帝时大力向民间求书,其后,汉明帝和汉章帝继续求书的政策,使得官

---

① 魏徵、令狐德棻:《隋书》卷三十二,中华书局,1973年,第906页。

府藏书数量不断增多,导致原有的石室、兰台等藏书处已经充盈,于是便新建了东观和仁寿阁等藏书处,以满足藏书不断增多的需要。《东观汉记》记载:"十三年春正月上日,帝以五经义异,书传意殊,亲幸东观,览书林,阅篇籍。"《后汉书·黄香传》记载:"元和元年,肃宗诏香诣东观,读所未尝见书。"东汉皇帝到东观查阅图书时会读到不常见的图书,可见东观在当时的官府藏书体系中占据重要地位,藏书量也十分可观。

东汉李尤的《东观赋》,盛赞东观藏书之丰富和环境之典雅大气:"敷华实于雍堂,集干质于东观。东观之艺,孽孽洋洋。上承重阁,下属周廊。步西蕃以徙倚,好绿树之成行。历东崖之敞座,庇蔽芾之甘棠。前望云台,后匝德阳。道无隐而不显,书无阙而不陈。览三代而采宜,包郁郁之周文。"① 东观位置优越,环境典雅,为当时官府藏书的阅读利用创造了非常好的条件。

兰台为东汉官府藏书之处所,兰台所藏典籍由职官御史中丞掌管。兰台作为藏书处所之名虽始于西汉,但是到东汉时才作为官府藏书处所发挥了重要作用,其地位才得到凸显。《汉书》记载:"谶书藏兰台。"②《隋书·经籍志》记载:"帝(汉明帝)遣郎中蔡愔及秦景使天竺求之,得《佛经四十二章》……其经缄于兰台石室。"兰台藏书不断得到充实,成为东汉重要的官府藏书处所。

汉代官府藏书处所的格局逐渐形成,并具备一定的规模。为了更好地管理官府藏书,汉代设立了相应的职官。西汉由御史中丞兼掌兰台的图籍,下设兰台令使管校书正字。③ 东汉初期,则以兰台

---

① 严可均辑:《全后汉文》上,商务印书馆,1999年,第508页。
② 班固:《汉书》卷九十九,中华书局,1962年,第4094页。
③ 李瑞良:《中国古代图书流通史》,上海人民出版社,2000年,第100页。

令史掌管图书。《文献通考》记载，东汉中期"马融为秘书郎，诣东观，典校书"。东汉后期的桓帝之世，司掌图书秘籍的官员才初有定制。《文献通考·职官考十·秘书监》记载："后汉图书在东观，桓帝延熹二年，始置秘书监一人，掌典图书、古今文字，考合同异。"《初学记》按："秘书监，后汉桓帝置也。掌图书秘记，故曰秘书。"[①] 东汉桓帝延熹二年（159），在官府藏书管理体系中，创设了"秘书监"的职官，专门负责掌管图书典籍。这一制度在中国古代藏书制度史上具有重要意义，通过开创专门掌管图书典籍的职官"秘书监"，凸显了汉代帝王对官府藏书的重视，为后世不断完善和推进藏书的职官制度奠定了基础。

四、魏晋南北朝

关于魏晋南北朝时期官府藏书的发展和成就，傅璇琮与谢灼华主编的《中国藏书通史》认为："魏晋南北朝时期，虽然长期处于动乱之中，但各朝统治者都非常重视对图书的搜集工作，以至梁元帝时皇室和中央官府藏书已达十余万卷，较之汉代增长了数倍。与此同时，官府藏书机构更较前完备。"[②] 此书进而分析认为魏晋南北朝时期藏书事业得以发展有三个主要原因："一是历代统治者大都比较重视对图书的搜求和典藏，如魏武帝曹操、魏文帝曹丕、晋武帝司马炎、北魏道武帝拓跋珪、宋武帝刘裕、梁武帝萧衍等便是其中的代表。二是社会生产和文化教育的进步，特别是纸的生产技术的改善和其使用的普及，使图书的数量和品种急剧增加。三是南北

---

① 转引自傅璇琮、谢灼华主编《中国藏书通史》，宁波出版社，2001年，第74页。
② 傅璇琮、谢灼华主编：《中国藏书通史》，宁波出版社，2001年，导言第15页。

地区各民族文化的交流,使这一时期的文化出现了大融合的新景象。"① 除了这三个主要原因,笔者发现有些重要的原因也值得关注:官府重视整理和编制目录,为文献保存和管理提供了很好的方法,促进了藏书文化的发展;通过对藏以致用理念的实践,藏书因利用而变为"活书",有了长期存在的生命力,促进了藏书文化的发展;藏书促进了学术发展,学术发展也反过来促进了藏书文化的发展,诸如大量目录学、文学、历史学著作和成果的出现,极大地丰富了藏书文化。

魏晋南北朝时期官府藏书是藏书文化中一个主要的构成,为文献保存和文化传承作出了巨大贡献,但是官藏文献是怎么获得的呢?主要途径有:

(1) 政权更替后,收集前朝图籍。魏晋南北朝时期,战争和政权更替频繁,战胜方往往会收集前朝遗留下来的图籍,以充实新建王朝的官藏。据文献记载,建安五年(200)官渡之战,曹操大败袁绍,"尽收其辎重图书珍宝"②。《隋书·经籍志》总序中记载:"魏氏代汉,采掇遗亡。藏在秘书中、外三阁。"太康元年(280)晋灭吴,攻陷吴都建业后,"收其图籍,封其府库"③。晋安帝义熙十三年(417),刘裕打败姚秦后,"收其图籍,五经子史,才四千卷"④。这些书籍被运到了建康,充实了官府藏书,东晋灭亡后,其官府藏书尽归刘宋。萧衍攻打东昏侯时,将领柳恽上书道:"请城平之日,

---

① 傅璇琮、谢灼华主编:《中国藏书通史》,宁波出版社,2001年,导言第15页。
② 陈寿撰,裴松之注:《三国志·魏书》卷一,中华书局,1959年,第21页。
③ 房玄龄等:《晋书》卷四十二,中华书局,1974年,第1210页。
④ 李延寿:《北史》卷七十二,中华书局,1974年,第2493页。

先收图籍,及遵汉祖宽大爱民之义。"① 萧衍接受建议并"命吕僧珍勒兵封府库及图籍"②。

(2)求书。国家求书文化史起源于汉代。魏晋南北朝时期是公藏求书文化的兴起阶段,政府为了充实公藏实行了求书政策。《三国志》记载:"魏国初建,(袁涣)为郎中令,行御史大夫事。涣言于太祖曰:'今天下大难已除,文武并用,长久之道也。以为可大收篇籍,明先圣之教,以易民视听,使海内斐然向风,则远人不服可以文德来之。'太祖善其言。"据《魏书》记载:北魏道武帝时,有一次,太祖问李先曰:"天下书籍,凡有几何?朕欲集之,如何可备?"对曰:"伏羲创制,帝王相承,以至于今,世传国记,天文秘纬不可计数。陛下诚欲集之,严制天下诸州郡县搜索备送,主之所好,集亦不难。"太祖于是班制天下,经籍稍集。北魏高宗文成帝太安年间,秘书郎高谧奏请曰:"谧以坟典残缺,奏请广访群书,大加缮写。"孝文帝于太和十九年(495)六月颁诏:"诏求天下遗书,秘阁所无、有裨益时用者加以优赏。"十五年之后,宣武帝于永平三年(510)"诏重求遗书于天下"。

魏晋南北朝时期的官府藏书,表现出一些历史特点。

第一,专门藏书机构和职官的设置、专门藏书处所的建置,说明一个核心问题:即使在短暂的统治时期内,统治者也不忘藏书的重要性,尤其是重视藏书文化和文化传承。《隋书·经籍志》总序其事曰:"魏氏代汉,采掇遗亡。藏在秘书中、外三阁。"蜀汉也对图书进行积极的搜求,据《三国志·蜀书·许慈传》载:"先主定蜀,

---

① 姚思廉:《梁书》卷二十一,中华书局,1973年,第331页。
② 姚思廉:《梁书》卷一,中华书局,1973年,第13页。

承丧乱历纪,学业衰废,乃鸠合典籍,沙汰众学。"① 太康元年(280)晋灭吴,西晋将领王浚率军攻入吴都建业后,收其图籍,封其府库。魏晋南北朝时期官府藏书的藏书机构、职官和藏书处所情况见下表。

朝代	机构名	职官	藏书处所
魏	秘书令	秘书令（后改为秘书监）、秘书左、右丞	秘书中、外三阁
蜀	秘书令	秘书令、秘书郎	东观
吴	东观令	秘府中书承、中书郎	东观
晋	秘书监	秘书丞、秘书郎、秘书令史	西晋：秘阁、兰台、崇文院 东晋：秘阁
宋	秘书监	秘书监、秘书丞、秘书郎	秘阁、总明观
齐	秘书监	秘书监、秘书丞、秘书郎、著作佐郎等	秘阁、学士馆
梁、陈	秘书省	秘书监、秘书丞、秘书郎、著作郎、著作佐郎等	梁：秘阁、文德殿、华林园、东宫 陈：秘阁、德教殿、承香殿、寿安殿
北魏	秘书省	秘书监、秘书令、秘书丞、秘书郎中、秘书郎、校书郎、秘书令史和秘书舍人、左右史官等	秘阁、东观
北齐	秘书省	秘书监、秘书丞、秘书郎中、校书郎	仁寿殿、文林殿、麟趾殿
北周	秘书监	秘书监、校书郎等	虎门殿、麟趾殿等

---

① 陈寿撰，裴松之注：《三国志·蜀书》卷四十二，中华书局，1959年，第1023页。

第二，大多数政权统治时期还十分重视公藏书目的编制，编有《中经新簿》《晋元帝四部目录》《天监四年四部书目》等公藏目录。整理目录，有利于藏书的管理和利用，这是先贤的一大创举，在编目中还创新出了分类目录，为目录学发展作出了巨大贡献。

第三，官府藏书在政权动荡分裂的大时代环境中，遭遇了一些毁灭性的损失。如南朝梁元帝时，兵败城破，焚书十四万卷。这说明，战火是藏书损毁的一大罪魁祸首。虽然建立王朝的统治者基本都尊重藏书和重视搜集藏书，但是朝代更替的战火对藏书造成的巨大破坏令人痛心。如齐、梁交替之时，兵火又"延烧秘阁，经籍遗散"①。十六国时期北方战乱频繁，以致藏书损毁严重，"自刘、石扰覆华畿，二都鞠为茂草，儒生罕有或存，坟籍灭而莫纪，经沦学废，奄若秦皇"②。历史应该吸取教训，在王朝更替时，无论是被取代的王朝还是新建的王朝，统治者都应该竭力保护藏书而不至于让藏书遭遇涂炭，因为藏书是文化传承和文明传播的主要途径。

第二节　私家藏书

私人藏书家出现于春秋战国，早期的如孔子、墨子等。关于春秋战国和秦汉时期藏书家的历史记载，零散地出现在浩如烟海的历

---

① 魏徵、令狐德棻：《隋书》卷三十二，中华书局，1973年，第907页。
② 房玄龄等：《晋书》卷一百十三，中华书局，1974年，第2888页。

史文献当中，经过一些学者①不断钩沉拾遗和爬梳剔抉，我们才看到这一时期藏书家的大致情况。本节在前人的基础上，进一步整理出下表，使之更加直观明了。

春秋战国和秦汉时期藏书家简表

朝代	藏书家	生卒年	官职/身份	藏书故实	文献出处
春秋	孔子	前551—前479	著名思想家、教育家，儒家学派创始人	1.孔子西藏书于周室 2.孔子派人搜寻典籍"得百二十国宝书"	1.《庄子·天道》 2.《史通·六家》
春秋	墨子	生卒年不详	著名的思想家、教育家，墨家学派创始人	1.子墨子南游使卫，关中载书甚多 2.有书三车	《墨子·贵义》
战国	惠施	约前370—约前310	政治家、哲学家	惠施多方，其书五车 学富五车	《庄子·天下》
战国	苏秦	生卒年不详	纵横家、外交家	1.乃夜发书，陈箧数十，得《太公阴符》 2.乃闭室不出，出其书遍观之……得周书《阴符》，伏而读之	1.《战国策·秦策一》 2.《史记·苏秦列传》

---

① 见任继愈主编《中国藏书楼》，辽宁人民出版社，2001年；傅璇琮、谢灼华主编《中国藏书通史》，宁波出版社，2001年；范凤书《中国私家藏书史》，大象出版社，2001年。

续表

朝代	藏书家	生卒年	官职/身份	藏书故实	文献出处
秦	孔鲋	约前264—前208	鲁国文通君，拜少傅	魏人陈馀谓孔鲋曰："秦将灭先王之籍，而子为书籍之主，其危哉!"子鱼（孔鲋）曰："……吾将藏之以待其求；求至，无患矣。"	《资治通鉴》第七卷
秦	孔腾（孔鲋之弟）	生卒年不详	博士，长沙王（吴氏家族）太傅	师古曰："《家语》云：孔腾，字子襄，畏秦法峻急，藏《尚书》《孝经》《论语》于夫子旧堂壁中，而《汉记·尹敏传》云孔鲋所藏。"	《汉书·艺文志》
西汉	伏生	生卒年不详	经学家	秦时焚书，伏生壁藏之。其后兵大起，流亡。汉定，伏生求其书，亡数十篇，独得二十九篇	《史记》卷一百二十一《儒林列传》
西汉	刘德	？—前130	河间献王	修学好古，实事求是。从民得善书，必为好写与之，留其真，加金帛赐以招之。由是四方道术之人不远千里，或有先祖旧书，多奉以奏献王者，故得书多，与汉朝等	《汉书·河间献王传》

续表

朝代	藏书家	生卒年	官职/身份	藏书故实	文献出处
西汉	刘安	前179—前122	淮南王	淮南王安亦好书，所招致率多浮辩	《汉书·河间献王传》
西汉	刘向	约前77—前6	中垒校尉	歆虽不邀过庭，亦克识先君雅训。三代之书，蕴藏于家，直不计耳	刘歆《与扬雄书从取方言》
西汉	刘歆	约前53—23	红休侯，后为国师	歆虽不邀过庭，亦克识先君雅训。三代之书，蕴藏于家，直不计耳	刘歆《与扬雄书从取方言》
西汉	文不识	生卒年不详	藏书家	文不识，家富多书，衡（匡衡）乃与其佣作而不求偿。主人怪，问衡，衡曰："愿得主人书遍读之。"主人感叹，资给以书，遂成大学	《西京杂记》卷二
东汉	桓谭	生卒年不详	学者，议郎给事中	余同时佐郎官有梁子初、杨子林，好学，所写万卷，至于白首	《新论·闵友》
东汉	杜林	？—47	大司空	杜林，扶风人，家多书。王莽末，客河西，于河西得漆书《古文尚书》经一卷，每遭困厄，握抱此经，位至大司空	《册府元龟》卷八百十一

续表

朝代	藏书家	生卒年	官职/身份	藏书故实	文献出处
东汉	曹曾	生卒年不详	谏议大夫	曹曾……天下名书,上古以来,文篆讹落者,曾皆刊正,垂万余卷。及国难既夷,收天下遗书于曾家,连车继轨,输于王府……及世乱,家家焚庐,曾虑先文湮没,乃积石为仓以藏书,故谓曹氏为"书仓"	《拾遗记》卷六
东汉	郭泰	128—169	东汉名士	郭林宗,传家有书五千卷	《北堂书钞》卷一〇一引《郭泰别传》
东汉	蔡邕	133—192	主持校点东观、兰台等官藏书籍,官至左中郎将	蔡邕有书万卷,汉末年,载数车与王粲	《博物志》卷六

春秋战国和秦汉时期藏书家及其藏书情况具有以下特点:一是,私人藏书家数量不多。这一时期,已知的藏书家人数较少,上表中所列的仅有十多位藏书家,虽然此表并未尽列所有藏书家,但是即使有遗漏,其数量也不是很可观。二是,藏书家的身份以官员、士人为主。藏书历来是需要有一定经济基础做保障的,这一时期的图书制作成本很高,一般家庭很难积累和收藏大量图书典籍。三是,藏书家的藏书来源多样。有些藏书家的藏书,来自抄写,积少成多,如河间献王刘德所获图书,其中一部分就是"从民得善书,必为好写与之";桓谭也曾和梁子初、杨子林等人一起抄写图书达万卷。有些藏书家的藏书来自民间搜集或者他人赠送,河间献

王刘德就有一些藏书是他人赠送的,"由是四方道术之人不远千里,或有先祖旧书,多奉以奏献王者,故得书多"。四是,这一时期藏书家的藏书数量相对不多。从文献记载来看,收藏超过一万卷的藏书家屈指可数,如曹曾和蔡邕等藏书家,在那个时期属于凤毛麟角。五是,不仅已知有文献记载的藏书家人数有限,而且关于其藏书的数量和藏书内容的记载也较为简略,这对后人了解和掌握其藏书情况造成较大困扰。六是,藏书主要是为了教学、文献整理或者编撰图书。例如,孔子和墨子等收藏图书,主要是为了教学。刘向、刘歆等人收藏图书,主要是为了整理文献。刘安等人收藏图书,主要是为了编撰图书。孔子曾经修订六经。刘向、刘歆父子校书成就斐然,因整理文献而编撰的书目《别录》和《七略》,成为中国图书馆学史上的重要目录学成果。淮南王刘安曾招门客一同编纂《鸿烈》(又名《淮南子》)。

魏晋南北朝时期,私人藏书家的人数和藏书数量都比汉代大有增加①,而且出现了私家藏书目录,更有藏书家利用藏书编纂图书,这些都是魏晋南北朝时期私家藏书事业迅速发展的最好见证。魏晋南北朝时期的私家藏书空前繁荣,私人藏书家人数多,私人藏书数量大,其背后的主要原因与纸本书的广泛使用、佣书业的发达、藏书家爱书的风尚、藏书家志于读书治学和著述等因素有着直接或者间接的联系。其一,纸本书的广泛使用。魏晋南北朝时期纸张的推广使用,极大地促进了图书的制造和藏书的发展。社会上出现大量图书,私人也有了更多获取图书的机会,因而充实了私人藏书的数量,促使了藏书事业的发展。其二,佣书业的兴盛。纸本书写出现

---

① 傅璇琮、谢灼华主编:《中国藏书通史》,宁波出版社,2001年,第121页。

后，人们对图书的需求更大，抄书的佣书业由此逐渐兴隆，并迅速推动了图书的生产，也促进了藏书事业的发展。其三，藏书家爱书的情结成为风尚。魏晋南北朝时期，私家爱书藏书的事例不胜枚举，例如，张华是晋代著名学者和著名的藏书家之一，他"雅爱书籍，身死之日，家无余财，惟有文史溢于机箧"①。刘善明独爱典籍，去世时，"家无遗储，唯有书八千卷"②。李顺，"世祖赐诸将珍宝杂物，顺固辞，唯取书数千卷。世祖善之"③。任昉，"昉坟籍无所不见，家虽贫，聚书至万余卷"④。这种视书如宝、爱书如命的情结，推动了魏晋南北朝私家藏书的迅速发展。其四，藏书家兼及治学，出现大量著述。许多私人藏书家是为了治学而藏书，藏书后必然要进行学术创作，所以出现了一批著述，如曹魏时期藏书家王弼为后人留下不朽著作《老子注》《周易注》，开创了魏晋玄学之先河。再如，张华利用"三十乘"藏书，编著了《博物志》传播后世，这些都说明藏书家不仅为藏书文化作出了贡献，同时促进了学术的发展。

魏晋南北朝时期私家藏书的聚书途径主要有以下几种：一是抄录。靠自己或佣人抄书，这也是佣书业发达的主要原因。比较著名的如沈驎士"笃学不倦，遭火，烧书数千卷，驎士年过八十，耳目犹聪（明），手以反故抄写，火下细书，复成二三千卷，满数十箧"⑤；穆士儒自己抄写，"求天下书，逢即写录，所得万余卷"⑥；

---

① 房玄龄等：《晋书》卷三十六，中华书局，1974年，第1074页。
② 萧子显：《南齐书》卷二十八，中华书局，1972年，第527页。
③ 魏收：《魏书》卷三十六，中华书局，1974年，第830页。
④ 姚思廉：《梁书》卷十四，中华书局，1973年，254页。
⑤ 萧子显：《南齐书》卷五十四，中华书局，1972年，第944页。
⑥ 李延寿：《北史》卷二十，中华书局，1974年，第739页。

崔亮以佣书为业,代人抄书,《魏书·崔亮传》记载,崔亮"家贫,佣书自业"。二是前人遗留或接受赐书、赠书。例如,江总"家传赐书数千卷"①。王粲得蔡邕赠书已被传为佳话,张华《博物志》记载:"蔡邕有书万卷,汉末年,载数车与王粲。"② 沈约之祖沈亮得"赐书二千卷"③。三是买书。《晋书·葛洪传》记载:葛洪"径至洛阳,欲搜求异书以广其学"④。《魏书·崔玄伯传》记载:"著作佐郎王遵业买书于市。"四是战事所得。《晋书·应詹传》记载:"寻与陶侃破杜弢于长沙,贼中金宝溢目,詹一无所取,唯收图书。"⑤

魏晋南北朝时期私家藏书具有以下特点。

其一,这一时期,政权分裂,政治动荡,人们的生活缺乏基本安全保障,在这样一个时代,藏书是一件非常奢侈的事情。但是,根据范凤书《中国私家藏书史》一书统计,魏晋南北朝时期,有迹可查的私人藏书家共有102人。不仅藏书家数量多,而且一些藏书家的藏书量也不小,这确实难能可贵。

其二,魏晋南北朝时期,士族藏书家远远多于寒士。在魏晋南北朝这个特殊的历史时期,寒士连基本的生存条件都很难满足,所以藏书对他们来说非常困难。然而,士族正是因为有占据文化资源的优势条件,所以在魏晋南北朝时期其阅读者人数和阅读文献数量也必然远远大于同时代的寒士。换句话说,这一时期阅读的主体人群是士族及其子弟。当然,也不能完全认为这一时期的寒士没有藏

---

① 姚思廉:《陈书》卷二十七,中华书局,1972年,第343页。
② 李昉等:《太平御览》卷六一九,中华书局,1960年,第2779页。
③ 沈约:《宋书》卷一百,中华书局,1974年,第2452页。
④ 房玄龄等:《晋书》卷七十二,中华书局,1974年,第1911页。
⑤ 房玄龄等:《晋书》卷七十,中华书局,1974年,第1858页。

书，如南朝齐的沈驎士，"家贫，织帘诵书，口手不息"①，后藏书数千卷，著有《周易两系训》《庄子内篇训》等。

其三，私家藏书目录的出现，如王俭的《七志》和阮孝绪《七录》等。据《梁书·任昉传》载："昉卒后，高祖使学士贺纵共沈约勘其《书目》，官所无者，就昉家取之。"这是中国私家藏书史上最早提及的私藏目录。② 私家藏书目录的出现，不仅说明了这一时期私人藏书家数量多，也说明了这一时期的藏书家有着文化传承的使命感和担当。藏书家通过创建私家藏书目录，为中华文明传播和文化传播作出了不同于公藏的重大贡献，是"仁人爱物""嘉惠学林"藏书家精神的体现。这些藏书家及其藏书家精神应该得到后人的认识和理解，因为我们无法抛开历史而独自走向未来。他们是中华文化圣火传递的接力手，应该得到后人的敬佩和赞颂。他们具有"仁人"的高尚德性，以及对书籍不离不弃的"爱物"情结，这种藏书家精神将成为"光昭后世"的一种力量，这种力量可以感召和催生新的藏书家，可以鼓舞藏书家传承文化的热情，可以支撑藏书家的藏书信念，可以倡导一种新的社会文化风尚，可以成为人类进步与世界文明的思想准备。

其四，很多藏书家都有编撰的成果问世并流传后人，这是藏书家利用藏书的直接体现，也体现了藏以致用的藏书文化理念。藏书家在集藏图籍的同时博览藏书，并对藏书加以利用，或者编制藏书目录，或者著述，或者注释，或者编撰史书，或者进行文学创作，如《三国志注》《世说新语注》《昭明文选》等，不一而足。藏书家不仅从藏书的出发点开始，而且能将藏书落实到用书的终极目的上

---

① 萧子显：《南齐书》卷五十四，中华书局，1972年，第943页。
② 范凤书：《中国私家藏书史》，大象出版社，2001年，第20页。

来，让藏以致用的理念丰富了中华藏书文化，为中华文化增添了新的内容。

第三节 佛寺、道观藏书

一、佛教藏书与佛经目录编纂

关于佛教传入中国最早的时间，尚无定论也难以定论。已知汉传佛教建的第一座寺院为东汉时洛阳的白马寺，该寺是汉明帝敕令修建的，是来华僧人翻译佛经的道场和生活的居所。关于佛教藏书的起始虽然也无确论，但是可以推知东汉时期，寺院已有藏书形态出现，只不过与后世相比，尚处于萌发状态。[①]

魏晋南北朝时期的寺院藏书历史，处于佛教在中国发展的起始和兴盛阶段。从这一时期开始，统治者为出家人建寺院，佛教僧徒人数大增，全国寺院林立，鼓励和推动了译经事业发展。随着佛教典籍的不断增多，佛典目录也不断出现。

据记载，三国曹魏时期，先后有僧人昙柯迦罗、康僧铠、昙无谛等来到洛阳白马寺译经。孙吴时期，赤乌十年（247），孙权为僧人康僧会建造了江南第一座寺院"建初寺"，供其译经传教，开创

---

① 任继愈主编：《中国藏书楼》，辽宁人民出版社，2001年，第405页。

了江南佛寺历史的先河。

西晋时期，佛教发展以建寺院和译经为主要表现。先后有惠帝在洛阳建寺院，愍帝在长安建寺院，供养僧人并支持译经。这个时期造就了一批译经大师，有竺法护、竺叔兰、法立、法炬、支法度、无罗叉、聂承远、聂道真等人，共译佛经三百三十三部五百九十卷，译经事业已经形成一定规模。这些翻译的经卷，使寺院僧人拥有更多佛教典籍可阅读，成为这一时期推动佛教发展的重要途径。寺院藏书在佛教传播中的重要作用，被越来越多的佛教传播者和支持佛教发展的统治者所认识到，这一时期寺院藏书建设也初具规模。这一时期的佛教藏书目录，有竺法护编纂的《众经目录》，在荀勖编的官藏目录《中经新簿》中也出现了专门关于佛教典籍的类目。

东晋时期，在统治者的支持下，佛教发展迅速，先后有译经大师帛尸梨密多罗、竺昙无兰、僧伽提婆、迦留陀伽、佛陀跋陀罗、法显等，并建有寺院一千七百六十八所，僧尼多达二万四千人，共译出佛经一百六十八部四百六十八卷。十六国时期，王朝统治者大多支持佛教发展和译经事业，高僧释道安根据当时寺院藏书编出了一部佛典目录《综理众经目录》。南北朝时期，王朝统治者多支持佛教发展，建寺院，倡译经，寺院藏书发展更加迅速。刘宋政权时期，共有佛寺一千九百一十三所，僧尼三万六千人，较著名的译经大师有求那跋陀罗、求那跋摩、智严等，共译经四百六十五部七百一十七卷。萧齐政权时期，共有佛寺二千零一十五所，僧尼三万二千五百人，译经十二部三十三卷。梁武帝笃信佛教，极力支持佛教发展，在他统治时期，梁朝有佛寺二千八百四十六所，僧尼八万二千七百人。他还特辟华林园，庋藏佛典，并命僧绍编制《华林佛殿众经目录》。梁释僧祐编成佛典目录《出三藏记集》，共计著录佛教典籍二千一百六十二部，四千三百二十卷。陈朝后期，全国有佛寺一千二百三十二所，僧尼三万二千人，译经四十部一百三十三卷。北朝佛教鼎盛时期在北魏政权统治阶段，有佛寺三万余所，僧尼二百万。北朝共译佛经一百零五部三百五十五卷，其中北魏译八十三部二百七十四卷，北周译八部五十二卷。北魏有《元魏众经目录》（李廓撰），共收佛典四百二十七部二千零五十三卷。北齐也编有佛经目录，即北齐释法上撰的《齐世众经目录》，收书七百八十七部二千三百三十四卷。①

关于佛教经录，梁启超曾撰文大彰其优："一曰历史观念甚发达。凡一书之传译渊源，译人小传，译时，译地，靡不详叙。二曰辨别真伪极严。凡可疑之书皆详审考证，别存其目。三曰比较甚审。凡一书而同时或先后异译者，辄详为序列，勘其异同得失；在一丛书中抽译一二种或在一书中抽译一二篇而别题书名者，皆一一求其出处，分别注明，使学者毋惑。四曰搜采遗逸甚勤。虽已佚之书，亦必存其目以俟采访，令学者得按照某时代之录而知其书佚于何时。五曰分类极复杂而周备。或以著译时代分，或以书之性质分。性质之中，或以书之函义内容分，如既分经、律、论，又分大、小乘；或以书之形式分，如一译多译、一卷多卷等等。同一录中，各种分类并用，一书而依其类别之不同，交错互见动至十数，予学者以种种检查之便。"②

---

① 傅璇琮、谢灼华主编：《中国藏书通史》，宁波出版社，2001年，第143—150页。
② 梁启超：《佛家经录在中国目录学之位置》，载《饮冰室合集》专集之六十七，中华书局，1989年，第1页。

二、道教藏书与道经目录编纂

从西汉末年的《天官历包元太平经》到东汉中期的《太平清领书》，从巴蜀汉中的五斗米道到中原的太平道，是早期道教形成过程的重要标志。① 从时间来看，道教早期的发展在两汉期间，而早期道教经书的造作与编撰的记载并不多见，一般认为其藏书的历史随着创教而产生和发展。据《汉书·艺文志》记载："道三十七家，九百九十三篇"，"房中八家，百八十六卷"，"神仙十家，二百五卷"。《道藏源流考》中对道教文献的考证曰："道家，老庄之所自出。房中家，后世房中术之祖。神仙家，服饵炼养之所发端。其房中神仙诸家书，至三国晋初，是否散失尽罄，今不可考。"② 可见，早期道教经书的收藏数量相对有限。

从文献记载来看，魏晋南北朝道教藏书事业发展远不如佛教寺院藏书，其原因可能是道教获得王朝统治者的支持不如佛教那样多，也可能是这一时期道教藏书量本身偏少，也可能是道教藏书比较隐蔽且文献记载较少。但是，魏晋南北朝时期是道教发展的重要时期，一些道教典籍书目的出现，也能说明这一时期道教藏书具备一定规模。

据陈国符《道藏源流考》考证："汉末三国，道书先后出世颇众。及晋初，卷帙滋繁。其载于《抱朴子·遐览篇》者，约有六百七十卷，另符五百数十卷，合计约一千二百卷。考其书目，则可分为道经、记、符、图。试为分类，则具服饵、炼养、符图、算律。

---

① 卿希泰主编：《中国道教史》第1卷，四川人民出版社，1988年，第85页。
② 陈国符：《道藏源流考》上，中华书局，1963年，第105页。

惟斋仪之书，此篇之所不载。老、庄、诸子、医药方，亦未列入。"① 从《抱朴子·遐览篇》中，可以看到汉末至晋初道教藏书数量逐渐增多。此外，陈国符《道藏源流考》记述了葛洪所见道教藏书的情况："葛洪师郑隐藏道书甚富。洪（葛洪）录其书名卷数于《遐览篇》，以示后人。惟洪所见仅二百余卷。"② 葛洪的老师郑隐收藏了不少道教经书，葛洪著录这些藏书的篇名和卷数，编成一份道教藏书目录，并将这份书目保存在了《抱朴子·遐览篇》中，为后人了解当时的道教藏书情况留下了珍贵的记录。

三国孙吴时期，道教在江南有所发展。据《三国志·吴书·孙策传》裴松之注引《江表传》记载："时有道士琅邪于吉，先寓居东方，往来吴会，立精舍，烧香读道书，制作符水以治病。"西晋时，道士郑隐晚好仙道，收藏极富，举凡道教经、记、符、图、文、篆、律、仪、法、言等，约一千二百卷。东晋时，道教开始复兴，并逐渐在统治者中传播开来，经过以陆修静、陶弘景为代表的道教徒的改造，最终在南朝确立了官方宗教地位。③ 刘宋时期，陆修静整理道教典籍，编成《三洞经书目录》。南朝梁时期，孟法师编制了《玉纬七部书目》，陶弘景编了《陶隐居经目》等，阮孝绪编的《七录》中也收录道经一千一百三十八卷。北周时，有玄都观《玄都经目》和道士王延编的《三洞珠囊》等道经目录。④

通过对魏晋南北朝时期佛教寺院藏书和道教道观楼台藏书文化的简要回顾，我们可以发现一些特点。首先，宗教的发展离不开统

---

① 陈国符：《道藏源流考》上，中华书局，1963年，第105页。
② 陈国符：《道藏源流考》上，中华书局，1963年，第105页。
③ 傅璇琮、谢灼华主编：《中国藏书通史》，宁波出版社，2001年，第152—153页。
④ 傅璇琮、谢灼华主编：《中国藏书通史》，宁波出版社，2001年，第155—157页。

治者的支持，特别是佛教、道教藏书事业的发展，更直接受到统治者好恶倾向的影响，例如梁武帝好佛并大力支持寺院建设和译经事业，极大地增加和充实了当时寺院藏经的数量。反之，道教在没有得到统治者大力支持的三国时代，道观数量和道士人数相对有限，道教典籍藏书也受条件所限相对较少。其次，随着佛教和道教典籍收藏数量的增加，出现了寺院、道观藏书书目。佛教、道教典籍书目，与同时期的官藏书目和私藏书目相得益彰。同一时期，目录学在不同藏书领域都得到了推广和发展，并且为目录学史留下了宝贵的成果和财富。这一时期的藏书文化也因书目的编制和面世，更加彰显了编制目录对文献保存和文化传承的巨大功用。

随着大量道教经书的出现和积累，编制经书目录成为一项重要任务。魏晋南北朝时期出现了一些重要的道教经书目录，这一方面说明道教经籍数量增多，另一方面说明道教开始自觉整理道经。这些道教经书目录不仅为道观收藏经书提供了依据，而且为道经的阅读指引了方向，对魏晋南北朝道教发展和道经的传播起着非常重要的作用。

在编制道经书目的过程中，出现了"三洞""四辅""十二部"的道经分类法。陆修静开创了三洞分类法，所谓"三洞"，《道门大论》云："三洞者，洞言通也。通玄达妙，其统有三，故云三洞。第一《洞真》，第二《洞玄》，第三《洞神》。"[①]《上清经》归为"洞真经"，《灵宝经》归为"洞玄经"，《三皇经》归为"洞神经"。随着道经的不断增多和繁复，"三洞"之分未能尽全，出现了"四辅""十二部"。所谓"四辅"，即"太玄"辅"洞真"，"太平"辅"洞

---

① 张君房编，李永晟点校：《云笈七签》卷六，中华书局，2003年，第86页。

玄","太清"辅"洞神","正一"统摄各部。^① 所谓"十二部","夫十二部道义,通于三乘。今就中乘为释,余例可知。十二者:第一本文,第二神符,第三玉诀,第四灵图,第五谱录,第六戒律,第七威仪,第八方法,第九众术,第十记传,第十一赞颂,第十二表奏"^②。《道教三洞宗元》曰:"第一《洞真》,为大乘;第二《洞玄》,为中乘;第三《洞神》,为小乘。"^③ 有学者通过文献考证,依据敦煌卷子 P2256 号的文本,推理出陆修静关于"十二部"的阐述:"P2256 号抄本中关于十二部的讨论有两段,第一段大约是出于陆修静的。"^④ 敦煌卷子 P2256 号中陆修静的阐述为"第一经之本源自然天书,第二神符,第三玉诀,第四灵图,第五谱录,第六戒律,第七威仪,第八方诀,第九众术,第十记传,第十一玄章,第十二表奏"。如果对照部分灵宝经典,我们可以明了陆修静的这段论述显然是针对《灵宝经》的。^⑤ 由此可知,《灵宝经》为"洞玄经","洞玄经"为中乘,陆修静举《灵宝经》"十二部"为例,是对"三乘"之一的"十二部"进行阐述,由"今就中乘为释,余例可知",可知"三洞"各分"十二部",也就有了后来"三十六部"的说法。

　　道经分类法的开创和不断补充完善,说明魏晋南北朝时期学者们整理道经的思想和方法在不断凝练和提高,并且最终确立为"三洞""四辅""十二部"的道经分类体系。这一分类体系沿用至后来的《云笈七签》《正统道藏》《道藏》等编撰和整理事业中,对中国道教发展产生了深远的影响。

---

① 张君房编,李永晟点校:《云笈七签》卷三,中华书局,2003年,第35页。
② 张君房编,李永晟点校:《云笈七签》卷六,中华书局,2003年,第105页。
③ 张君房编,李永晟点校:《云笈七签》卷三,中华书局,2003年,第35页。
④ 王宗昱:《〈道教义枢〉研究》,上海文化出版社,2001年,第176页。
⑤ 王宗昱:《〈道教义枢〉研究》,上海文化出版社,2001年,第177—178页。

第四章

先秦重要学者及论著

先秦时期的代表人物和论著,虽然涉及的图书馆学思想观点仅仅是只言片语或者某一实践活动,但是笔者认为在文明史开端期,这些思想火花对后来开启图书馆学研究和图书馆实践发挥了不可磨灭的功用,我们不能因为其细微而忽视。① 本篇章将主要对先秦时期的重要学者及其论著进行简要阐述,包括《尚书·金縢》"纳册于金縢之匮中"、《周礼》"辟藏"说、老子"周守藏室之史"、孔子"治书"、韩非"藏书"。

---

① 何官峰:《古代图书馆学人及论著研究综述》,《山东图书馆学刊》2016年第1期。

第一节 《尚书·金縢》"纳册于金縢之匮中"

《尚书·金縢》是《尚书》中《周书》第八篇的篇名，文中记载了周武王死后，周成王依据周公放在"金縢之匮中"的文献，消除了当时一些人散布的谣言及对周公的误解的历史事件。具体而言，当年周武王重病，周公以身作则，设祭坛向太王、王季、文王祷告，祈求护佑周武王康复和国泰民安。周公问卜的结果是吉利。周公回去后，"乃纳册于金縢之匮中"①，他把记录这件事相关的祷告词和卜辞等放在了用金縢系着的匣子中。第二天，武王病愈。等到武王去世后，管叔等人散布谣言，诬蔑周公。周公去世后，周成王和大臣们"启金縢之书"②，打开了周公当年用金縢系着的匣子，之前的谣言才得以彻底清除。随后"二公及王乃问诸史与百执事"③，周成王询问史官等办事人员，他们说这是周公之意，不让说啊。从这篇文献记载中，我们看到几个关键点：其一是周公记述"纳册于金縢之匮中"，提出了"纳册"和"启书"等具有藏书文化意义的概念，"这是关于图书馆知识的最早的概念"④。其二是对

---

① 李民、王健：《尚书译注》，上海古籍出版社，2004年，第238页。
② 李民、王健：《尚书译注》，上海古籍出版社，2004年，第240页。
③ 李民、王健：《尚书译注》，上海古籍出版社，2004年，第240页。
④ 吴仲强等：《中国图书馆学史》，湖南出版社，1991年，第12—13页。

"史官"之职和"作册"制度的记载。周公当年祷告的文册可能是由"史官"依据周公之意所作。史官的职责较为明确,既要"作册",又要保管秘藏文献。史官有较好的职业操守,在周公生前一直坚守信诺和秘密。既有史官作册,再依据《尚书·多士》"惟殷先人,有册有典"的记载,在商代已经有典有册,那么可以推知,商代已经有史官之职。唐代魏徵有言曰:"下逮殷、周,史官尤备,纪言书事,靡有阙遗。"① 可知,殷商和周代已有史官,其职责也明确为"纪言书事",也就是《尚书·金縢》中所记载的"史乃册"。

第二节 《周礼》"辟藏"说

1.《周礼》是儒家经典"十三经"之一,主要内容为政治制度。全书分为六篇:《天官冢宰》《地官司徒》《春官宗伯》《夏官司马》《秋官司寇》《冬官司空》。《周礼》"设官分职",六官分别为天、地、春、夏、秋、冬,六官之下各有属官,层级分明,职责详尽。《周礼》中记录了史官的类别,提出了"藏"和"辟藏"等概念,并设置了不同类别的官职分别掌管不同类型的文献。

《周礼·春官宗伯第三》记载,史官主要有五种,分别是大史、小史、内史、外史、御史等。"大史掌建邦之六典","小史掌邦国之

---

① 魏徵、令狐德棻:《隋书》卷三十二,中华书局,1973年,第904页。

志","内史掌王之八枋之法","外史掌书外令,掌四方之志,掌三皇五帝之书,掌达书名于四方","御史掌邦国、都鄙及万民之治令"。他们或者掌管国家藏书和史志文献,或者掌管国家法令文书。元代马端临说:"周官外史掌三皇五帝之书,则国家之所职掌者此也。"①

2."藏"。据统计,《周礼》中出现了三十八次"藏"字,其中一些是用来描述收藏玉器、乐器、瓜果等奇珍异物,另有一些是用来记述收藏图书、文书等文献的,诸如"五曰府,掌官契以治藏"②,"皆书而藏之"③,"凡邦之大盟约,莅其盟书而登之于天府;大史、内史、司会及六官皆受其贰而藏之"④,"若有讼者,则珥而辟藏"⑤。《周礼》中已经较多使用了"藏"字的收藏含义,并且提出"藏"的概念,并用于收藏图书、文书等文献方面,这对后世形成"藏书"一词并将其作为专有名词具有一定影响意义。

3."辟藏"。况能富⑥、高传章⑦、黄宗忠⑧、吴仲强⑨等人,认为《周礼》中提出的"辟藏",是早期图书馆学的概念。据《周礼·秋官司寇》中记载:"司约:掌邦国及万民之约剂。治神之约为上,治民之约次之,治地之约次之,治功之约次之,治器之约次之,治挚之约次之。凡大约剂书于宗彝,小约剂书于丹图。若有讼者,则珥而辟藏,其不信者服墨刑。若大乱,则六官辟藏,其不信

---

① 马端临:《文献通考》卷一百七十四,中华书局,1986年,第1501页。
② 陈戍国点校:《周礼·仪礼·礼记》,岳麓书社,2006年,第9页。
③ 陈戍国点校:《周礼·仪礼·礼记》,岳麓书社,2006年,第66页。
④ 陈戍国点校:《周礼·仪礼·礼记》,岳麓书社,2006年,第81页。
⑤ 陈戍国点校:《周礼·仪礼·礼记》,岳麓书社,2006年,第85页。
⑥ 见况能富《略论图书馆学知识的萌芽和积累过程》,《图书与情报》1985年第C1期。
⑦ 见高传章《〈周礼〉的图书馆学思想》,《图书馆学研究》1988年第6期。
⑧ 见黄宗忠《图书馆学导论》,武汉大学出版社,1988年。
⑨ 见吴仲强等《中国图书馆学史》,湖南出版社,1991年。

者杀。"① 这里的"辟藏"概念,与前面的"藏"概念相对,"辟"是指开启和取出,"辟藏"是指开启府库,取出所藏图书典册等文献。在文化发展的早期,先贤们意识到并提出有关图书文献的"藏"和"辟藏"等概念,既表明先贤们对图书管理中这两个基本概念形成了初步认识,也表明先贤们萌生了对图书文献藏与用的原始观念和意识。这些最初的图书馆学观念和意识,以概念的形式被表达出来并被记录下来,标志着早期图书馆学思想的萌芽。

4."分官守书"。《周礼》中明确提出官职设置的宗旨:"惟王建国,辨方正位,体国经野,设官分职,以为民极。"② 具体到管理收藏文献的官职分别,况能富认为《周礼》记载了周代分官守书的情形,如清人章学诚所说:"官守之分职,即群书之部次。"③ 这可看作图书分类思想的萌芽。④ 蒋元卿对此论述道:"周代虽无明显之图书分类,然分官执掌,各守其书,未始非分类之权舆也。"⑤《周礼》中有记载,宰夫之职:"掌治朝之法……掌百官府之征令,辨其八职:一曰正……二曰师……三曰司……四曰旅……五曰府,掌官契以治藏。六曰史,掌官书以赞治。七曰胥……八曰徒……"⑥ 宰夫的职责是掌管治理朝政之法,具体分为八个方面的职责,其中第五和第六项是掌管官契、官书等文献。《周礼》曰:"大宰之职:掌建邦之六典,以佐王治邦国:一曰治典……二曰教典……三曰礼

---

① 陈戍国点校:《周礼·仪礼·礼记》,岳麓书社,2006年,第85页。
② 陈戍国点校:《周礼·仪礼·礼记》,岳麓书社,2006年,第3页。
③ 章学诚著,叶瑛校注:《文史通义校注》,中华书局,1985年,第951页。
④ 况能富:《略论图书馆学知识的萌芽和积累过程》,《图书与情报》1985年第C1期。
⑤ 蒋元卿编:《中国图书分类之沿革》,中华书局,1937年,第17页。
⑥ 陈戍国点校:《周礼·仪礼·礼记》,岳麓书社,2006年,第9页。

典……四曰政典……五曰刑典……六曰事典……"① 大宰的职责是掌管"建邦之六典"。《周礼·春官宗伯第三》记载:"大史掌建邦之六典","小史掌邦国之志","内史掌王之八枋之法","外史掌书外令,掌四方之志,掌三皇五帝之书,掌达书名于四方","御史掌邦国、都鄙及万民之治令"。大史、小史等史官分别掌管不同类别的文献。《周礼》中"设官分职"的思路,虽然体现为对收藏文献的分官管理,但是其内在也已经延伸到对收藏文献的分类,即使这个分类和后来公认的对图书文献的分类不能等同。

第三节 老子"周守藏室之史"

老子,姓李名耳,字聃,春秋末期人。中国古代思想家、哲学家,道家学派创始人。据《史记》记载,老子曾做过周代的"守藏室之史",著有《道德经》五千言,孔子曾向老子问礼。

司马迁在《史记·老子韩非列传》中,为老子作一简要传记,特别记载了老子曾经做过"周守藏室之史"。据唐代司马贞"索隐":"藏室史,周藏书室之史也。又《张苍传》'老子为柱下史',盖即藏室之柱下,因以为官名。"② "守藏室之史",即史官的一种,

---

① 陈戍国点校:《周礼·仪礼·礼记》,岳麓书社,2006年,第5—6页。
② 司马迁撰,裴骃集解,司马贞索隐,张守节正义:《史记》,中华书局,2000年,第1702页。

"藏室史"即"柱下史",因为其所守藏的图书文献在藏室的柱下,所以得名。用今天的话说,老子做过图书馆的馆员。当然是否确如一些学者认为的老子曾任当时的国家图书馆馆长,因为没有实据而不能确定,但是通过孔子求教于老子的记载看,老子无论在学问方面,还是在官职方面,都具有一定地位和影响力。此外,司马迁在《史记》简短的老子传记中,开宗明义地记述了老子任周代"守藏室之史"的职业和身份特征,也可说明"守藏室之史"是一个重要的官职,并且是受人们敬仰和尊重的。

第四节 孔子"治书"

孔子(前551—前479),名丘,字仲尼,春秋末期鲁国陬邑(今山东曲阜)人。中国古代思想家、教育家,儒家学派创始人。孔子的弟子及其再传弟子将孔子及其弟子的言论汇集、编写成《论语》。《论语》成为儒家经典,孔子被后世尊为"至圣""至圣先师""万世师表"。孔子的思想在教育、哲学、政治等方面对中国乃至全世界都产生了深远影响。

孔子"治书"的详情如下:

1."文献"的概念。"文献"一词,已知最早见于《论语·八佾》:"子曰:夏礼,吾能言之,杞不足征也;殷礼,吾能言之,宋不足征也。文献不足故也。足,则吾能征之矣。"这里的"文献"

具体指称什么虽然没有明确,但是《礼记·礼运》中提供了更为详细的信息:"孔子曰:'我欲观夏道,是故之杞,而不足征也,吾得《夏时》焉。我欲观殷道,是故之宋,而不足征也,吾得《坤乾》焉。《坤乾》之义,《夏时》之等,吾以是观之。'"① 孔子得到《夏时》《坤乾》,回应了之前所不足的"文献"是什么。我们通过后来学者的注释,得以进一步理解"文献"的含义。东汉郑玄注《论语·八佾》:"献,犹贤也。"② 南宋朱熹《四书章句集注》:"文,典籍也;献,贤也。"所谓"文",是指典籍;所谓"贤",是对有才德之人的敬称。后来"文献"的含义不断演化,逐渐淡化了贤才的意思,更多用于指典籍。

2.治书的原因。孔子所处的时代,"周室微而礼乐废,《诗》《书》缺"③。孔子面对这种社会环境,感慨道:"夏礼,吾能言之,杞不足征也;殷礼,吾能言之,宋不足征也。文献不足故也。足,则吾能征之矣。"然后开始"追迹三代之礼,序《书传》,上纪唐虞之际,下至秦缪,编次其事"④。可见,孔子因为"礼崩乐坏",意识到文献不足带来的负面影响,并开始着力于文献整理和编订历史文献。

3.为了治书收集图书文献。孔子在文献整理的过程中,为了修《春秋》,"使子夏等十四人求周史记,得百二十国宝书"⑤。孔子让

---

① 陈戍国点校:《周礼·仪礼·礼记》,岳麓书社,2006年,第314页。
② 孔子:《论语·八佾》,载刘宝楠《论语正义》上,中华书局,1990年,第92页。
③ 司马迁撰,裴骃集解,司马贞索隐,张守节正义:《史记》,中华书局,2000年,第1558页。
④ 司马迁撰,裴骃集解,司马贞索隐,张守节正义:《史记》,中华书局,2000年,第1558页。
⑤ 何休解诂,徐彦疏,刁小龙整理:《春秋公羊传注疏》上,上海古籍出版社,2014年,第2页。

学生子夏等十四人搜寻所需要的史料,得到了大量被保存的传世文献。

4.图书分类与目录。孔子大约在68岁时返回鲁国,开始专心整理文献和著书立说。据说,孔子"自卫反鲁,删《诗》《书》,定《礼》《乐》,修《春秋》,立一王之法,为万代之教"①。加之,"孔子晚而喜《易》,序《彖》《系》《象》《说卦》《文言》"②。故有学者从图书文献分类的角度,分析了孔子编修和整理《诗》《书》《礼》《乐》《春秋》的理论意义,认为"孔子将学术分类用于图书分类之首次尝试,对后世图书分类理论与实践影响颇深"③,"孔子序次《诗》《书》系按目录学方法,对各篇章进行科学分类与编排,曾被后世学者起而仿效,为我国目录学正式创立奠定了基础"④。

孔子从三千多首诗中,选定《诗经》三百篇,"去其重,取可施于礼义,上采契后稷,中述殷周之盛,至幽厉之缺,始于衽席"⑤。其删去重复的部分,选取适宜礼仪教化的,共选定305篇,按照内容分为"风""雅""颂"三部分,"《关雎》之乱以为《风始》,《鹿鸣》为《小雅》始,《文王》为《大雅》始,《清庙》为《颂》始"⑥。风、雅、颂之下又进一步细分类目,"风"篇按地区分

---

① 白居易:《三教论衡》,载周绍良主编《全唐文新编》卷六七七,吉林文史出版社,2000年,第7654页。
② 司马迁撰,裴骃集解,司马贞索隐,张守节正义:《史记》,中华书局,2000年,第1559页。
③ 吴仲强等:《中国图书馆学史》,湖南出版社,1991年,第13页。
④ 吴仲强等:《中国图书馆学史》,湖南出版社,1991年,第14页。
⑤ 司马迁撰,裴骃集解,司马贞索隐,张守节正义:《史记》,中华书局,2000年,第1559页。
⑥ 司马迁撰,裴骃集解,司马贞索隐,张守节正义:《史记》,中华书局,2000年,第1559页。

为"十五国风",分别是《周南》《召南》《邶风》《鄘风》《卫风》《王风》《郑风》《齐风》《魏风》《唐风》《秦风》《陈风》《桧风》《曹风》《豳风》。"雅"篇分为《大雅》和《小雅》,《大雅》下面分为《文王之什》《生民之什》《荡之什》,《小雅》下面分为《鹿鸣之什》《南有嘉鱼之什》《鸿雁之什》《节南山之什》《谷风之什》《甫田之什》《鱼藻之什》。"颂"篇分为《周颂》《鲁颂》《商颂》,《周颂》下面再分为《清庙之什》《臣工之什》《闵予小子之什》。虽然《诗经》是单本书,《诗经》目录是单本书的目录,但是孔子编订《诗经》目录时,删繁就简,体现出分类的思想和方法,从杂乱无序的三千多篇诗歌中,精选三百多篇,以便于读者和研究者更好地理解和阅读。可以说从无序到有序,体现出孔子编订《诗经》时对分类方法的运用,使得《诗经》更易阅读和传播。

第五节 韩非"藏书"

韩非(? —前233),战国末期韩国公子,思想家、哲学家,法家思想的集大成者。韩非"喜刑名法术之学,而其归本于黄老"[①],著有《韩非子》。韩非在《韩非子》一书中,提出"图书"和"藏书"概念,批判了"不藏书"和不学习的观念,提倡私人藏书和鼓励学习。

---

① 司马迁撰,裴骃集解,司马贞索隐,张守节正义:《史记》,中华书局,2000年,第1706页。

一、韩非"藏书"的概念

"藏书"一词,已知最早见于《韩非子》。其中记载王寿因受到徐冯"知者不藏书"的蛊惑,不仅烧了自己的书,而且错以为聪慧的人不用藏书。韩非借用《老子》中"学不学,复归众人之所过也"的观点,批判了"知者不以言谈教,而慧者不以藏书箧"这一世人所反对的观念,希望回归重视藏书和学习的观念。韩非意识到"藏书"的重要性,将"藏书"比作学习,强调不可不藏书和不学习。

韩非不仅提出"藏书"这一图书馆学史上非常重要的概念,而且在《韩非子》中多次记录和论述当时私人藏书的情形。例如上述《韩非子·喻老》中王寿背书而行与烧毁私人藏书的记载。又如《韩非子·五蠹》中记载:"今境内之民皆言治,藏商、管之法者家有之,而国愈贫,言耕者众,执耒者寡也;境内皆言兵,藏孙、吴之书者家有之,而兵愈弱,言战者多,被甲者少也。"① 韩非所处时代,有的人家里藏有《商君书》(商鞅)或《管子》(管仲)等法家典籍,有的人家里藏有《孙子兵法》(孙武)和《吴子》(吴起)等兵家典籍。再如《韩非子·显学》中记载:"藏书策,习谈论,聚徒役,服文学而议说,世主必从而礼之曰:'敬贤士,先王之道也。'"韩非举例说,同时代有些人是擅长于收藏书册和讲学辩论的。通过韩非的记载,可见当时私人藏书的现象已经不是鲜为人知的了。韩非记录的这些私人藏书的重要史实,对后人认识和理解先

---

① 王先慎集解,姜俊俊校点:《韩非子》,上海古籍出版社,2015年,第547页。

秦时期的藏书文化有着重要的历史意义。

二、"图书"概念

据文献爬梳,"图书"一词,也是最早见于《韩非子》。《韩非子·大体》中论述道:"豪杰不著名于图书,不录功于盘盂,记年之牒空虚。"① 韩非在论述最好的社会状态时,认为其有一些显著特征,包括没有人因为战功牺牲,其英雄事迹被记录在图书上,其战功被铭刻在盘盂等青铜器皿上,国家纪年的史册上也无战事可记等;他认为最理想的社会是"利莫长乎简,福莫久于安",没有比政简人和的利益更大的了,没有比天下太平的福泽更长久的了。"图书"可以记人、记事并使之传之后世的功能与历史意义显而易见。由此可见,"战国末期,普世对图书概念的理解和我们今日已相差无几了,这说明当时图书的功能已趋于成熟"②。

---

① 王先慎集解,姜俊俊校点:《韩非子》,上海古籍出版社,2015年,第253页。
② 陈德弟:《秦汉至五代官私藏书研究》,天津古籍出版社,2012年,第4页。

第五章

刘向《别录》、刘歆《七略》

第一节 刘向《别录》

一、刘向和《别录》

1. 刘向生平及著述

刘向(约前77—前6),字子政,本名更生。祖籍沛(今江苏沛县),世居京兆长安(今陕西西安)。刘向是西汉目录学家、文学家。他"为人简易无威仪,廉靖乐道,不交接世俗,专积思于经术,昼诵书传,夜观星宿,或不寐达旦"①。汉宣帝时,拜为郎中给事黄门,迁散骑、谏大夫、给事中。汉元帝时,任散骑、宗正给事中。后因事被贬。汉成帝即位后,刘向复被进用,更名为"向",迁光禄大夫,后官至中垒校尉。刘向的著述颇丰,据《汉书·艺文志》记载,著有《洪范五行传论》、《新序》、《说苑》、《列女传》、《列仙传》、赋三十三篇等,但是大多数已经亡佚。明张溥在《汉魏六朝一百三家集》中辑录有《刘向集》,收录部分佚文。马端临《文献通考·经籍考》中著录有《刘中垒集》五卷。汉成帝诏令刘向领校中《五经》秘书,刘向在校书的同时,编撰有藏书目录《别录》,刘向的目录学思想主要体现在其校书实践和书目《别录》中。

2.《别录》

班固在《汉书·艺文志》中,记录了刘向校书及《别录》成书的过程:"光禄大夫刘向校经传诸子诗赋……每一书已,向辄条其篇目,撮其指意,录而奏之。"②阮孝绪在《七录序》中说:"昔刘向校书,辄为一录,论其指归,辨其讹谬,随竟奏上,皆载在本书,时又别集众录,谓之《别录》,即今之《别录》是也。"③阮孝绪是南朝梁目录学家,其在《七录序》中明确说明刘向著有《别录》,"即今之《别录》是也",可见南朝梁时此书仍可见,阮孝绪记录了他亲眼所见的《别录》及其大致情况。之后,《隋书·经籍志》中著录"《七略别录》二十卷刘向撰",《旧唐书·经籍志》著录"《七略别录》二十卷刘向撰",《新唐书·艺文志》著录"刘向

---

① 班固:《汉书》卷三十六,中华书局,1962年,第1963页。
② 班固撰,颜师古注:《汉书艺文志》,商务印书馆,1955年,第2页。
③ 阮孝绪:《七录序》,载释道宣辑《广弘明集》卷三,上海书店1989年据商务印书馆1926年版重印本。

《七略别录》二十卷"。章学诚在《校雠通义》自序中判断："《七略》《别录》之书，久已失传，《唐志》尚存，《宋志》已逸，嗣是不复见矣。"① 有学者综合考证分析认为："安史之乱以后，《七略》《别录》就已散佚，此后撰史志，编目录的往往钞取前世书目来充数，并不是实际见到此书才著录。"② 《别录》大致在唐代中期或者更早些的时候还可见，后来就失传了。

二、刘向校雠学贡献和影响

1. 刘向校书的背景

"昔仲尼没而微言绝，七十子丧而大义乖。故《春秋》分为五，《诗》分为四，《易》有数家之传。战国从衡，真伪分争，诸子之言，纷然殽乱。至秦患之，乃燔灭文章，以愚黔首。汉兴，改秦之败，大收篇籍，广开献书之路。迄孝武世，书缺简脱，礼坏乐崩，圣上喟然而称曰：'朕甚闵焉！'于是建藏（原文为'臧'）书之策，置写书之官，下及诸子传说，皆充秘府。成帝时，以书颇散亡，使谒者陈农求遗书于天下。"③ 据《汉书·艺文志》记载，春秋战国时，诸子纷争，有些文献真伪难辨；秦时焚书坑儒，文献遭遇大厄；汉初开始广泛收集图书文献，汉武帝统治时期，建立藏书的制度，设立写书的官职，充实皇家藏书；汉成帝统治时期，派遣陈农向天下搜求图书典籍。汉成帝河平三年（前26），刘向奉诏"领

---

① 章学诚著，王重民通解，傅杰导读，田映曦补注：《校雠通义通解》，上海古籍出版社，2009年，第1页。
② 钟肇鹏：《七略别录考》，《文献》1985年第3期。
③ 班固撰，颜师古注：《汉书艺文志》，商务印书馆，1955年，第1—2页。

校中《五经》秘书"①,即主要领衔"校经传诸子诗赋……每一书已,向辄条其篇目,撮其指意,录而奏之"②。在汉初以来广泛收集文献的基础上,汉成帝时已经收藏有较多文献,于是皇帝下诏令刘向领衔整理国家藏书。刘向等人开始了长达二十多年的文献典籍整理工作,其规模大,影响深远,"是中国历史上第一次由官方主持的大规模整理典籍工作"③。

2. 刘向校书的对象

据《汉书·刘向传》记载,刘向奉诏"领校中《五经》秘书",校书的主要对象是"中《五经》秘书"。据《汉书·艺文志》记载:"刘向校经传诸子诗赋,步兵校尉任宏校兵书,太史令尹咸校数术,侍医李柱国校方技。"④刘向等人校书,分工协作,刘向主要校经传诸子诗赋类文献,任宏主要校兵书类文献,尹咸主要校数术类文献,李柱国主要校方技类文献。最后由刘向统一审校和著录,即"每一书已,向辄条其篇目,撮其指意,录而奏之"。关于刘向校书的对象,傅荣贤分析认为:刘向文献整理的对象是泛称意义上的"中"书,在整理"中"书时每每会动用到"外"书以相比勘。而根据《汉志》,"中"书的主要来源是汉初"改秦之败,大收篇籍,广开献书之路"、武帝"建藏书之策,置写书之官"以及成帝"以书颇散亡,使谒者陈农求遗书于天下",历代辛劳搜集所得的"积如丘山"的众多文献。⑤刘向及其子刘歆校书时间长达二十多年,

---

① 班固:《汉书》卷三十六,中华书局,1962年,第1950页。
② 班固撰,颜师古注:《汉书艺文志》,商务印书馆,1955年,第2页。
③ 邓骏捷:《刘向研究——文献学家刘向及其学术成就》,博士学位论文,山东大学,2003年。
④ 班固撰,颜师古注:《汉书艺文志》,商务印书馆,1955年,第2页。
⑤ 傅荣贤:《中国古代图书馆学思想史》,黄山书社,2016年,第131—133页。

校书范围和领域宽广，校书规模庞大，校书数量想必难以计算。据《汉书·艺文志》记载，《七略》中共著录大类六略，小类三十八种，五百九十六家，一万三千二百六十九卷。"《汉书·艺文志》所载的只是刘向校书完成后典籍的登录，而在校书进行的过程中所面对的典籍数量实际远远超过此数。"① 刘向"校书过程中所要整理校阅的典籍的总体数量，起码应是《汉书·艺文志》所录的五至十倍以上，多达十几万卷，工程之繁难、浩大可想而知"②。

3. 刘向提出校雠的概念

据考证，刘向最早提出了"校雠"的概念，并做了一番解释。据李善注《文选》之《魏都赋》，《风俗通》曰："案刘向《别录》雠校，一人读书，校其上下，得谬（原文为'缪'）误，为校。一人持本，一人读书，若怨家相对。"③ 据宋代李昉《太平御览》卷第六一八学部一二"正谬误"类中引述，《刘向别传》曰："雠校者，一人持本，一人读析，若怨家相对，故曰雠也。"④ 宋代姚宽《西溪丛语·卷上》也引述：刘向《别录》云："雠校书，一人持本，一人读对，若怨家，故曰雠书。"⑤ 这几处的引文虽然略有差异，但是大意相近。刘向对"校雠"所作的解释，也揭示了刘向对"校雠"方法的基本阐述。刘向在校书实践过程中，不仅提出"校雠"的概念，描述了其基本方法和原理，而且将这一方法广泛运用于校书实

---

① 邓骏捷：《刘向研究——文献学家刘向及其学术成就》，博士学位论文，山东大学，2003年。
② 邓骏捷：《刘向研究——文献学家刘向及其学术成就》，博士学位论文，山东大学，2003年。
③ 萧统选，李善注：《昭明文选》卷六，京华出版社，2000年，第180页。
④ 李昉等：《太平御览》卷六一八，中华书局，1960年，第2776页。
⑤ 姚宽、陆游撰，孔凡礼点校：《西溪丛语·家世旧闻》，中华书局，1993年，第40页。

践中。如《战国策书录》曰:"所校中《战国策》书,中书余卷,错乱相糅莒。又有国别者八篇,少不足。臣向因国别者,略以时次之,分别不以序者以相补,除复重,得三十三篇。"①《管子书录》曰:"所校雠中《管子》书三百八十九篇,大中大夫卜圭书二十七篇,臣富参书四十一篇,射声校尉立书十一篇,太史书九十六篇,凡中外书五百六十四篇,以校除复重四百八十四篇,定著八十六篇。"②《晏子叙录》云:"所校中书《晏子》十一篇,臣向谨与长社尉臣参校雠太史书五篇,臣向书一篇,参书十三篇,凡中外书三十篇,为八百三十八章。除复重二十二篇六百三十八章,定著八篇二百一十五章。外书无有三十六章,中书无有七十一章,中外皆有以相定。"③《孙卿书录》曰:"所校雠中孙卿书凡三百二十二篇,以相校,除复重二百九十篇,定著三十二篇。"④《列子书录》曰:"所校中书《列子》五篇,臣向谨与长社尉臣参校雠太常书三篇,太史书四篇,臣向书六篇,臣参书二篇,内外书凡二十篇,以校,除复重十二篇,定著八篇。中书多,外书少。"⑤《邓析书录》曰:"中《邓析书》四篇,臣叙书一篇,凡中外书五篇以相校,除复重为一

---

① 严可均辑,陈延嘉等校点:《全上古三代秦汉三国六朝文》第 1 册,河北教育出版社,1997 年,第 598 页。
② 严可均辑,陈延嘉等校点:《全上古三代秦汉三国六朝文》第 1 册,河北教育出版社,1997 年,第 599 页。
③ 严可均辑,陈延嘉等校点:《全上古三代秦汉三国六朝文》第 1 册,河北教育出版社,1997 年,第 600 页。
④ 严可均辑,陈延嘉等校点:《全上古三代秦汉三国六朝文》第 1 册,河北教育出版社,1997 年,第 600 页。
⑤ 严可均辑,陈延嘉等校点:《全上古三代秦汉三国六朝文》第 1 册,河北教育出版社,1997 年,第 602 页。

篇。"① 刘向记录了校雠这些书的过程，他们广备异本，依据可见的"中外书"不同版本，互相参照校订，详细校对了这些书的篇目数，校对了一些字句正误和脱落的字词。从这些书录中，可以发现他们校对时，有的依据"中书"，有的依据"外书"，有的是刘向自己的藏书，有的是其他官员的藏书，他们的校对思路基本是以"中书本"为"底本"，参校"外书本"和大臣藏书。② 对于刘向的校雠学，清人章学诚评价曰："校雠之学，自刘氏父子，渊源流别。"③ 他们细密的校雠工作，对于保存先秦古籍以及推动当时的学术发展具有积极意义，并使在汉代具有进步意义的古文经文得以流传，推动了古文经学的兴起。"校雠"一词自北宋以后多改称为"校勘"及"校勘学"。④

4.刘向校书实践和方法总结

刘向校书，因其是已知的中国第一次由官方主持的大规模文献整理工作而意义重大，也因其校书时间长、校书范围广、校书规模大，校书数量难以计算，其形成的书目《别录》以及在此基础上形成的《七略》，都在中国目录学史上占据着非常重要的位置。后世学者对刘向校书过程中运用的方法不断研究和总结，发现其中蕴含着刘向校书实践的经验总结和思想智慧，一些校书方法独具一格，富有创新性，为后来的一些学者所继承和发扬光大。

据《汉书·艺文志》记载，刘向校书，"每一书已，向辄条其

---

① 严可均辑，陈延嘉等校点：《全上古三代秦汉三国六朝文》第1册，河北教育出版社，1997年，第602页。
② 傅荣贤：《中国古代图书馆学思想史》，黄山书社，2016年，第131—133页。
③ 章学诚：《章学诚遗书》，文物出版社，1985年，第367页。
④ 涂晶晶：《管窥刘向、刘歆对目录学之贡献》，《学术探索》2012年第8期。

篇目，撮其指意，录而奏之"。据《七录序》记载，"刘向校书，辄为一录，论其指归，辨其讹谬，随竟奏上"①。《汉书·艺文志》和《七录序》中关于刘向校书方法的描述较为相似，即刘向或者其他校书者校完一部书就提交给刘向总校，刘向经过"条其篇目，撮其指意"，或者曰"论其指归，辨其讹谬"，并著录完该书之后，会将所著录的文献内容呈送给汉成帝。

"校雠"最初作为刘向校书的一种方法，后来逐渐成为文献学的重要分支和文献整理的重要方法。清末民初学者孙德谦在《刘向校雠学纂微》中，将刘向的校雠方法提炼概括为 23 种，并分别作为《刘向校雠学纂微》一书中的章节目录，具体包括："备众本""订脱误""删复重""条篇目""定书名""谨篇次""析内外""待刊改""分部类""辨异同""通学术""叙源流""究得失""撮指意""撰序录""述疑似""准经义""征史传""辟旧说""增佚文""考师承""纪图卷""存别义"。孙德谦对每种方法都进行了辨析和论证，有较为翔实的文献依据。虽然方法的种类稍显繁复，但是其深研细究所得的方法，为后学开启了认识刘向校书方法的广阔视野，也为后来学者继续推进此研究奠定了基础。较孙德谦略晚的姚名达分析认为刘向校书的义例或方法有：（1）广罗异本；（2）互相补充，除去复重；（3）条别篇章，定著目次；（4）雠校脱文脱简、写定正本；（5）命定书名。② 倪士毅认为刘向校书的方法有：广罗异本，进行校勘；互相补充，除去重复；整齐篇章，定著目次；校

---

① 阮孝绪：《七录序》，载释道宣辑《广弘明集》卷三，上海书店 1989 年据商务印书馆 1926 年版重印本。
② 姚名达：《中国目录学史》，商务印书馆，1957 年，第 36—39 页。

出脱简，订正讹文；确定书名。①

5. 刘向校雠学评价和影响

刘向提出"校雠"的概念，在实践中形成了一套校书的方法，开创了校雠学，在中国古代校雠学发展史中具有奠基意义。清代章学诚高度评价刘向开创校雠学的意义："校雠之学，盖自刘向父子部次条别，将以辨章学术，考镜源流，非深明于道术精微，群言得失之故者，不足如此。"章学诚肯定了刘向、刘歆父子开创校雠学的学术贡献，从"辨章学术，考镜源流"的高度，认识刘向校雠学的价值。刘向能够深刻认识和把握"道术精微，群言得失"，在校理群书的基础上，提炼出校雠学的思路和方法，在中国古代文献学发展史中贡献突出。清代朱一新评曰："刘中垒父子成《七略》一书，为后世校雠之祖。"② 朱一新高度肯定刘向、刘歆父子在校书中编成的《七略》，认为刘向堪称校雠学的始祖。张舜徽评价道："向既撰成《别录》，歆又奏上《七略》，为中国校雠学开辟了道路，奠定了基础。"③ 刘向《别录》和刘歆《七略》，开创了中国校雠学，堪称中国校雠学的奠基之作。刘向、刘歆的校雠方法，影响了后世校雠学的发展，也影响了文献学的发展和学术的发展，可谓影响极其深远。

---

① 倪士毅：《中国古代目录学史》，杭州大学出版社，1998年，第22—24页。
② 朱一新：《无邪堂答问论校雠》，载张舜徽选编《文献学论著辑要》，陕西人民出版社，1985年，第342页。
③ 张舜徽：《中国文献学》，华中师范大学出版社，2004年，第184页。

第二节　刘歆《七略》

一、刘歆和《七略》

1. 刘歆生平及著述

刘歆（约前50—23），字子骏，刘向之子，建平元年（前6）改名为刘秀。刘歆是西汉目录学家、经学家，"少以通《诗》《书》能属文"①，他年少时通习《诗》《书》等儒家典籍，擅长作文。"河平中，受诏与父向领校秘书，讲六艺传记，诸子、诗赋、数术、方技，无所不究。"②刘歆儒学造诣深厚，在经学、史传、子学、文学诗赋、数术和方技等方面都有钻研。他还"考定律历"③，编制天文著作《三统历谱》，该作被认为是天文年历的雏形。汉成帝河平年间，刘歆受诏与其父刘向领校中秘书。刘向去世后，刘歆任中垒校尉。哀帝时，刘歆复总领《五经》，继承其父尚未完成的校书事业，"乃集六艺群书，种别为《七略》"。他在《别录》的基础上，编撰成《七略》，对中国古代目录学发展有重要意义，影响深远。

---

① 班固：《汉书》卷三十六，中华书局，1962年，第1967页。
② 班固：《汉书》卷三十六，中华书局，1962年，第1967页。
③ 班固：《汉书》卷三十六，中华书局，1962年，第1972页。

2.《七略》

刘歆的目录学思想主要体现在《七略》中,此书虽然早已亡佚,但是部分内容可见于《汉书·艺文志》。刘歆在其父刘向《别录》的基础上,"撮其指要","集六艺群书,种别为《七略》"①,编成中国古代第一部综合性图书分类目录《七略》。《七略》包括辑略、六艺略、诸子略、诗赋略、兵书略、术数略、方技略,其中辑略是其他六略的总序。《七录序》中记述《七略》曰:"其一篇即六篇之总最,故以辑略为名,次六艺略,次诸子略,次诗赋略,次兵书略,次数术略,次方伎略。"② 除辑略外,其他六略之下分三十八种,种下分六百零三家,共计一万三千二百一十九卷。姚振宗辑《七略佚文》记载,"大凡书六略三十八种,六百二十四家,一万三千五百三十二卷,图四十五卷"③。

六略大类及其下的小类具体如下。

(1) 六艺略:易、书、诗、礼、乐、春秋、论语、孝经、小学九种。

(2) 诸子略:儒、道、阴阳、法、名、墨、纵横、杂、农、小说十种。

(3) 诗赋略:屈原赋之属、陆贾赋之属、孙卿赋之属、杂赋、歌诗五种。

(4) 兵书略:兵权谋、兵形势、兵阴阳、兵技巧四种。

---

① 班固:《汉书》卷三十六,中华书局,1962年,第1967页。
② 阮孝绪:《七录序》,载释道宣辑《广弘明集》卷三,上海书店1989年据商务印书馆1926年版重印本。
③ 刘向、刘歆撰,姚振宗辑录,邓骏捷校补:《七略别录佚文·七略佚文》,上海古籍出版社,2008年,第187页。

（5）术数略：天文、历谱、五行、蓍龟、杂占、刑法六种。

（6）方技略：医经、经方、房中、神仙四种。

二、刘向、刘歆目录学贡献和影响

我国目录学发展历史，源远流长，一般以西汉刘向、刘歆父子为目录学之鼻祖。刘向、刘歆父子等人在校对汉代官府藏书的基础上编撰了《别录》《七略》两部目录学巨著，对后世目录学乃至学术发展产生了深远影响。主要影响和贡献包括：创建叙录体目录、创建综合性分类目录等。

1. 部次条别，创叙录体目录

刘向所撰的《别录》，虽然早已亡佚，无法见其全貌，但是据一些文献记载，我们大致可以了解刘向《别录》的主要内容。《汉书·艺文志》记载："成帝时，以书颇散亡，使谒者陈农求遗书于天下。诏光禄大夫刘向校经传诸子诗赋，步兵校尉任宏校兵书，太史令尹咸校数术，侍医李柱国校方技。每一书已，向辄条其篇目，撮其指意，录而奏之。会向卒，哀帝复使向子侍中奉车都尉歆卒父业。歆于是总群书而奏其《七略》，故有《辑略》，有《六艺略》，有《诸子略》，有《诗赋略》，有《兵书略》，有《数术略》，有《方技略》。今删其要，以备篇籍。"[①] 据《七录序》记载："刘向校书，辄为一录，论其指归，辨其讹谬，随竟奏上，皆载在本书，时又别集众录，谓之《别录》，即今之《别录》是也。"[②] 刘向校书二十多

---

① 班固撰，颜师古注：《汉书艺文志》，商务印书馆，1955年，第2页。
② 阮孝绪：《七录序》，载释道宣辑《广弘明集》卷三，上海书店1989年据商务印书馆1926年版重印本。

年，每校完一部书，就会为该书编一条目录，最后汇总这些条目形成一部目录书《别录》。《别录》著录图书六百零三家，计一万三千二百一十九卷，分为六大部类、三十八种，每类之前有类序，每部之后有部序。《别录》为中国最早的目录学著作，是中国古代第一部叙录体目录。刘向在我国目录学史上享有盛名，被誉为"目录学之鼻祖"[1]。刘向给每部书写的叙录，从现存的八篇中我们大略可知有三个方面的内容：关于一部书的版本和校雠经过，叙述各种本子的来源、篇卷以及文字差误和校雠后新本的篇卷数目等；关于一部书作者的生平和思想倾向；关于一部书的内容大意，包括书名含义、写作目的和学术价值。这种揭示图书的方法，是目录学史上的光辉成就。[2]

刘向所创造的编撰图书叙录的方法和形式，不但能系统地著录、揭示、评论古代的重要文化典籍，而且还反映了当时的学术思想体系和流派，使我国的书目提要在很早就达到了很高的水平。刘向在中国目录学史上的最大贡献就是创造了中国第一部叙录体目录《别录》。[3] 刘向通过校书和编撰《别录》，对古籍的整理和传承作出了重要贡献。

刘向开创的叙录体目录范例，不仅对当时学术界"辨章学术，考镜源流"起了推动作用，而且成为后世叙录体目录的光辉范例。自汉以后，产生了许多叙录体解题书目，如南朝梁阮孝绪的《七录》；唐代元行冲等编的《群书四部录》，毋煚的《古今书录》；宋

---

[1] 李日刚：《中国目录学》，台北明文书局，1983年，第106页。
[2] 倪晓建：《刘向、刘歆和〈别录〉〈七略〉》，《图书情报知识》1980年第1期。
[3] 郎松雪：《西汉文化转型与刘向、刘歆父子的文献学成就》，硕士学位论文，黑龙江大学，2010年。

代王尧臣、欧阳修等编的《崇文总目》，晁公武的《群斋读书志》，陈振孙的《直斋书录解题》等。而至清代，《四库全书总目》则为这一体例的集大成之作。①

2.种别群书，创综合性分类目录

刘歆在其父刘向《别录》的基础上，编成《七略》。《七略》是我国第一部综合性的系统地反映国家藏书的分类目录，其分类体系是我国最早的一部图书分类法。②《七略》是一部综合性图书分类目录。它把所有图书分成七大类，即辑略、六艺略、诸子略、诗赋略、兵书略、术数略、方技略。其中辑略是总括其他六略的学术简史，用以容纳《七略》的总序和大、小类序，实际上只有六大类，相当于我们现在的经典、哲学、文学、兵书、占卜和医学。六类下又分三十八小类（第二级类目），六百零三家。总计著录图书一万三千二百一十九卷。这个图书分类表的组成对后世的图书分类产生了深远的影响，现在讲中国图书分类学的历史都以此为端倪。从六大类三十八小类的分类体系看，刘歆等人把先秦以来的学术思想作了类分和总结，它集中代表了统治阶级的思想和利益。《七略》从类目的设置和图书的排列次序上体现了社会的真实感情，勾画出一幅真实简明的西汉末年文化学术画卷。对于研究先秦及西汉的历史和哲学史的人来说，是一份尤其珍贵的史料。③

《别录》和《七略》成为后世目录的典范，并产生了深远影响。东汉班固的《汉书·艺文志》主要依照《七略》编撰而成，"今删

---

① 吴仲强等：《中国图书馆学史》，湖南出版社，1991年，第16页。
② 北京大学图书馆学系《图书分类》编写组编著：《图书分类》，书目文献出版社，1983年，第48页。
③ 倪晓建：《刘向、刘歆和〈别录〉〈七略〉》，《图书情报知识》1980年第1期。

其要,以备篇籍"①。曹魏时郑默的《中经》和荀勖的《中经新簿》都参考了刘向《别录》的目录学方法,"荀勖因魏《中经》更著《新簿》",又有荀勖"依刘向《别录》,整理记籍"。王俭《七志》和阮孝绪《七录》等目录直接或间接地受到《别录》《七略》的影响,"王俭《七志》……以向歆虽云《七略》,实有六条,故别立《图谱》一志,以全七限"②。王俭曾参考《七略》并在此基础上增设《图谱》类,他还参照了《七略》叙录体目录的做法。阮孝绪在继承王俭《七志》和刘歆《七略》的基础上,"斟酌王、刘",编撰成《七录》。

一千多年来,无论是官修目录、史志目录,还是私家目录,及其分类法,虽不尽相同,但编目原则、体例、方法,可以说皆从《七略》中吸取了营养。③

刘向、刘歆父子在目录学方面作出的重要贡献,得到后世学者的高度评价和称赞。

王充评《七略》:"《六略》之录,万三千篇,虽不尽见,指趣可知。"④"案《六略》之书,万三千篇,增善消恶,割截横拓,驱役游慢,期便道善,归正道焉。"⑤ 王充高度评价了《七略》对于读书和正道的价值。

---

① 班固撰,颜师古注:《汉书艺文志》,商务印书馆,1955年,第2页。
② 阮孝绪:《七录序》,载释道宣辑《广弘明集》卷三,上海书店1989年据商务印书馆1926年版重印本。
③ 申畅:《中国目录学家传略》,中州古籍出版社,1987年,第8页。
④ 黄晖:《论衡校释(附刘盼遂集解)》,中华书局,1990年,第1175—1176页。
⑤ 黄晖:《论衡校释(附刘盼遂集解)》,中华书局,1990年,第1177页。

班固评曰:"剖判艺文,总百家之绪。"① "刘向司籍,九流以别。"② 班固肯定了刘向、刘歆所编目录对于学术分门别类和种别群书的价值。

东汉荀悦《汉纪》卷二十五评曰:"刘向父子典校经籍,而新义分方,九流区别,典籍益彰矣。"荀悦肯定了刘向父子所编目录的分类体系及对典籍的传承与传播的重要意义。

清代姚名达在《刘向等典校秘书之义例》一文中评曰:"此五项工作,虽纯属校雠学之范围,而实为目录学开天辟地时所不可少之过程,亦即目录学史所应大书特书者也。"③ 姚名达盛赞刘向目录学的重要地位和价值。

来新夏评曰:"《别录》和《七略》是奠定我国目录学基础的开创性著作。它把我国古代的分类思想应用于图书整理,提出了图书的正式分类,对二千年来我国的图书事业产生了深远的影响,在中国文化史甚至世界文化史上都取得了光辉的地位。"④ 来新夏从目录学和文化史的角度评价了《别录》和《七略》的价值和影响。

综上所述,刘向《别录》和刘歆《七略》创建的叙录体目录和图书分类目录,对后世目录学以及目录编制都产生了重要而深远的影响。后世学者对其贡献和影响也给予了高度肯定和评价。

---

① 班固:《汉书》卷三十六,中华书局,1962年,第1972—1973页。
② 班固:《汉书》卷一百,中华书局,1962年,第4244页。
③ 姚名达:《中国目录学史》,吉林人民出版社,2013年,第29页。
④ 来新夏:《古典目录学》,中华书局,1991年,第71页。

第六章

班固《汉书·艺文志》

第一节 班固《汉书·艺文志》

一、班固生平及著述

班固（32—92），字孟坚，扶风安陵（今陕西咸阳东北）人，东汉著名史学家、目录学家。班固出身书香门第，其父班彪为通儒，"班彪以通儒上才，倾侧危乱之闲，行不逾方，言不失正，仕不急进，贞不违人，敷文华以纬国典，守贱薄而无闷容。彼将以世运未弘，非所谓贱焉耻乎？何其守道恬淡之笃也！"① 并且"家有赐书，内足于财，好古之士自远方至，父党扬子云以下莫不造门"②。班固从小接受文化和书籍的熏陶，"年九岁，能属文诵诗赋，及长，遂博贯载籍，九流百家之言，无不穷究。所学无常师，不为章句，举大义而已。性宽和容众，不以才能高人，诸儒以此慕之"③。班固九岁就能撰文赋诗，年龄稍大一些时，博览群书，广泛涉猎九流百家之言，有才学且为人谦和，受到诸儒的钦慕。建武三十年（54），班彪去世，班固继续其父修史的事业，但因被告私改国史而入狱，被其弟班超营救出狱。汉显宗重其才能，命他典校秘书，任兰台令史，班固于是继续撰写《汉书》，并将所写"功臣、平林、新市、公孙述事，作列传、载记二十八篇"④，上奏汉显宗，汉显宗看后让他继续并完成《汉书》的编撰。

　　班固一生著述颇丰，主要作品有《汉书》和《白虎通义》等。《汉书》是继《史记》之后中国古代又一部重要的史书，开创了纪传体断代史体例，与《史记》《后汉书》《三国志》并称为"前四史"。班固的《两都赋》开创了京都赋的范例，被萧统《文选》列为第一篇，其被列为"汉赋四大家"之一。班固在经学方面的主要成就是编撰了《白虎通义》。除此之外，还有"《典引》、《宾戏》、《应讥》、诗、赋、铭、诔、颂、书、文、记、论、议、六言，在者凡四十一篇"⑤。《隋书·经籍志》著录有《班固集》十七卷，已散佚。明代张溥辑有《班兰台集》，清代丁福保辑有《班孟坚集》。

---

① 范晔撰，李贤等注：《后汉书》卷四十，中华书局，1965年，第1329—1330页。
② 班固：《汉书》卷一百，中华书局，1962年，第4205页。
③ 范晔撰，李贤等注：《后汉书》卷四十，中华书局，1965年，第1330页。
④ 范晔撰，李贤等注：《后汉书》卷四十，中华书局，1965年，第1334页。
⑤ 范晔撰，李贤等注：《后汉书》卷四十，中华书局，1965年，第1386页。

《后汉书》中论曰："司马迁、班固父子，其言史官载籍之作，大义粲然著矣。议者咸称二子有良史之才。迁文直而事核，固文赡而事详。"赞曰："二班怀文，裁成帝坟。比良迁、董，兼丽卿、云。"①《后汉书》将班固与司马迁并列，称其为有良史之才，堪比董狐等史学大家。

二、《汉书·艺文志》

1.《汉书》及其编撰的过程

《汉书》，亦称《前汉书》，是中国古代第一部纪传体断代史，"二十四史"之一。《汉书》主要由东汉史学家班固编撰，其父班彪写成《后传》数十篇以续补《史记》，班固在此基础上写成《汉书》一百篇。班固去世时，《汉书》尚未全部完成，班固之妹班昭续作八表，同郡人马续写成《天文志》。因此，《汉书》是以班固为主，经由班彪、班固、班昭和马续四人之手，历时三四十年完成。"固以为汉绍尧运，以建帝业，至于六世，史臣乃追述功德，私作本纪，编于百王之末，厕于秦、项之列，太初以后，阙而不录，故探撰前记，缀集所闻，以为《汉书》。起元高祖，终于孝平王莽之诛，十有二世，二百三十年，综其行事，傍贯《五经》，上下洽通，为《春秋》考纪、表、志、传凡百篇。固自永平中始受诏，潜精积思二十余年，至建初中乃成。"②《汉书》撰成出版后，"当世甚重其书，学者莫不讽诵焉"③。《汉书》主要记载了上起汉高祖刘邦高帝

---

① 范晔撰，李贤等注：《后汉书》卷四十，中华书局，1965年，第1386、1387页。
② 范晔撰，李贤等注：《后汉书》卷四十，中华书局，1965年，第1334页。
③ 范晔撰，李贤等注：《后汉书》卷四十，中华书局，1965年，第1334页。

元年（前206），下至王莽地皇四年（23）期间的史事。《汉书》包括本纪十二篇，表八篇，志十篇，传七十篇，共一百篇，后人划分为一百二十卷，全书共八十万字。《汉书》将《史记》的"书"改为"志"，其中新增了《刑法志》《五行志》《地理志》《艺文志》。

2.《汉书·艺文志》的纲领

《汉书·艺文志》是班固在继承刘歆《七略》的基础上，"删其要，以备篇籍"而撰成。《汉书·艺文志》总序交代了其历史背景和基本情况："昔仲尼没而微言绝，七十子丧而大义乖。故《春秋》分为五，《诗》分为四，《易》有数家之传。战国从衡，真伪分争，诸子之言，纷然殽乱。至秦患之，乃燔灭文章，以愚黔首。汉兴，改秦之败，大收篇籍，广开献书之路。迄孝武世，书缺简脱，礼坏乐崩，圣上喟然而称曰：'朕甚闵焉！'于是建藏书之策，置写书之官，下及诸子传说，皆充秘府。成帝时，以书颇散亡，使谒者陈农求遗书于天下。诏光禄大夫刘向校经传诸子诗赋，步兵校尉任宏校兵书，太史令尹咸校数术，侍医李柱国校方技。每一书已，向辄条其篇目，撮其指意，录而奏之。会向卒，哀帝复使向子侍中奉车都尉歆卒父业。歆于是总群书而奏其《七略》，故有《辑略》，有《六艺略》，有《诸子略》，有《诗赋略》，有《兵书略》，有《数术略》，有《方技略》。今删其要，以备篇籍。"

《汉书·艺文志》总序虽然字数不多，但是堪称其纲领。班固在文中主要阐述了三个方面的内容：首先，简述了文献（文化）的发展历程。班固回顾了自孔子以后，中国典籍命途多舛的历史，从春秋战国思想纷乱、文献内容真伪混杂，到书籍文章遭遇秦代焚烧之祸；面对"书缺简脱，礼坏乐崩"的社会状况，汉代出现"广开献书之路""建藏书之策，置写书之官""求遗书于天下"和刘向等人应诏校书等举措。接着,分析了刘向、刘歆文献学工作的异同。简要概述了刘向等人校书的基本情况,刘歆在其父刘向《别录》基础上"总群书",而后有《七略》。最后,揭示《汉书·艺文志》与《七略》的渊源关系。班固在《七略》的基础上,"今删其要,以备篇籍",而后有《汉书·艺文志》。①

《汉书·艺文志》是中国古代第一部史志目录,是中国也是世界上现存最早的成熟书目分类系统,在目录学和传统学术文化上具有重要地位。②

第二节 《汉书·艺文志》的目录学内容

一、《汉书·艺文志》的基本结构和体例

中国古代目录的基本结构主要包括书目著录、序言和提要。但在《汉书·艺文志》中只有书目著录、序言,未见提要。《汉书·艺文志》的基本结构包括五个部分:总序,书目(含小注),小序,大序,尾题。据了解,我国第一部综合性图书分类目录《七略》中的《辑略》,是该目录总序、大序、小序的集合,列于卷首。《汉书·艺文志》将其拆散,总序置于目录之前,大序置于每一大类之

---

① 来新夏、柯平主编:《目录学读本》,上海交通大学出版社,2014 年,第 163—165 页。
② 傅荣贤:《〈汉书·艺文志〉研究源流考》,黄山书社,2007 年,第 1 页。

后，小序置于每一小类之后。①

1. 总序

《汉书·艺文志》中共有 40 篇序文，按照总序、小序和大序的关系分为三个层次。总序 1 篇，置于目录之首，为《汉书·艺文志》的总纲领。小序 33 篇，分别置于各小类之后。《汉书·艺文志》六略之下共有 38 个小类，目前可见的小类序言有 33 篇，未见《诗赋略》下属 5 类的序言。大序 6 篇，置于六略即每一大类之后，为该略之序言。总序的思想内容，主要是概述《汉书·艺文志》的历史背景和前期基础。

2. 书目（含小注）

书目。《汉书·艺文志》中著录的信息内容和体例并不完全一致，主要有三种类型。第一种是只著录书名和篇卷数。这种类型相对较多，例如："《尚书古文经》四十六卷。""《欧阳章句》三十一卷。""《齐后氏故》二十卷。""《韩故》三十六卷。""《韩说》四十一卷。""《毛诗》二十九卷。""《毛诗故训传》三十卷。""《中庸说》二篇。""《周官传》四篇。""《乐记》二十三篇。""《公羊章句》三十八篇。""《穀梁章句》三十三篇。"第二种是先书名和篇卷数，后有著者信息。这种类型较多，例如："《易经》十二篇，施、孟、梁丘三家。""《韩氏》二篇。名婴。""《诗经》二十八卷，鲁、齐、韩三家。""《国语》二十一篇。左丘明著。""《楚汉春秋》九篇。陆贾所记。""《凡将》一篇。司马相如作。""《急就》一篇。元帝时黄门令史游作。""《训纂》一篇。扬雄作。"其中多数的作者信息，更像是通过小注等形式加以介绍，并没有注明著或者作等著述类型，但

---

① 谭华军：《知识分类：以文献分类为中心》，东南大学出版社，2003 年，第 69 页。

是因为有著者信息，我们将其归为第二类。还有一些著录了"不知作者"，例如："《谰言》十篇。不知作者。""《功议》四篇。不知作者。""《道家言》二篇。近世，不知作者。""《儒家言》十八篇。不知作者。""《卫侯官》十二篇。近世，不知作者。""《杂阴阳》三十八篇。不知作者。"第三种是先著者，后书名和篇卷数。这种类型相对较少，例如："刘向《五行传记》十一卷。""许商《五行传记》一篇。""杜林《仓颉故》一篇。""桓宽《盐铁论》六十篇。""刘向《说老子》四篇。"

小注。《汉书·艺文志》中书目著录信息之后有225条小注，"凡正文下旁注小字不称姓字者，皆班氏自注之辞"[①]。张舜徽认为书目信息正文旁的一些注释性文字，即这些小注，是班固自己撰述的文字。当然，刘向《别录》中"每一书"有叙录提要，班固《汉书·艺文志》是"删其要"之后的结果，这些小注相对于一篇提要，在篇幅和字数方面已大大减少。经过删减后的小注，虽不足以称为完整的提要，但是也著录了很多重要的信息，主要包括说明书名、说明作者、说明内容、说明伪托、说明篇卷、说明附录等六大类[②]。分别举例，说明书目异名的，如"《王孙子》一篇。一曰《巧心》"。说明作者的，如"《丁氏》八篇。名宽，字子襄，梁人也"。这里说明了作者的名、字和籍贯。"《雅琴赵氏》七篇。名定，渤海人，宣帝时丞相魏相所奏"，说明了作者的名和籍贯。说明内容的，如"《新国语》五十四篇。刘向分《国语》。《世本》十五篇。古史官记黄帝以来讫春秋时诸侯大夫"，概述了《新国语》的内容。说明伪托的，如"《神农》二十篇。六国时，诸子疾时怠于农业，道

---

① 张舜徽：《广校雠略·汉书艺文志通释》，华中师范大学出版社，2004年，第179页。
② 徐昕：《论〈汉书·艺文志〉附注的价值》，《古籍整理研究学刊》1994年第4期。

耕农事,托之神农",指明这本书伪托神农之言。说明篇卷的,如"《百家》百三十九卷""《大杂赋》三十四篇"。说明附录的,如"《吴孙子兵法》八十二篇。图九卷""《楚兵法》七篇。图四卷""《魏公子》二十一篇。图十卷",这些书目后有附图及其卷数。这些小注的突出价值在于为后人从事学术研究提供了线索与依据,主要包括:借以考明作者行事,借以考明学术渊源,借以考明图书内容,借以进行深入辨伪,据以辑佚,据以考订篇卷。以考明学术渊源为例,如"《杨氏》二篇。名何,字叔元,菑川人"。后人引《史记·儒林传》云:"自鲁商瞿受《易》孔子。孔子卒,商瞿传《易》。六世至齐人田何,何字子庄。汉兴,田何传东武人王同子仲,子仲传菑川人杨何,何以《易》,元光元年征,官至中大夫。"宋王应麟还考证出"太史公受易于杨何"。①

3. 小序

小序即为小类之序言,《汉书·艺文志》中共有 33 篇小序,分别置于各小类之后。小序的主要内容包括:揭示《易经》十二篇的成书过程、分析《易经》的传流及衍分的派别、反映刘向校书的情况。② 以《六艺略》之《易》类的小序为例:"《易》曰:'宓戏氏仰观象于天,俯观法于地,观鸟兽之文,与地之宜,近取诸身,远取诸物,于是始作八卦,以通神明之德,以类万物之情。'至于殷周之际,纣在上位,逆天暴物。文王以诸侯顺命而行,道天人之占,可得而效。于是重《易》六爻,作上下篇。孔氏为之《彖》《象》《系辞》《文言》《序卦》之属十篇。故曰,易道深矣,人更三圣,

---

① 徐昕:《论〈汉书·艺文志〉附注的价值》,《古籍整理研究学刊》1994 年第 4 期。
② 来新夏、柯平主编:《目录学读本》,上海交通大学出版社,2014 年,第 171 页。

世历三古。及秦燔书，而《易》为筮卜之事，传者不绝。汉兴，田何传之。讫于宣元，有施、孟、梁丘、京氏，列于学官，而民间有费高二家之说。刘向以中古文《易经》校施、孟、梁丘经，或脱去无咎、悔亡，唯费氏经与古文同。"① 这个小序代表了《六艺略》之各小序（除《小学》类之外）的基本结构。《汉书·艺文志》中其他小序都没有阐述刘向校书的情况，主要是对相关类目的主题和范畴作阐释，以便读者了解该类目的思想内容和范围。以《诸子略》之"儒"类的小序为例："儒家者流，盖出于司徒之官，助人君顺阴阳、明教化者也。游文于六经之中，留意于仁义之际，祖述尧舜，宪章文武，宗师仲尼，以重其言，于道最为高。孔子曰：'如有所誉，其有所试。'唐虞之隆，殷周之盛，仲尼之业，已试之效者也。然惑者既失精微，而辟者又随时抑扬，违离道本，苟以哗众取宠。后进循之，是以五经乖析，儒学浸衰，此辟儒之患。"概述了儒家类文献的渊源和主要思想内容，及其思想变迁等。以《兵书略》之"权谋"类的小序为例："权谋者，以正守国，以奇用兵，先计而后战。兼形势，包阴阳，用技巧者也。"阐释了权谋类文献的主要思想内容。以《数术略》之"天文"类的小序为例："天文者，序二十八宿，步五星日月，以纪吉凶之象，圣王所以参政也。《易》曰：'观乎天文，以察时变。'然星事凶悍，非湛密者弗能由也。夫观景以谴形，非明王亦不能服听也。以不能由之臣，谏不能听之主，此所以两有患也。"引述经传观点，解释了天文类文献的主旨和政治功用。以《方技略》之"医经"类的小序为例："医经者，原人血脉经落骨髓阴阳表里，以起百病之本，死生之分。而用

---

① 班固撰，颜师古注：《汉书艺文志》，商务印书馆，1955年，第3—4页。

度箴石汤火所施，调百药齐和之所宜。至齐之德，犹磁石取铁，以物相使。拙者失理，以愈为剧，以生为死。"阐释了医经类文献的主要思想内容。

4. 大序

大序即《汉书·艺文志》六略之序言，共有6篇，分别置于六略即每一大类之后。大序的内容，首先阐明经书的要旨以及一些历史情况，然后重点考究经传的师承传授和学术分布。在时间顺序上每部经书都是按照上古、春秋战国、秦汉几个历史阶段进行分期叙述，其重点又在汉代。这样的写作体例和内容，对于全面了解经学的历史和现状是有价值的。

以《六艺略》的大序为例："六艺之文：《乐》以和神，仁之表也；《诗》以正言，义之用也；《礼》以明体，明者著见，故无训也；《书》以广听，知之术也；《春秋》以断事，信之符也。五者，盖五常之道，相须而备，而《易》为之原。故曰'《易》不可见，则乾坤或几乎息矣'，言与天地为终始也。至于五学，世有变改，犹五行之更用事焉。古之学者耕且养，三年而通一艺，存其大体，玩经文而已，是故用日少而畜德多，二十而五经立也。后世经传既已乖离，博学者又不思多闻阙疑之义，而务碎义逃难，便辞巧说，破坏形体；说五字之文，至于二三万言。后进弥以驰逐，故幼童而守一艺，白首而后能言；安其所习，毁所不见，终以自蔽。此学者之大患也。序六艺为九种。"序言概述了六艺各类文献的主旨，并将其与仁、义、礼、知（智）、信五常进行了内在关联，在此基础上，通过对比古之学者与后世学者在六艺传承中的变化，宏观上梳理了六艺之学的变迁和问题。《六艺略》的大序最具代表性，其他五篇大序的主要内容也包括两个方面：概述该类文献的主旨，阐述学术源流与变迁。

5.尾题

《汉书·艺文志》的尾题，是指该目录中对各类文献的数字统计，全目录共有 45 条尾题。根据尾题的统计范围和类属，我们将其分为三个层级：第一层是小类的尾题，共 38 条，位置处于 38 小类之后，小序之前，例如："凡《易》十三家，二百九十四篇。""凡《书》九家，四百一十二篇。入刘向《稽疑》一篇。""凡《诗》六家，四百一十六卷。""凡《乐》六家，百六十五篇。出淮南刘向等《琴颂》七篇。"统计了该小类的文献家数和篇卷数。有的尾题还统计了《汉书·艺文志》中该类相对于《七略》的增减情况，如"入刘向《稽疑》一篇"，就是增加的书目篇数；"出淮南刘向等《琴颂》七篇"，就是减少的书目篇数。第二层是大类的尾题，共 6 条，位置处于 6 大类之后，大序之前，例如："凡六艺一百三家，三千一百二十三篇。入三家，一百五十九篇；出重十一篇。""凡诸子百八十九家，四千三百二十四篇。出蹴鞠一家，二十五篇。"大类后的尾题，也包括对该类文献的数字统计和增减情况。第三层是书目总计的尾题，共 1 条，位置处于书目最后，即"大凡书，六略三十八种，五百九十六家，万三千二百六十九卷。入三家，五十篇，省兵十家"。这条尾题统计了《汉书·艺文志》中著录文献的整体情况。

二、《汉书·艺文志》分类体系及类名

1.《汉书·艺文志》的分类体系

《汉书·艺文志》总序，简要阐述了《汉书·艺文志》和刘歆

《七略》的关系:"歆于是总群书而奏其《七略》,故有《辑略》,有《六艺略》,有《诸子略》,有《诗赋略》,有《兵书略》,有《数术略》,有《方技略》。"班固言明其所编撰的《汉书·艺文志》是对《七略》的继承和发展,"今删其要,以备篇籍"。《汉书·艺文志》的分类体系主要有六略、三十八种:

《六艺略》:易、书、诗、礼、乐、春秋、论语、孝经、小学;

《诸子略》:儒、道、阴阳、法、名、墨、纵横、杂、农、小说;

《诗赋略》:屈原之赋、陆贾之赋、孙卿之赋、杂赋、歌诗;

《兵书略》:兵权谋、兵形势、兵阴阳、兵技巧;

《数术略》:天文、历谱、五行、蓍龟、杂占、形法;

《方技略》:医经、经方、房中、神仙。

《汉书·艺文志》分类体系的形成渊源和影响因素主要包括:《汉书·艺文志》对《别录》《七略》学术分类思想的继承、"王官之学"影响《汉书·艺文志》的分类、现实的学术存在及其地位影响《汉书·艺文志》的分类、学术的盛衰兴替影响《汉书·艺文志》的分类。[①] 这些都是从学术发展的渊源及其宏观视角论述影响《汉书·艺文志》分类的因素的。从内在知识发生和演进的角度分析,知识的主题领域增多及其形成一定规模,激发了人们对所见知识内容按照主题及其相互关系进行归纳和分类的欲求,从而使得相关知识内容进行聚类,以便后人更好地认识与掌握。从文献收藏管理的角度分析,对同一主题内容的文献或者相近内容的文献进行聚类整理和收藏,使得文献有序化,也使得相关知识内容有序化,以便于查找和使用。

---

① 尹海江:《〈汉书·艺文志〉研究——以〈六艺略〉为中心》,博士学位论文,浙江大学,2007年。

在经历孔子以后文献和知识内容的不断增多与知识体系的变迁、文献数量积累增多与散失减少的变化后，汉代自皇帝到臣民都十分重视文献的收集和整理，有了一定的积淀，这使得对文献进行聚合和分类成为一种必然和需要，使得文献和知识内容的有序化成为一种必然和需要。为此，汉代班固在刘向、刘歆整理文献的基础上，编撰形成了《汉书·艺文志》的分类体系。

2.分类的类名设置及其关系

关于《汉书·艺文志》的类名设置及其特征，有专家分析认为，类名指称类目，是分类目录的枢纽。类名不等于文献本身，而只是对于文献的一种规范化、条理化的看法。其特点主要包括：（1）以具体文献之名作为类名。例如，"易"类下的所有文献都是像《易》那样的文献，或与《易》有关的文献。（2）通过同类合并和对立统一的方式揭示类名内涵。例如，《诸子略》中的"阴阳""纵横"这两个类名，所表达的概念是对立的，同时也是相互依存、不可分割的，集中反映了世间万物之间的对立统一规律。（3）选用文化生活词汇或历史典故揭示类目的内涵。例如，《六艺略》中的小学，《诸子略》中的儒、道、阴阳、法、名、墨、纵横、杂、农、小说等皆是文化生活中的常用词。从中可以发现，《汉书·艺文志》不追求类名的精确化，也没有关于某个类名的确切定义，而是通过指明某个类名可能包含哪些文献的形式，即通过指示外延范围的方式迂回地表达内涵的可能指称，因而类名的内涵往往是不确切的。《汉书·艺文志》类名通过由外延而内涵的形式，根据某书目实际收书情况，对类名的含义概括得多一点或少一点。[①]

[①] 来新夏、柯平主编：《目录学读本》，上海交通大学出版社，2014年，第168—170页。

第三节 《汉书·艺文志》的目录学贡献和影响

《汉书·艺文志》考证了各学术别派的源流,著录了西汉时国家所收藏的各类书籍,是我国现存最早的一部图书目录,在中国学术史上有极高的价值。它继承了《七略》六分法的分类体系,开创了史志目录这一体例。后世修史,必设"艺文""经籍"类,其对我国古典目录学的发展有重要贡献。

一、创立史志目录

班固的《汉书·艺文志》,首次在正史中编制书目,开创了史志目录的先例。《汉书·艺文志》通过史志目录这一新的目录体制,保存了汉代官府藏书目录,反映了当时官府藏书的整体面貌,具有重要的学术史和文化史意义。清代姚振宗在《汉书艺文志条理·新撰条理叙例》中评曰:"班氏之志艺文也,在当日不过节《七略》之要,为史家立其门户,初不自以为详且尽也。今欲求周秦学术之渊源,古昔典籍之纲纪,舍是《志》无由津逮焉。"[①] 班固开创的史志目录范式,对中国古代目录学发展起到了重要的推动作用。

---

① 姚振宗:《师石山房丛书·汉书艺文志条理》,开明书店,1936年,第7页。

二、目录编撰方法的继承与发展

如前所述,我们已经从《汉书·艺文志》总序中得知,班固是在《七略》基础上的"删其要",撰成《汉书·艺文志》的,这也意味着,《汉书·艺文志》在目录编制体例和方法方面,继承了刘向《别录》和刘歆《七略》的基本思想。具体而言,主要体现在以下几个方面:继承和保存了《别录》《七略》中著录的基本书目信息,反映了汉以前官府藏书的基本情况;继承了《七略》的分类体系,也将所著录书目分为《六艺略》《诸子略》《诗赋略》《兵书略》《数术略》《方技略》六大类;继承了《七略》中《辑略》的基本内容,只不过将其分散在了不同的位置。

一方面,班固对刘向、刘歆父子目录学思想进行继承,保存了刘向、刘歆父子目录学思想和目录成果;另一方面,班固也有所创新和发展,对推动目录学发展作出了贡献。主要体现在:《汉书·艺文志》在目录的体例和结构上做了调整与创新,将《七略》中《辑略》的内容,以"总序""大序""小序"的形式,将"总序"置于目录之首,将"大序""小序"分散置于各大小类目之后,这一体例和结构也为后世的史志目录所继承和效仿;《汉书·艺文志》在书目著录中增加了小注的部分,从篇幅上删减了《别录》《七略》中每一书之叙录提要的详细内容,简化为较少字数的"小注";《汉书·艺文志》在书目中著录了相较于《七略》所做的变化,通过"出""入""省"的形式专门标注,体现其对目录内容的变更;《汉书·艺文志》中的"尾题"虽然不一定是原创,其中统计数据也不一定完全准确,但是在史志目录中,用"尾题"的形式,对著录书目的数量进行统计，能使书目的类别划分更清晰，也使读者对大小各类文献的分布更了如指掌。

三、对后世目录的影响

梁启超曾说："此为现存书目最古者，欲考先秦学术渊源流别及古代书籍存佚真伪，必以此志（《汉书·艺文志》）为基本，后世书目之编制方法及分类，皆根据或损益此志。"①《汉书·艺文志》是现存最早的史志目录和图书目录，其目录编制体例和方法，对后世目录的编制有着重要的影响。

1. 对史志目录成果的影响

《汉书·艺文志》不仅开创了史志目录的先河，而且作为史志目录的范式，影响了后世史志目录的编撰。受其影响，在正史中包含目录的先后有《隋书·经籍志》《旧唐书·经籍志》《新唐书·艺文志》《宋史·艺文志》《明史·艺文志》《清史稿·艺文志》。如《隋书·经籍志》曰："远览马史、班书，近观王、阮志、录，挹其风流体制，削其浮杂鄙俚，离其疏远，合其近密，约文绪义，凡五十五篇，各列本条之下，以备《经籍志》。"可见其受到班固《汉书·艺文志》的影响。《旧唐书·经籍志》曰："煚等撰集，依班固《艺文志》体例，诸书随部皆有小序，发明其旨。近史官撰《隋书·经籍志》，其例亦然。"可见《旧唐书·经籍志》和《隋书·经籍志》依循了《汉书·艺文志》的体例。

---

① 梁启超：《饮冰室合集》专集之八十七，中华书局，1989年，第4—5页。

2. 对《隋书·经籍志》等目录的影响

《汉书·艺文志》作为现存最早的图书目录,其分类体系对后世图书目录的分类产生了或直接或间接的影响。以距汉代较近的魏晋南北朝时期的王俭《七志》和阮孝绪《七录》为例,二者都不同程度受到《汉书·艺文志》影响。

我们通过对比王俭《七志》和《汉书·艺文志》中的类目,发现王俭《七志》的分类法中,《经典志》《诸子志》《文翰志》《军书志》《阴阳志》《术艺志》类目,分别与《汉书·艺文志》的《六艺略》《诸子略》《诗赋略》《兵书略》《数术略》《方技略》的类目近似,只是类名略有更改而已。

《汉书·艺文志》和《七志》类目对比

目录	类目								
汉书·艺文志	六艺略	诸子略	诗赋略	兵书略	数术略	方技略			
七志	经典志	诸子志	文翰志	军书志	阴阳志	术艺志	图谱志	道经	佛经

我们通过对比阮孝绪《七录》和《汉书·艺文志》中的类目,发现阮孝绪《七录》的分类法中,将《六艺略》拆分为《经典录》《记传录》,《诗赋略》对应《文集录》,将《诸子略》《兵书略》合并为《子兵录》,将《数术略》《方技略》合并为《技术录》。

《汉书·艺文志》和《七录》类目对比

目录	类目							
汉书·艺文志	六艺略		诗赋略	诸子略	兵书略	数术略	方技略	
七录	经典录	记传录	文集录	子兵录		技术录		佛录	道录

受《汉书·艺文志》图书目录影响最大而且时间距离最近的是《隋书·经籍志》，二者同为史志目录，而且《隋书·经籍志》在诸多方面继承了《汉书·艺文志》的特征。通过对《汉书·艺文志》和《隋书·经籍志》作比较和分析，我们发现，《隋书·经籍志》受《汉书·艺文志》影响最突出的特征是，仿《汉书·艺文志》在正史中编制目录，形成史志目录。

《隋书·经籍志》在总序中，阐述了作者对《汉书·艺文志》的理解和对比把握，进而编制了《隋书·经籍志》："远览马史、班书，近观王、阮志、录，挹其风流体制，削其浮杂鄙俚，离其疏远，合其近密，约文绪义，凡五十五篇，各列本条之下，以备《经籍志》。"

《隋书·经籍志》继承了《汉书·艺文志》的编制体例和方法，除了基本的书目著录，也有总序、大序、小序、尾题和小注。

例如《隋书·经籍志》的总序："夫经籍也者，机神之妙旨，圣哲之能事，所以经天地，纬阴阳，正纪纲，弘道德，显仁足以利物，藏用足以独善……虽未能研几探赜，穷极幽隐，庶乎弘道设教，可以无遗阙焉。夫仁义礼智，所以治国也，方技数术，所以治身也；诸子为经籍之鼓吹，文章乃政化之黼黻，皆为治之具也。故列之于此志云。"

例如《隋书·经籍志》中史部的大序："夫史官者，必求博闻强识，疏通知远之士，使居其位，百官众职，咸所贰焉。是故前言往行，无不识也；天文地理，无不察也；人事之纪，无不达也……班固以《史记》附《春秋》，今开其事类，凡十三种，别为史部。"

例如《隋书·经籍志》中史部的正史类的小序："古者天子诸侯，必有国史，以纪言行，后世多务，其道弥繁。夏殷已上，左史记言，右史记事，周则太史、小史、内史、外史、御史，分掌其事，而诸侯之国，亦置史官……一代之史，至数十家。唯《史记》《汉书》，师法相传，并有解释。《三国志》及范晔《后汉》，虽有音注，既近世之作，并读之可知。梁时，明《汉书》有刘显、韦棱，陈时有姚察，隋代有包恺、萧该，并为名家。《史记》传者甚微。今依其世代，聚而编之，以备正史。"

例如《隋书·经籍志》中史部的正史类的尾题："右六十七部，三千八十三卷。通计亡书，合八十部，四千三十卷。"

例如《隋书·经籍志》中史部正史类书目"《史记》一百三十卷"的小注："目录一卷，汉中书令司马迁撰。"

上述史部例证，反映了《隋书·经籍志》的体例之总序、大序、小序、尾题和小注，在形式上，几乎照搬了《汉书·艺文志》的体例结构，在内容上，思路也十分相近，足见其受《汉书·艺文志》影响之深。

四、贡献和评价

《汉书·艺文志》在中国目录学史上地位重要，影响深远。其贡献和影响主要体现在：创立了史志目录，成为中国现存最早的史志目录，也是中国现存第一部图书目录；其编撰体例和方法上承刘向《别录》和刘歆《七略》，下启王俭《七志》、阮孝绪《七录》和《隋书·经籍志》，对后世目录学发展和目录编撰产生了深远影响。后世学者对《汉书·艺文志》赞不绝口。

清代学者金榜曰："不通《汉·艺文志》（《汉书·艺文志》），

不可以读天下书。《艺文志》者，学问之眉目，著述之门户也。"①金榜认为《汉书·艺文志》是读书治学的眉目。

梁启超评曰："此为现存书目最古者，欲考先秦学术渊源流别及古代书籍存佚真伪，必以此志（《汉书·艺文志》）为基本，后世书目之编制方法及分类，皆根据或损益此志。"②梁启超认为《汉书·艺文志》是现存最早的图书目录，对于考证先秦学术源流和古书真伪有重要参考价值，对后世书目编制有重要影响。

顾实在《汉书艺文志讲疏》自序中论曰："然不通《汉·艺文志》，诚不可以读天下书，而不读天下书，亦不可以通《汉·艺文志》。"③顾实认为读懂读通《汉书·艺文志》对读书治学有重要意义。

张舜徽在《汉书艺文志通释》自序中曰："余平生诱诲新进及所以自励，恒谓读汉人之书，必须精熟数种以为之纲。一曰《太史公记》，二曰《淮南王书》，三曰《汉书·艺文志》，四曰王充《论衡》，五曰许慎《说文》……又必以《汉书·艺文志》溯学术之流派，明簿录之体例。精熟此五家之书以立其基，而后可以博涉广营，汇为通学。《汉书·艺文志》为书短简，尤治学之纲领，群书之要删。如能反复温寻而有所得，以之为学，则必有如荀卿所云：'若挈裘领，诎五指而顿之，顺者不可胜数也。'"④张舜徽推荐熟读《汉书·艺文志》等书，认为《汉书·艺文志》是治学之纲领。

汪荣祖谓："《艺文志》者，虽本刘歆《七略》，孟坚尝剪裁取

---

① 王鸣盛撰，黄曙辉点校：《十七史商榷》卷二十二，上海古籍出版社，2013年，第248页。
② 梁启超：《饮冰室合集》专集之八十七，中华书局，1989年，第4—5页。
③ 顾实：《汉书艺文志讲疏》，商务印书馆，2021年，第1页。
④ 张舜徽：《广校雠略·汉书艺文志通释》，华中师范大学出版社，2004年，第165页。

舍,并记佚辨伪,慎核其事,断非誊录而已。所记略及学术源流,实为'传书'之作,凡著录万三千二百六十九卷,实即'书目解题'(annotated bibliography),使古代要籍,目存无遗,犁然秩然,可称学术史之滥觞矣。"① 汪荣祖肯定了《汉书·艺文志》记录学术源流的深远意义,认为其作为目录在保存古代典籍要目并使之有序化方面具有重要作用,在学术史上有重要地位。

---

① 汪荣祖:《史传通说——中西史学之比较》,中华书局,1989年,第116页。

第七章

王肃、萧绎的藏书管理思想

第一节 王肃《论秘书丞郎表》《秘书不应属少府表》

一、王肃生平及著述

王肃（195—256），字子雍，东海郯（今山东郯城北）人，三国时曹魏著名经学家，曹魏重臣王朗之子，晋王司马昭的岳父。王肃早年担任散骑黄门侍郎，太和二年（228）王朗去世，世袭父亲兰陵侯爵位。太和三年（229），拜散骑常侍。青龙四年（236），即四十二岁时，王肃以常侍领秘书监，兼崇文观祭酒。后历任广平太守、侍中、河南尹等职，又因平定毌丘俭、文钦之乱有功，被封为中领军，加散骑常侍。甘露元年（256），王肃去世，享年六十二岁，追赠卫将军，谥号景侯。

王肃在经学方面成就非凡。他从小有志于学，学习郑玄之学，《孔子家语解·序》曰："自肃成童，始志于学，而学郑氏学矣。"[①] 王肃十八岁时，师从宋忠学习扬雄的《太玄》，并为这本书重新作了注解。王肃在融合今古文经学学说的基础上，为《尚书》《诗经》《论语》《三礼》《左传》作注解，并编撰校定了其父王朗所作的《易传》注，这些著作后来长期被列为官方儒学书目。《隋书·经籍志》著录王肃作品十多种，主要有《周易》十卷（王肃注）、《尚书》十一卷（王肃注）、《毛诗》二十卷（王肃注）、《周官礼》十二卷（王肃注）、《仪礼》十七卷（王肃注）、《礼记》三十卷（王肃注）、《春秋左氏传》三十卷（王肃注）、《论语》十卷（王肃注）、《孔子家语》二十一卷（王肃解）、《圣证论》十二卷（王肃撰）。王肃遍注群经，所注儒家经典成为官学书目，得以普及推广，其所注经学在魏晋时期被称作"王学"。

王肃在朝廷礼制建设方面颇有功勋。他有关于议论驳正朝廷典制、郊祀、宗庙、丧纪、轻重的文章，大概一百多篇。据清人严可均辑校的《全上古三代秦汉三国六朝文》中，王肃所作流传于世的文章有三十五篇，诸如《格虎赋》《请为大司马曹真临吊表》《论秘书丞郎表》《秘书不应属少府表》《谏征蜀疏》《陈政本疏》《郊庙乐舞议》《诸王国相宜为国王服斩缞议》《王侯在丧袭爵议》《答尚书难》《孔子家语解·序》《宗庙颂》《家诫》等。其中有关图书馆学

---

① 严可均辑，陈延嘉等校点：《全上古三代秦汉三国六朝文》第3册，河北教育出版社，1997年，第235页。

思想的文章主要为《论秘书丞郎表》和《秘书不应属少府表》。

二、王肃图书馆学思想

青龙三年（235），王肃以散骑常侍的身份就秘书丞郎的职位和待遇问题上《论秘书丞郎表》，曰："臣以为秘书职于三台为近密，中书郎在尚书丞郎上，秘书丞郎宜次尚书郎下。不然，则宜次侍御史下。秘书丞郎俱四百石，迁宜比尚书郎出亦宜为郡，此陛下崇儒术之盛旨也。昔时秘书掌国秘密，秘书丞郎仪宜比尚书郎侍御史，今尚书郎侍御史皆乘犊车，奏事用尺一；而秘书丞郎独乘鹿车，犹用尺奏，不得朝服，又恐非陛下转台郎以为秘书丞郎之本意也。"[①] 王肃援引古制，指出秘书掌管国家秘密，秘书可理解为当今所说的国家图书馆，有着掌管国家重要典籍文献和历史档案的重要职责，其中的主要管理人员，即当今所说的图书馆馆员，史称秘书丞郎，以前秘书丞郎的地位和待遇相当于尚书郎侍御史，而如今二者的待遇和地位相差甚远，尚书郎侍御史明显高于秘书丞郎。关于秘书丞郎的职位，王肃认为中书郎的职位应该在尚书郎之上，秘书丞郎的职位应该次于尚书郎，若不如此，秘书丞郎的职位应该次于侍御史。关于秘书丞郎的职位及相应待遇，王肃认为，秘书丞郎都应该配置四百石的俸禄，官职升迁调动应该与尚书郎相当，或者应该参照郡守的官职及相应待遇。王肃称，如果给予秘书丞郎相应的职位和待遇，君王将因为尊崇儒学而受到盛赞。

青龙四年（236），王肃四十二岁时，国家开始遴选秘书监人

---

① 严可均辑，陈延嘉等校点：《全上古三代秦汉三国六朝文》第3册，河北教育出版社，1997年，第228页。

选。诏令秘书骑吏以上三百余人，要求不仅学问要好，而且要选拔有威严能检下者，令王肃以常侍身份领衔。王肃对于将秘书的职位等同于骑吏而大为不满，上《秘书不应属少府表》，提出异议，曰："魏之秘书，即汉之东观，郡国称敢言之上东观。且自大魏分秘书而为中书以来，传绪相继，于今三监，未有隶名于少府者也。今欲使臣编名于骑隶，言事于外府，不亦隳朝章而辱国典乎？太和之中，兰台秘书争议，三府奏议，秘书司先王之载籍，掌制书之典谟，与中书相亚，宜与中书为官联。"① 王肃依旧援引古制认为，首先，曹魏时期的秘书，即汉代之东观（东汉著名的藏书室及史学馆，相当于东汉的国家图书馆），其地位相当崇高。其次，曹魏时期改秘书而分设中书，促使中书、尚书、秘书三者分工分立，发展延续至今，三者均未曾有官职隶属于少府的。鉴于此，王肃质问道：当今将秘书的职位等同于骑吏，并将其隶属于外府，难道不是对朝廷规章制度的破坏和对国家典章礼制的玷辱吗？王肃进一步以当朝典范为例：太和年间，兰台与秘书之间相争议，三府共同商议认为，当时秘书掌管着先王的载籍，并且掌握着制书的典谟，即秘书掌管着国家重要典籍文献，其职责与中书相近，应当与中书官职相当，共同分担重要职责。

同年四月，曹魏设置崇文观，招纳善于从事文字工作和文献管理的人进入，王肃领秘书监兼崇文观祭酒。② 这等于国家认可了王肃对秘书职位问题的有关提议。王肃统领秘书监以后，秘书不属于少府管辖，并且另设官职，大大提高了秘书监的职位和地位，史

---

① 严可均辑，陈延嘉等校点：《全上古三代秦汉三国六朝文》第3册，河北教育出版社，1997年，第228页。
② 陈寿撰，裴松之注：《三国志·魏书》卷十三，中华书局，1959年，第416页。

称："宋、齐秘书郎皆四员，尤为美职。"① 据《通典·职官》记载，魏官置九品，其中秘书监为第三品，因而后世多将秘书监看作具有相当高荣誉和地位的官职。

第二节 萧绎《金楼子·聚书》《金楼子·著书》

一、萧绎生平及著述

萧绎（508—555），字世诚，自号金楼子，南兰陵（今江苏常州市西北）人。梁武帝萧衍第七子，后即帝位，称梁世祖。萧绎于514年封湘东王，后历任会稽太守、江州刺史、荆州刺史等职，加封平西将军、安西将军、镇西将军等衔号。548年侯景叛乱，549年梁武帝饿死台城，552年侯景之乱被平，萧绎即帝位于江陵。555年，江陵被西魏将领围攻，萧绎兵败被俘而亡，谥号孝元皇帝。

萧绎从小爱好读书，能文会诗。据《南史》记载，萧绎"聪悟俊朗，天才英发，出言为论，音响若钟。年五六岁，武帝尝问所读书，对曰：'能诵《曲礼》。'武帝使诵之，即诵上篇。左右莫不惊叹"②。可见，萧绎少年有英才。萧绎在《金楼子·自序》中记曰：

---

① 杜佑：《通典》卷第二十六，岳麓书社，1995年，第381页。
② 李延寿：《南史》卷八，中华书局，2000年，第160页。

"余六岁解为诗,奉敕为诗曰:'池萍生已合,林花发稍稠。风入花枝动,日映水光浮。'因尔稍学为文也。"① 萧绎好读书是出了名的,据《南史》记载,萧绎"性爱书籍,既患目,多不自执卷,置读书左右,番次上直,昼夜为常,略无休已,虽睡,卷犹不释。五人各伺一更,恒致达晓。常眠熟大鼾,左右有睡,读失次第,或偷卷度纸。帝必惊觉,更令追读,加以楚"②。可见其对书籍的喜爱。《金楼子·自序》中,萧绎自述曰:"吾小时夏日夕中,下绛纱蚊绹,中有银瓯一枚,贮山阴甜酒。卧读有时至晓,率以为常。又经病疮,肘膝烂尽。比以来三十余载,泛玩众书万余矣。自余年十四,苦眼疾沉痼,比来转暗,不复能自读书,三十六年来,恒令左右唱之。曾生所谓'诵诗读书,与古人居;读书诵诗,与古人期',兹言是也。"③ 萧绎小时候一只眼睛失明,长期用一只眼睛读书,非常吃力,后来不能独自读书,就靠"左右唱之",夜以继日,如此读书三十多年,所读书目逾万卷,其勤学好读之精神可见一斑。

萧绎不仅善于读书,而且喜好著书立说:"军书羽檄,文章诏诰,点毫便就,殆不游手。常曰:'我韬于文士,愧于武夫。'"④ 其一生著述颇丰,著有《金楼子》十卷、《孝德传》三十卷、《忠臣传》三十卷、《丹阳尹传》十卷、注《汉书》一百一十五卷、《周易讲疏》十卷、《内典博要》一百卷、《连山》三十卷、《玉韬》十卷、《老子讲疏》四卷、《贡职图》一卷、《古今同姓名录》一卷、《筮经》十二卷、《式赞》三卷、文集五十卷等。⑤ 《梁书·元帝本纪》

---

① 梁元帝:《金楼子》卷六,中华书局,1985年,第112页。
② 李延寿:《南史》卷八,中华书局,2000年,第160页。
③ 梁元帝:《金楼子》卷六,中华书局,1985年,第113页。
④ 李延寿:《南史》卷八,中华书局,2000年,第160页。
⑤ 李延寿:《南史》卷八,中华书局,2000年,第162页。

称赞他:"既长好学,博总群书,下笔成章,出言为论,才辩敏速,冠绝一时。"①

萧绎还是一位藏书家,其藏书事迹大致可概括为"聚书一生,焚之一旦"。萧绎曾自述"四十六岁,自聚书来四十年,得书八万卷"②,聚书数量叹为观止,为当时大藏书家。但是江陵被围城时,萧绎命人将十四万卷图书焚烧,自称"文武之道,今夜尽矣!"③"读书万卷,犹有今日,故焚之!"④ 其焚书之举导致的书籍之厄令人痛惜,为后人一再批判。

二、萧绎的聚书

《金楼子》,梁元帝萧绎撰。《梁书·本纪》称"帝(萧绎)博总群书,著述词章,多行于世。其在藩时,尝自号金楼子,因以名书"。梁元帝以自己的号"金楼子"为书名,与其著书立言、传之后世的意图相符。他在《金楼子·自序》中引用古人之言表达自己的著书之志:"先生曰:余于天下为不贱焉,窃念臧文仲既殁,其立言于世。曹子桓云:立德著书,可以不朽。杜元凯言:德者非所企及,立言或可庶几。故户牖悬刀笔,而有述作之志矣。"⑤ 关于《金楼子》的流传,据《四库全书总目》记载,其书目存于《隋书·经籍志》《唐书》《宋史·艺文志》等典籍中,明代时散佚。清代时人从《永乐大典》中辑佚而成现存的《金楼子》六卷,流传至今。

---

① 姚思廉:《梁书》卷五,中华书局,1973年,第135页。
② 梁元帝:《金楼子》卷二,中华书局,1985年,第34页。
③ 司马光:《资治通鉴》卷一百六十五,中华书局,1956年,第5121页。
④ 司马光:《资治通鉴》卷一百六十五,中华书局,1956年,第5122页。
⑤ 梁元帝:《金楼子》,中华书局,1985年,序第1页。

萧绎曾嘲笑淮南王刘安编撰《淮南鸿烈》和吕不韦编撰《吕氏春秋》，多是委托他人之手完成，而他自己独自搜集、独自撰写，立意高远，能成一家之言。有言为证："常笑淮南之假手，每嗤不韦之托人。由是年在志学，躬自搜纂，以为一家之言。"①

《四库全书总目》将《金楼子》的主要内容概括为："其书于古今闻见事迹，治忽贞邪，咸为苞载。附以议论，劝戒兼资，盖亦杂家之流。"②《金楼子》被归为杂家，其所涉领域十分广泛，古今轶闻和言论均有吸收，大到邦国治理，小到家庭伦理，无所不包，并且对所见所闻加以评论，以资劝诫。

《金楼子》的一大特点是对古书的广泛引录，借此保存了大量古代文献记载，并且很多是其他书中所不见的珍贵史料。"而当时周、秦异书未尽亡佚，具有征引。如许由之父名，兄弟七人，十九而隐，成汤凡有七号之类，皆史外轶闻，他书未见。又立言、聚书、著书诸篇，自表其撰述之勤，所纪典籍源流，亦可补诸书所未备。"③特别是《立言》《聚书》《著书》等篇，不仅展示出萧绎勤于读书和著书，而且所记录的史料保存了一些典籍的源流和历史，有很重要的价值。《金楼子》另一重要价值体现在目录学方面，下文将详细阐述。

萧绎是位大藏书家，不仅喜好读书，也喜欢藏书。他曾自述："吾今年四十六岁，自聚书来四十年，得书八万卷。"④从这句话我们可以得到以下信息。一是，聚书的时间长，达四十年，也就是说

---

① 梁元帝：《金楼子》，中华书局，1985年，序第1页。
② 永瑢等：《四库全书总目》卷一一七，中华书局，1965年，第1010页。
③ 永瑢等：《四库全书总目》卷一一七，中华书局，1965年，第1010页。
④ 梁元帝：《金楼子》卷二，中华书局，1985年，第34页。

他从五六岁就开始聚书。二是，聚书的数量大，自称聚书八万卷，"河间之侔汉室，颇谓过之矣"。三是，聚书的范围广。经史子集均收，佛教、道教典籍也不例外。所藏经部书籍诸如"五经"正副本，《周易》《尚书》《毛诗》《周官》《仪礼》《礼记》等。史部书籍诸如《史记》、《汉书》、《三国志》、《晋书》、高诱注《战国策》等。子部书籍诸如诸子集、《元儒众家义疏》、《老子》、《庄子》等。集部书籍诸如《离骚》、樊光注《尔雅》等。佛教、道教书籍诸如"于长沙寺经藏，就京公写得四部"，《高僧传》等。第四，藏书的版本精良。如"于江州江革家，得元嘉前后书五帙。又就姚凯处得三帙。又就江录处得四帙，足为一部。合二十帙，一百一十五卷，并是元嘉书，纸墨极精奇"。① 在江州所获的这些书，"纸墨极精奇"，当是版本精良的善本书。"使孔昂写得《前汉》《后汉》《史记》《三国志》《晋阳秋》《庄子》《老子》《肘后方》《离骚》等，合六百三十四卷，悉在一巾箱中，书极精细。"② 萧绎派孔昂抄写的这些书，"书极精细"。第五，聚书途径多样。（1）赐书。"在西省，蒙敕旨赉五经正副本。为琅琊郡时，蒙敕给书"等。（2）抄写。派人抄写书籍所得，在琅琊郡时，"并私有缮写"。为东州时，"写得《史》《汉》《三国志》《晋书》，又写刘选部孺家、谢通直彦远家书，又遣人至吴兴郡，就夏侯亶写得书，又写得虞太中阐家书"。在丹阳时，"启请先宫书，又就新渝上黄新吴，写格五戏得少许"。在扬州时，"就吴中诸士大夫写得《起居注》"。在荆州时，"晋安王子时镇雍州，启请书写，比应入蜀，又写得书"。安成炀王去世，也派人去抄写所藏图书，"安成炀王于湘州薨，又遣人就写得书"。在

---

① 梁元帝：《金楼子》卷二，中华书局，1985年，第33页。
② 梁元帝：《金楼子》卷二，中华书局，1985年，第33页。

长沙寺,"就京公写得四部"。萧绎委派孔昂抄写大量书籍,在江州时,"又写萧谘议贲、刘中纪缓、周录事宏直等书"。萧绎还委派下属外出搜集和抄写书籍,如"吴平光侯广州下,遣何集、曹沔写得书","衡山侯雍州下,又写得书","兰左卫钦从南郑还,又写得兰书"等。①(3)获赠。如萧绎得"朱澹远送异书"等。(4)购买。如萧绎"遣州民宗孟坚下都市得书","遣范普市得法书,又使潘菩提市得法书"等。(5)战事所得。如"罗乡侯萧说于安成失守,又遣王谘议僧辨取得说书"等。由此可见,萧绎聚书的主要途径是派人抄写他人藏书。抄写书籍在魏晋南北朝时期非常兴盛,抄书成为当时非常重要的一种职业。第六,聚书的地域广阔。据记载,萧绎所到之处皆留意搜集图书文献,其聚书的地域大致包括琅琊郡、东州、吴兴郡、丹阳、扬州、荆州、雍州、湘州、江夏、江州、广州、南郑、会稽、益州等地,此外,头陀寺、长沙寺、东林寺等寺院也是萧绎聚书来源之所。在这些地方,或者是萧绎亲自前往获取书籍,或者派人从当地带回书籍。总之,萧绎对聚书所下的功夫非常大,这也就不难证实其聚书有四十年,聚书得八万卷之多。

三、萧绎目录学思想

萧绎《金楼子·著书》篇,是其将自己所撰书籍和委任他人所撰书籍汇集,并按照经史子集分类而成的一篇目录。我们将这篇目录中展现出来的一些实践经验和潜在的思想方法揭示出来,从目录学的视角切入并重新认识其在中国目录学史上的重要价值。

---

① 梁元帝:《金楼子》卷二,中华书局,1985年,第32—33页。

1. 《金楼子·著书》的基本情况

此篇前半部分是所撰书籍的目录，按经史子集顺序分类列举，列有每书的书名、卷及帙数、著者等信息；后半部分主要呈现了萧绎为其中部分书籍如《职贡图》等所作的序文。《金楼子·著书》共著录图书 38 件 677 卷。虽然这些书绝大部分已经散佚，但是这篇目录完整地保留了萧绎当时编撰图书的大致情况，为后人研究萧绎的学术思想，乃至为研究当时的社会历史文化发展提供了重要的参考资料。

2. 《金楼子·著书》中的四部分类

《金楼子·著书》采用了四部分类法。据此篇所列书目统计发现，甲部（经部）4 件 132 卷，乙部（史部）11 件 211 卷，丙部（子部）18 件 160 卷，丁部（集部）4 件 144 卷，四部之外，单列有佛教类书籍《内典博要》1 部 30 卷。

这份目录完全采用甲、乙、丙、丁四部分类法对所著录的图书进行分类，并且根据每个部类的书籍内容，可以确定目录中的甲部即所谓的经部类书目，乙部即所谓的史部类书目，丙部即所谓的子部类书目，丁部即所谓的集部类书目。四部分类法可以追溯到三国魏郑默的《中经》和西晋荀勖的《中经新簿》，至东晋李充所撰《晋元帝四部书目》，确立了四部分类及其经史子集的顺序。大约两百年之后，梁元帝在其私家著述目录中自觉地使用了四部分类法，而且依循了经史子集的顺序，可见四部分类法已经成为当时主流的分类法。由于之前的四部分类目录均已亡佚，而这部目录保留了四部分类的基本形态，得以让我们一窥早期四部分类目录的大致轮廓和面貌。

此外，在《金楼子·著书》篇中，对于佛教类书籍《内典博要》的处理方式也很有价值。这份目录将佛教类书籍单列于四部之后。之前的四部分类目录中对于佛教书目如何处理不得而知，而其后的《隋书·经籍志》也将道经和佛经放在四部之后。虽然无法证实两者之间的联系，但是我们还是要肯定这种细微之处所蕴含的意义，那就是对于解决当时分类问题的实践经验价值，对于四部分类法的补充和完善。综上，虽然这篇目录著录的数量不多，但在之前四部分类目录均不可见的情况下，这份目录恰恰在中国目录学史上有着非常重要的价值，既呈现了四部分类法的基本形态和典型轮廓，也用目录实践解决了当时的四部分类目录所遇到的棘手问题，其承前启后的历史价值意义非凡。

《金楼子·著书》目录创新了著录项目与形式。为了进一步认识当时目录的具体结构和轮廓，我们对《金楼子·著书》篇中的目录的著录项目与形式作了分析。这篇目录中除了著录书名、卷数、帙数，萧绎还在书后作注，揭示了更多书目信息。特别要注意的是，目录中著录有简要的内容提要或简要的评论字句，这些著录项目和形式的创新也具有历史意义，对目录学发展是一种推进。

著录著者信息。诸如：《忠臣传》，萧绎亲自为之写序。《全德志》，是萧绎自己撰写的。《怀旧志》，是萧绎自己撰写的。《同姓同名录》，是萧绎自己撰写的。《式赞》，是萧绎自己撰写的。《荆南志》，是萧绎自己撰写的。《研神记》，是"付刘毅纂次"，萧绎亲自为之写序。《晋仙传》，是"金楼使颜协撰"。《奇字》，是"金楼付萧贲撰"。《玉子诀》，是"金楼付刘缓撰"。《食要》，是"金楼付虞预撰"。

著录著书时间。诸如：《连山》，"金楼年在弱冠著此书，至于立年，其功始就"。《丹阳尹传》，"金楼为尹京时自撰"。《仙异传》，

"京楼年小时自撰"。《玉韬》,"金楼出牧渚宫时撰"。

著录简要内容提要或评论。诸如:《金楼秘诀》,是记载杂事之书,评语为"无奇"。《周易义疏》,自评曰"金楼奉述制义,私小小措意也"。《礼杂私记》原应为五帙五十卷,自注说明完成情况,"十七卷未成"。《孝德传》,自述是"金楼合众家《孝子传》成此"。《仙异传》,自评"其书多不经",意即其中内容多没有根据。《孝子义疏》,自称是"奉述制旨,并自小小措意"。

第八章

荀勖、李充的藏书分类思想

第一节 荀勖《中经新簿》

一、荀勖生平及著述

荀勖（？—289），字公曾。颍川颍阴（今河南许昌）人。三国至西晋时期目录学家、文学家、藏书家。荀勖少年时聪慧过人，"年十余岁能属文"①。长大后，博学多才。三国魏时从政，任大将

---

① 房玄龄等：《晋书》卷三十九，中华书局，1974年，第1152页。

军曹爽掾,迁中书通事郎。后历任安阳令、骠骑从事中郎、廷尉正、中郎、领记室。西晋时,拜中书监,加侍中,领著作,领秘书监、尚书令等职。太康十年(289)卒,诏赠司徒,谥曰"成"。荀勖领秘书监时,与中书令张华一起,依照刘向的《别录》,整理典籍。据《隋书·经籍志》记载,荀勖有《荀勖集》三卷,录一卷,已经亡佚。严可均《全晋文》收录有荀勖的部分作品,包括《蒲萄赋》《让乐事表》《荐李胤为司徒表》《荐三公保傅表》《让尚书令表》《让豫州大中正表》《奏校试笛律》《奏条牒诸律问列和意状》《奏谏用伊羡、赵咸为中书舍人》《甲乙问议》《王昌前母服议》《又陈遣王公之国议》《省吏议》《为晋文王与孙晧书》《答王琛书》《上穆天子传序》等。①

郑默(213—280),字思元,荥阳开封(今河南开封)人。历任秘书郎、东郡太守、散骑常侍、廷尉、太常、大鸿胪、大司农、光禄勋等职。太康元年(280)去世,谥号曰"成"。郑默编有书目《魏中经簿》,为荀勖后来编撰《中经新簿》奠定了基础。

张华(232—300),字茂先,范阳方城(今河北固安)人。历任太常博士、河南尹丞、佐著作郎、中书郎、黄门侍郎、关内侯、太常、司空等职。永康元年(300),张华被杀害。张华著有《博物志》。他喜好藏书,曾和荀勖一起整理典籍并编撰《中经新簿》。

二、《中经新簿》

1.《中经新簿》的编撰

曹魏时,国家将之前战争中遗留下来的散乱典籍收集起来并藏

---

① 严可均辑:《全晋文》上,商务印书馆,1999年,第303—309页。

于秘书阁。郑默在担任秘书郎期间,"考核旧文,删省浮秽"①,整理这些藏书,编成书目《中经》(即《魏中经簿》)。《隋书·经籍志》对此有记载:"魏氏代汉,采掇遗亡,藏在秘书中、外三阁。魏秘书郎郑默,始制《中经》。"②中书令虞松谓曰:"而今而后,朱紫别矣。"③郑默对图书进行分类,并用朱紫等不同颜色进行区别。《中经》为荀勖编撰《中经新簿》提供了便利。

西晋时,藏书增多,但是存在大量错误,执掌著作和领秘书监的荀勖,开始整理这些藏书。当时荀勖认为整理藏书的任务很重,但是自己又身兼多职,于是上《让乐事表》,辞去"乐事"等职,专心整理校勘藏书。《让乐事表》记载曰:"臣掌著作,又知秘书。今覆校错误十余万卷书,不可仓卒复兼他职,必有废顿。"④《七录序》中也有记载:"晋领秘书监荀勖,因魏《中经》,更著《新簿》,虽分为十有余卷,而总以四部别之。"荀勖在《魏中经簿》的基础上,"与中书令张华依刘向《别录》"⑤,对十余万卷书进行整理校勘,编撰成书目《中经新簿》(《晋中经簿》)。这份目录有十多卷,将所著录的图书"分为四部",内容"总括群书"。⑥

咸宁五年(279),"汲郡人不准掘魏襄王冢,得竹简小篆古书十余万言,藏于秘府"⑦。汲郡人不准盗掘魏襄王冢(有的说是安釐

---

① 房玄龄等:《晋书》卷四十四,中华书局,1974年,第1251页。
② 魏徵、令狐德棻:《隋书》卷三十二,中华书局,1973年,第906页。
③ 房玄龄等:《晋书》卷四十四,中华书局,1974年,第1251页。
④ 严可均辑,陈延嘉等校点:《全上古三代秦汉三国六朝文》第4册,河北教育出版社,1997年,第317页。
⑤ 房玄龄等:《晋书》卷三十九,中华书局,1974年,第1154页。
⑥ 魏徵、令狐德棻:《隋书》卷三十二,中华书局,1973年,第906页。
⑦ 房玄龄等:《晋书》卷三,中华书局,1974年,第70页。

王冢），发现一批竹简书，其中有小篆刻的古书十多万字，这些竹书被收藏在秘书府里，这就是后来所说的"汲冢书"。大约太康二年（281），晋武帝"以其书付秘书校缀次第，寻考指归，而以今文写之"①。晋武帝把这些书交给秘书监，"诏勖撰次之"②，诏令荀勖对这些竹书进行校订，编纂目录和整理顺序，整理考订文字中的主旨要义，并用当时的文字重新撰写。这些"汲冢书"随之被荀勖列入《中经新簿》的丁部。

2.《中经新簿》的内容

虽然《中经新簿》早已亡佚，但是《隋书·经籍志》和《七录序》对《中经新簿》的内容有简要介绍，使得我们对这部重要目录的基本情况有所了解。

据《隋书·经籍志》记载："魏氏代汉，采掇遗亡，藏在秘书中、外三阁。魏秘书郎郑默，始制《中经》，秘书监荀勖，又因《中经》，更著《新簿》，分为四部，总括群书。一曰甲部，纪六艺及小学等书；二曰乙部，有古诸子家、近世子家、兵书、兵家、术数；三曰丙部，有史记、旧事、皇览簿、杂事；四曰丁部，有诗赋、图赞、《汲冢书》。大凡四部合二万九千九百四十五卷。但录题及言，盛以缥囊，书用缃素。至于作者之意，无所论辩。惠、怀之乱，京华荡覆，渠阁文籍，靡有孑遗。"③《隋书·经籍志》不仅记载了《中经新簿》编撰的情况，而且说明了《中经新簿》分为四部。其将第一部类命名为"甲部"，著录六艺及小学等书，相当于《七略》的《六艺略》和后世之经部；第二部类命名为"乙部"，著

---

① 房玄龄等：《晋书》卷五十一，中华书局，1974年，1433页。
② 房玄龄等：《晋书》卷三十九，中华书局，1974年，1154页。
③ 魏徵、令狐德棻：《隋书》卷三十二，中华书局，1973年，第906页。

录古诸子家、近世诸子家、兵书、兵家、术数之书，相当于《七略》的诸子、兵书、数术、方技四略和后世之子部；第三部类命名为"丙部"，著录史记、旧事、皇览簿、杂事之书，这是在《七略》《六艺略》中春秋类所附的史籍小类基础上扩充成的大类，相当于后世之史部；第四部类命名为"丁部"，著录诗赋、图赞、《汲冢书》等，相当于《七略》之《诗赋略》及后世之集部。[①] 显而易见，"甲、乙、丙、丁"四部的类目及其次序已经初步形成。需要指出的是，《中经新簿》将"子部"排在"史部"的前面，荀勖之后的李充根据情况，对此进行调整，才最终形成了后世一直沿用的"甲（经）、乙（史）、丙（子）、丁（集）"四部分类及其排序。

三、荀勖目录学思想的特点和贡献

1. 开四部分类法新范式

据《七录序》记载，荀勖"因魏《中经》，更著《新簿》，虽分为十有余卷，而总以四部别之"。荀勖编撰的《中经新簿》将所著录的书目分为四部。据《隋书·经籍志》记载："秘书监荀勖，又因《中经》，更著《新簿》，分为四部，总括群书。"[②] 荀勖为了适应文献发展的变化，将之前长期沿用的"七分法"改为"四分法"。《中经新簿》的编撰，标志着我国古代目录学进入了四部分类的时期[③]，在目录学史上具有重要影响和意义。荀勖创立的四部分类法开启了新的分类法时代，为后来的四部分类法开辟了新的范式，影

---

① 李万健：《中国著名目录学家传略》，书目文献出版社，1993年，第18—19页。
② 魏徵、令狐德棻：《隋书》卷三十二，中华书局，1973年，第906页。
③ 唐明元：《魏晋南北朝目录学研究》，巴蜀书社，2009年，第92页。

响深远。

2. 确立史书为四部之大类

荀勖在编撰《中经新簿》时，发现当时史学类文献增多的实际情况，将其从之前的下位类提升到上位类，使得史学在分类学意义上成为独立的一大学术门类。刘歆《七略》中虽然已经著录了司马迁《史记》等史学文献，但是依旧将其所代表的史学类文献，分在《六艺略》下的春秋类中，史学类文献还处于第三级的类目中。到西晋时，这种分类已然不能反映当时文献数量和分布的实际状况。荀勖在《中经新簿》中，单列丙部，以收录史学类文献为主，包括"史记、旧事、皇览簿、杂事"等，荀勖"第一次确立了史书的大类地位。这是书目编纂史上具有开创性的工作"①。荀勖意识到史学的地位在不断提高，已经与其所在的类目位置不相符，因而将史学类目独立为四部之一大类。诸如司马迁《史记》、班固《汉书》等史学著名学者及其史学类文献，在学术发展中的影响和地位逐渐增大。"荀勖撰《中经新簿》时，客观地反映了史学发展的现状，将已独立于经学之外的史书单独成部，从目录学的角度正式确立了史学的独立地位。出史著于'春秋'，确立史学在学术上的独立地位，是荀勖《中经新簿》在古典目录学史上的又一重大贡献。荀勖《中经新簿》丙部的单独立类，标志着史书已不再是经学附庸，而成为与经、子、集等并列的独立部类之一。"②

3. 著录佛经于书目

魏晋之前可见的目录，包括《别录》《七略》等即使收录文献

---

① 李万健：《中国著名目录学家传略》，书目文献出版社，1993年，第19页。
② 唐明元：《魏晋南北朝目录学研究》，巴蜀书社，2009年，第94页。

数量较大，但未见对佛教文献的著录。魏晋南北朝之后，佛教在中国迅速传播和发展。其间，有西域僧人来华传经，有本土僧人求法取经。中西僧人共同翻译佛经，并产生了大量佛教著述。

魏晋南北朝时期佛教译经数量统计表

朝代	译经人数	译经部数	译经卷数
曹魏	五	一二	一八
孙吴	五	一八九	四一七
西晋	一二	三三三	五九〇

根据《魏晋南北朝时期佛教译经数量统计表》[①]，荀勖所处的时代，佛经译经人数共计22人，译经部数共计534部，译经卷数共计1025卷。可见从译经人数到翻译佛经的数量，都已经有一定规模。西晋时，荀勖编撰官府藏书目录《中经新簿》时，不可能无视佛教文献的存在。在荀勖之前，鲜有人将佛教文献单独作为一个类目列入目录中，荀勖也未能在《中经新簿》中单列佛经的类目，但是他著录佛经于官府藏书综合书目是一大创举。据《七录序》记载："晋中经簿四部书，一千八百八十五部，二万九百三十五卷。其中十六卷佛经书簿少二卷，不详所载多少。"[②] 可见《中经新簿》中著录有少量佛经。

4.《汲冢书》集中著录

在《中经新簿》的丁部中，著录有文献"诗赋、图赞、《汲冢

[①] 梁启超：《佛典之翻译》，载《饮冰室合集》专集之六十，中华书局，1989年，第1—2页。

[②] 阮孝绪：《七录序》，载释道宣辑《广弘明集》卷三，上海书店1989年据商务印书馆1926年版重印本。

书"",虽然我们有意将丁部理解为后来的"集部",但是这里显然存在一种特殊类别的文献,即《汲冢书》。对于荀勖为何将《汲冢书》放在《中经新簿》的丁部,后来有不少学者提出不同的见解或者推测。有"不散置各类"的见解,如曹慕樊认为:"以意推求,或荀勖以为这部书应集中在一起,便于研究整理,不宜散置各类。"[①] 有便于庋藏的推测,如唐明元认为:"因《晋中经簿》已完稿,入丁部之末最为简便,不会破坏已形成的部卷结构,也不会影响原有的庋藏体系。"[②] 笔者分析,在荀勖去世的前十年,即咸宁五年(279),《汲冢书》才被发掘并收藏在秘书府里。太康二年(281),荀勖等人才接到诏令校订和整理这些文献。整理在竹简上用小篆刻成十余万言的《汲冢书》,时间太紧迫、任务太繁重。荀勖在生前完成《中经新簿》易,但是要在整理完《汲冢书》后再完成《中经新簿》则不易。综合而论,荀勖将《汲冢书》列入《中经新簿》的丁部,既做到了"不散置各类",又"为插架方便计"[③];既有了体系较为完整的四部分类目录,又开创了特藏文献集中归类的分类学方法。

---

① 曹慕樊:《目录学纲要》,西南师范大学出版社,1988年,第52页。
② 唐明元:《魏晋南北朝目录学研究》,巴蜀书社,2009年,第62—63页。
③ 姚名达:《中国目录学史》,吉林人民出版社,2013年,第54页。

第二节 李充《晋元帝四部书目》

一、李充生平及著述

李充,字弘度,江夏(今河南罗山西)人,东晋文学家、目录学家,曾历任丞相王导掾、记室参军、征北将军参军、剡县令、大著作郎,官至中书侍郎,卒于任上。他"幼好刑名之学,深抑虚浮之士"[1],反对虚浮之风,勤于笔墨,著述有《箴学》、《尚书注》、《周易旨》六篇、《释庄论》二篇、诗赋表颂等杂文二百四十首[2]、《翰林论》三卷等,其大部分著述已经散佚,严可均在《全上古三代秦汉三国六朝文》中辑录有李充的部分文章。李充的目录学思想和贡献,主要体现在其主持编撰的《晋元帝四部书目》中。

二、《晋元帝四部书目》及其分类思想

1.《晋元帝四部书目》的编撰

据《七录序》记载:"惠怀之乱,其书略尽,江左草创,十不

---

[1] 房玄龄等:《晋书》卷九十二,中华书局,1974年,第2389页。
[2] 房玄龄等:《晋书》卷九十二,中华书局,1974年,第2391页。

一存，后虽鸠集，浠乱已甚。"① 西晋时，《中经新簿》著录有图书文献约二万九千九百四十五卷。这些藏书在惠怀之乱中，大量被损毁，几乎只存留不到十分之一，《隋书·经籍志》也有记载："惠、怀之乱，京华荡覆，渠阁文籍，靡有孑遗。"② 晋元帝司马睿统治时期，努力"鸠集"藏书，《隋书·经籍志》曰"东晋之初，渐更鸠聚"，在此基础上，藏书量有所增加。之后，时任著作佐郎的李充，"始加删正"③，《隋书·经籍志》记载道："充遂总没众篇之名，但以甲乙为次。"④ 李充主持整理晋元帝时所"鸠聚"的藏书，"删除烦重，以类相从，分作四部"⑤。他删除重复的图书，将其余的进行分类，共分为四部，分别以甲、乙、丙、丁之名命名，编成《晋元帝四部书目》。

2.《晋元帝四部书目》的内容

李充主持编撰的《晋元帝四部书目》，共计著录文献"四部三百五帙三千一十四卷"⑥。李充参考荀勖《中经新簿》的四部分类法，对所著录藏书"以类相从，分作四部"，并对四大部类的顺序作了调整和更换，"换其乙丙之书，没略众篇之名，总以甲乙为次"，意思是李充将《中经新簿》中原来"丙部"著录的藏书类别换作"乙部"，又将原来"乙部"著录的藏书类别换作"丙部"，所

---

① 阮孝绪：《七录序》，载释道宣辑《广弘明集》卷三，上海书店 1989 年据商务印书馆 1926 年版重印本。
② 魏徵、令狐德棻：《隋书》卷三十二，中华书局，1973 年，第 906 页。
③ 阮孝绪：《七录序》，载释道宣辑《广弘明集》卷三，上海书店 1989 年据商务印书馆 1926 年版重印本。
④ 魏徵、令狐德棻：《隋书》卷三十二，中华书局，1973 年，第 906 页。
⑤ 房玄龄等：《晋书》卷九十二，中华书局，1974 年，第 2391 页。
⑥ 阮孝绪：《七录序》，载释道宣辑《广弘明集》卷三，上海书店 1989 年据商务印书馆 1926 年版重印本。

以《晋元帝四部书目》的四大部类的顺序为：甲部（经）、乙部（史）、丙部（子）、丁部（集）。清代钱大昕对《晋元帝四部书目》四部分类的解释为："五经为甲部；史记为乙部；诸子为丙部；诗赋为丁部。而经史子集之次始定。"①

《晋元帝四部书目》和《中经新簿》对比变化图表

《晋元帝四部书目》	对比变化	《中经新簿》	《中经新簿》著录类别
甲部（经部）		甲部（经部）	纪六艺及小学等书
乙部（史部）		乙部（子部）	有古诸子家、近世子家、兵书、兵家、术数
丙部（子部）		丙部（史部）	有史记、旧事、皇览簿、杂事
丁部（集部）		丁部（集部）	有诗赋、图赞、《汲冢书》

（注：上表中括号里的"经部、史部、子部、集部"注释，仅以《隋书·经籍志》中的四部分类命名为参照，以便于理解其内涵及变化。）

李充主持编撰的《晋元帝四部书目》，"甚有条贯，秘阁以为永制"②。其后的大多数官藏书目和一些私家书目，都因循这一四部分类法及其顺序，受其影响的目录诸如《隋书·经籍志》《旧唐书·经籍志》《新唐书·艺文志》《崇文总目》《郡斋读书志》《文献通考·经籍考》《宋史·艺文志》《千顷堂书目》《四库全书总目》等。对此，《隋书·经籍志》的论断相当有预见性："自尔因循，无所变革。"③ 这也进一步说明，李充《晋元帝四部书目》中的四部分类法及其顺序安排，具有一定合理性，对后世的目录学发展产生了非常深远的影响。

---

① 钱大昕：《补元史艺文志》卷一，中华书局，1985年，第1页。
② 房玄龄等：《晋书》卷九十二，中华书局，1974年，第2391页。
③ 魏徵、令狐德棻：《隋书》卷三十二，中华书局，1973年，第906页。

第九章

王俭、阮孝绪的目录学思想

第一节 王俭《七志》

一、王俭生平及著述

王俭（452—489），字仲宝，山东临沂人，南朝齐名臣，著名目录学家。早年丧父，从小好学，"幼有神采，专心笃学，手不释卷"①。十八岁时任秘书郎，历任秘书丞、义兴太守、太尉右长史等

---

① 萧子显：《南齐书》卷二十三，中华书局，1972年，第433页。

职。后辅佐南齐萧道成即位，因有佐命之功，封南昌县公，升尚书左仆射，领吏部，兼丹阳尹。齐武帝时，领国子祭酒，任侍中、尚书令、镇军将军等职。永明七年（489），王俭英年早逝，年仅三十八岁。齐武帝下诏追赠其为太尉、侍中、中书监，谥号"文宪"。《南齐书》卷二十三和《南史》卷二十二，分别为王俭立传。

王俭著述颇丰，《隋书·经籍志》著录有《王俭集》五十一卷、《宋元徽元年四部书目录》四卷、《今书七志》七十卷、《丧服古今集记》三卷、《丧服图》一卷、《礼论要钞》十卷、《礼答问》三卷、《礼义答问》八卷、《吊答仪》十卷、《吉书仪》二卷、《百家集谱》十卷等。明人张溥辑有《王文宪集》，收入《汉魏六朝百三家集》，辑录王俭的诗、辞、表、议等共六十余篇。其中涉及目录学的内容主要见于《宋元徽元年四部书目录》和《七志》当中。

二、王俭目录学思想

1. 王俭目录学成果概述

王俭的目录学成果，主要体现在他所编撰的《宋元徽元年四部书目录》和《七志》中。《宋元徽元年四部书目录》是一部官修书目，南朝宋元徽元年，由时任南朝宋秘书丞的王俭等人主持编撰。全书以四分法为例，共分类著录二千二十帙，一万五千七百零四卷。该书已亡佚。《七志》是一部私人编修书目，据《南齐书》记载，王俭上表自愿校勘藏书，依据《七略》之体例编撰《七志》。据《宋书·后废帝纪》记载，元徽元年八月，"秘书丞王俭表上所撰《七志》三十卷"①。据阮孝绪《七录序》和《隋书·经籍志》记载，《七志》将所著录图书分为七类，一曰"经典志"，二曰"诸子志"，三曰"文翰志"，四曰"军书志"，五曰"阴阳志"，六曰"术艺志"，七曰"图谱志"，附录道经、佛经。《七志》全书已经亡佚，后人多根据现存的《七录序》和《隋书·经籍志》中有关的介绍和论述把握王俭《七志》的目录学思想。关于《七志》的书名，《宋书》《南齐书》《南史》《七录序》等书中记载为《七志》，《宋书·后废帝纪》："秘书丞王俭表上所撰《七志》三十卷"；《南齐书·王俭传》："依《七略》撰《七志》四十卷"；《南史·王俭传》："依《七略》撰《七志》四十卷"；梁阮孝绪《七录序》："俭又依《别录》之体，更撰《七志》"。《王文宪集序》《隋书·经籍志》《通志》等书中同时出现《七志》和《今书七志》。梁任昉《王文宪集序》："依刘歆《七略》，更撰《七志》"，"所撰《古今集记》《今书七志》，为一家言"。《隋书·经籍志》和《通志》等书也同时著录《七志》和《今书七志》。据乔好勤分析认为："《七志》一书的全称当是《今书七志》，《七志》是其略称。"②

2. 王俭目录学思想内容

（1）更新七分法

王俭在《七志》中，将所著录的图书分为七大类，后面附有道经、佛经类目录。据《隋书·经籍志》记载："元徽元年，秘书丞王俭又造《目录》，大凡一万五千七百四卷。俭（王俭）又别撰《七志》：一曰《经典志》，纪六艺、小学、史记、杂传；二曰《诸

---

① 沈约：《宋书》卷九，中华书局，1974年，第180页。
② 乔好勤：《关于〈七志〉的几个问题》，《四川图书馆学报》1987年第4期。

子志》,纪今古诸子;三曰《文翰志》,纪诗赋;四曰《军书志》,纪兵书;五曰《阴阳志》,纪阴阳图纬;六曰《术艺志》,纪方技;七曰《图谱志》,纪地域及图书。"王俭的图书分类体系为七加二型,七分法为主,包括经典志、诸子志、文翰志、军书志、阴阳志、术艺志、图谱志;附加两类,包括道经、佛经类。我们通常以七大类来指称王俭采用的七分法,这也类似于传统四分法书目中虽然也有附录书目,但是依然称之为四分法的惯常做法。

我们通过对比王俭《七志》和《七略》中的类目,考察王俭《七志》在分类法上的变化及其思想内涵。

《七略》和《七志》类目对比

目录	类目								
七略	六艺略	诸子略	诗赋略	兵书略	数术略	方技略	辑略		
七志	经典志	诸子志	文翰志	军书志	阴阳志	术艺志	图谱志	道经	佛经

王俭《七志》的分类框架基本与《七略》一致,主要是将类目名称作了改变。王俭因为"六艺之称,不足标榜经目,改为经典"[1],于是将《七略》中的"六艺略"改为"经典志"。对于"诸子略",则采用同名,仅改为"诸子志"。王俭"以诗赋之名,不兼余制"[2],认为诗赋之名的外延,无法涵盖其他一些文学体裁的作品,所以将"诗赋略"改为"文翰志"。王俭"以兵字浅薄,军言

---

[1] 阮孝绪:《七录序》,载释道宣辑《广弘明集》卷三,上海书店1989年据商务印书馆1926年版重印本。
[2] 阮孝绪:《七录序》,载释道宣辑《广弘明集》卷三,上海书店1989年据商务印书馆1926年版重印本。

深广"①，认为"兵"字没有"军"字含义深厚广阔，所以将"兵书略"改为"军书志"。王俭因为"数术之称，有繁杂之嫌"②，认为"数术"之名的内涵过于多而杂，所以将"数术略"改为"阴阳志"。王俭因为"方伎之言，事无典据"③，认为方技之名无典可据，所以将"方技略"改为"术艺志"。王俭"图谱一志，刘略所无"④，"图谱志"是《七略》中没有的，是王俭新增的一个大类目，这也使得王俭的分类目录相较《七略》，"以全七限"⑤。对于附录的道经、佛经两类书目，也是王俭相较于《七略》所增设的。

（2）增设"图谱志"

相较于《七略》，王俭《七志》的显著特点就是增设了"图谱志"。据《隋书·经籍志》记载，《图谱志》主要"纪地域及图书"⑥，即主要著录地理地域和谱牒图谱类的书籍。据阮孝绪《七录序》记载："王俭《七志》……以向歆虽云《七略》，实有六条，故别立《图谱》一志，以全七限。"一方面，王俭发现所参照的目录《七略》中，实际只有六大类，所以增设"图谱志"，使得所编目录《七志》，成为完全意义上的七分法目录；另一方面，王俭发现当时

---

① 阮孝绪：《七录序》，载释道宣辑《广弘明集》卷三，上海书店1989年据商务印书馆1926年版重印本。
② 阮孝绪：《七录序》，载释道宣辑《广弘明集》卷三，上海书店1989年据商务印书馆1926年版重印本。
③ 阮孝绪：《七录序》，载释道宣辑《广弘明集》卷三，上海书店1989年据商务印书馆1926年版重印本。
④ 阮孝绪：《七录序》，载释道宣辑《广弘明集》卷三，上海书店1989年据商务印书馆1926年版重印本。
⑤ 阮孝绪：《七录序》，载释道宣辑《广弘明集》卷三，上海书店1989年据商务印书馆1926年版重印本。
⑥ 魏徵、令狐德棻：《隋书》卷三十二，中华书局，1973年，第907页。

记载地理地域和谱牒图谱类的书籍增多，为了充分体现图谱类书籍的重要性，有必要增设"图谱志"的类目。

根据郑樵《通志·图谱略》的分析和评论，我们更加认识到王俭增设"图谱志"对保存图谱类书籍的重要意义。《通志·图谱略》曰："歆向之罪，上通于天。汉初典籍无纪，刘氏创意，总括群书，分为七略，只收书不收图。艺文之目，递相因习。故天禄兰台三馆四库内外之藏，但闻有书而已。萧何之图自此委地，后之人将慕刘班之不暇，故图消而书日盛。惟任宏校兵书一类，分为四种。有书五十三家，有图四十三卷，载在《七略》，独异于他。宋齐之间，群书失次。"① 大意是说，刘向、刘歆编纂目录，只收书不收图，后来者大多也因循此法，导致古代藏书中图类书籍日渐消亡。其间虽有任宏在兵书目录中，著录有"图四十三卷"，收录在《七略》当中，但是，很少有其他书目著录图籍的。为此，郑樵深入分析了图谱类书籍的重要性，"至今虞夏商周秦汉上代之书具在，而图无传焉。图既无传，书复日多，兹学者之难成也。天下之事不务行而务说，不用图谱可也。若欲成天下之事业，未有无图谱而可行于世者"②。他认为图谱类书籍在成就"天下之事业"的实践中发挥着重要作用。同时，郑樵高度称赞王俭在《七志》中增设"图谱志"的做法，认为"王俭于是作《七志》以为之纪，六志收书，一志专收图谱，谓之图谱志。不意末学而有此作也。且有专门之书，则有专门之学。有专门之学，则其学必传。而书亦不失"③，不仅使大量图谱类书籍得以保存流传下来，而且使图谱学这一专门学问得以

---

① 郑樵：《通志》卷七十二，浙江古籍出版社，2000年，第837页。
② 郑樵：《通志》卷七十二，浙江古籍出版社，2000年，第837页。
③ 郑樵：《通志》卷七十二，浙江古籍出版社，2000年，第837页。

传承。

（3）撰写传录体叙录

王俭依循《七略》中编写书目有叙录的做法，在《七志》中"不述作者之意，但于书名之下，每立一传，而又作九篇条例，编乎首卷之中"①。王重民称《七志》中书名之下的立传为"传录体的叙录"②。王俭通过在书名之下简要介绍作者的生平传记，帮助读者了解作者及其著作。王重民撰文分析认为："在官修目录采用简单著录方式盛行的时代，王俭能够撷取'文章志'和其他解题目录中的长处，把传录体的叙录使用到综合性系统目录中来，提高了系统目录的参考使用价值，是仍然应该作为《七志》的优点之一来看待的。"③王俭为著录的每本书撰写传录体叙录，是一个创举，在目录学史上具有重要的影响和价值。乔好勤认为："王俭开创了我国古代书目提要的又一体例，这一体例对当时和以后的书目编纂者均有一定的影响，其贡献是应该肯定的。"④

（4）推崇《孝经》

王俭《七志》中以《孝经》为六艺经典之首，陆德明《经典释文叙录》对此分析评论道："五经六籍，圣人设教，训诱机要，宁有短长？然时有浇淳，随病投药，不相沿袭，岂无先后？所以次第互有不同。如《礼记·经解》之说，以《诗》为首；《七略》《艺文志》所记，用《易》居前。阮孝绪《七录》，亦同此次。而王俭《七志》，《孝经》为初。原其后前，义各有旨。"⑤又说："《七志》

---

① 魏徵、令狐德棻：《隋书》卷三十二，中华书局，1973年，第907页。
② 王重民：《〈七志〉与〈七录〉》，《图书馆》1962年第1期。
③ 王重民：《〈七志〉与〈七录〉》，《图书馆》1962年第1期。
④ 乔好勤编著：《中国目录学史》，武汉大学出版社，1992年，第100页。
⑤ 陆德明：《经典释文》，上海古籍出版社，1985年，第9页。

以《孝经》居《易》之首。"① 对于六艺经典的排序,历来不同典籍的做法略有不同,如《礼记》中将《诗》排在六艺经典之首;在王俭《七志》之前的目录《七略》《汉书·艺文志》和之后的目录《七录》中,均将《易》排在最前面;但是王俭在《七志》中,将《孝经》排在最前面。有学者分析认为:"这正是当时提倡孝道、重视《孝经》,《孝经》成了'童蒙始学'必读书的真实反映。"② 也有学者分析认为,统治者为了维护其政治利益,把《孝经》当作"进行思想意识教育是重要的手段"③,王俭将《孝经》列于群书之首,是"根据现实统治者的需要,为当时政治服务的"④。无论是从推进《孝经》的研究和发展的角度看,还是从服务政治意识形态的角度看,都存在一定影响和意义。学者型官员王俭通过编制目录,在类目排序等细微之处,表达自己的学术观点与态度,并借此顺应和表达自己对当时意识形态观念的倾向与态度。

(5) 附录道经、佛经书目

魏晋南北朝时期,道教、佛教均有长足发展,也出现了大量道经和佛经。王俭顺应时代发展的趋势,在《七志》中附录了道经和佛经的书目。值得一提的是,与同时期其他书目不同之处,王俭《七志》中是道经在前、佛经在后。据《隋书·经籍志》记载,王俭《七志》中"道、佛附见"⑤。阮孝绪《七录序》中记载,"并方

---

① 陆德明:《经典释文》,上海古籍出版社,1985年,第11页。
② 舒大刚:《中国孝经学史》,福建人民出版社,2013年,第150页。
③ 乔好勤编著:《中国目录学史》,武汉大学出版社,1992年,第102页。
④ 乔好勤编著:《中国目录学史》,武汉大学出版社,1992年,第102页。
⑤ 魏徵、令狐德棻:《隋书》卷三十二,中华书局,1973年,第907页。

外之经，佛经道经，各为一录"①，但是"王（王俭）则先道而后佛"②。两则文献都确认了道经和佛经先后顺序的现象，可见这并不是王俭的无意之作，很可能是有意为之。乔好勤分析认为："宋齐之世，道教最为活跃。在激烈的佛道斗争中，王俭是重道轻佛的，故《七志》附录，道在佛前。"③

三、王俭目录学思想观点的贡献和影响

综上所述，王俭目录学思想主要有五个方面的特征和贡献，包括更新七分法，增设图谱志，撰写传录体叙录，推崇《孝经》，附录道经、佛经书目。其中更新七分法，是对《七略》七分法的完善和革新，不仅改变类目名称，而且增设图谱大类和附录道经、佛经，使所著录文献的范围更全面、更广泛，有助于保存和流传当时各类文献，也有助于后世通过其所著录文献对南朝宋、齐以前历史文化进行研究。增设"图谱志"是王俭的一大创举，在目录学史上具有重要影响。郑樵在《通志·图谱略》中盛赞王俭的这一贡献，认为其较之前的一些目录学家更有远见卓识，"不意末学而有此作也"，对于保存图籍和传承图谱学意义深远。撰写"传录体叙录"也是王俭的一个创举，丰富了书目叙录提要的内容和形式，推动了目录学的创新发展。王俭在编撰目录的实践中推崇《孝经》的做

---

① 阮孝绪：《七录序》，载释道宣辑《广弘明集》卷三，上海书店1989年据商务印书馆1926年版重印本。
② 阮孝绪：《七录序》，载释道宣辑《广弘明集》卷三，上海书店1989年据商务印书馆1926年版重印本。
③ 乔好勤编著：《中国目录学史》，武汉大学出版社，1992年，第103页。

法，是目录学家主动参与学术发展潮流并积极影响学术发展趋势的体现。王俭在《七志》中附录道经、佛经书目，既体现了其对当时道教、佛教发展现状和趋势的准确判断，也体现了其在表达对道经、佛经排序态度上的主见和倾向。

第二节 阮孝绪《七录》

一、阮孝绪生平

阮孝绪（479—536），字士宗，陈留尉氏（今属河南）人。南朝梁目录学家。阮孝绪从小以孝著称，性格沉静，喜爱读书，他十三岁时就通读了《五经》。十五岁时，他向其父表明了追求道家的心志，"愿迹松子于瀛海，追许由于穹谷，庶保促生，以免尘累"[①]，希望追随松子和许由隐居大海深山之中，超脱于世俗的牵绊。此后他独居一室，不常外出，家人都很少见到他，因此亲友称他为"居士"。阮孝绪多次被举荐和召见，但他避而不见，远离仕途，终生隐逸。卒于大同二年（536），享年五十八岁，谥号为"文贞"。《南史》卷七十六和《梁书》卷五十一，载有阮孝绪传。

阮孝绪作为目录学家，主要的成果为《七录》十二卷，另著有

[①] 李延寿：《南史》卷七十六，中华书局，2000年，第1265页。

《文字集略》《正史删繁》《序录》《高隐传》《古今世代录》《杂文》《声纬》等书。

二、阮孝绪目录学思想

（一）《七录》

《隋书·经籍志》记载，阮孝绪"沉静寡欲，笃好坟史，博采宋、齐已来，王公之家凡有书记，参校官簿，更为《七录》"[1]。《七录序》记载："孝绪少爱坟籍，长而弗倦，卧病闲居，傍无尘杂，晨光才启，缃囊已散，宵漏既分，绿帙方掩，犹不能穷究流略，探尽秘奥，每披录内省，多有缺然。其遗文隐记，颇好搜集。凡自宋齐已来，王公搢绅之馆，苟能蓄聚坟籍，必思致其名簿，凡在所遇，若见若闻，校之官目，多所遗漏，遂总集众家，更为新录。其方内经史，至于术伎，合为五录，谓之内篇，方外佛道，各为一录，谓之外篇。凡为录有七，故名《七录》。"[2] 这两段记载均表明他喜爱读书，广泛采集和阅览自南朝宋、齐以前的可见私家书目，并参考官府藏书目录进行校对，发现各种书目多数不够完整，因此他"总集众家，更为新录"，汇集各家书目，编纂成新的书目《七录》。《七录》的书目全文已经亡佚，只有《七录序》见于《广弘明集》中。

《七录序》还特意记载了阮孝绪编纂《七录》开始的时间，"有

---

[1] 魏徵、令狐德棻：《隋书》卷三十二，中华书局，1973年，第907页。
[2] 阮孝绪：《七录序》，载释道宣辑《广弘明集》卷三，上海书店1989年据商务印书馆1926年版重印本。

梁普通四年岁维单阏仲春十有七日,于建康禁中里宅始述此书"①。阮孝绪编成《七录》还得力于刘杳的帮助,"通人平原刘杳从余游,因说其事,杳有志积久,未获操笔,闻余已先著鞭,欣然会意,凡所抄集,尽以相与,广其闻见,实有力焉"②。刘杳是南朝梁文学家、藏书家、目录学家,他也曾有志于编纂书目之事,得知阮孝绪已经开始这项事业,就欣然将自己长期以来收集抄录的书目赠予阮孝绪,这对阮孝绪后来的目录编纂有很大助益。

《七录》分别著录七大类目,一曰《经典录》,纪六艺;二曰《记传录》,纪史传;三曰《子兵录》,纪子书、兵书;四曰《文集录》,纪诗赋;五曰《技术录》,纪数术;六曰《佛录》;七曰《道录》。《七录》又分为内外篇,内篇包括《经典录》《记传录》《子兵录》《文集录》《技术录》,外篇包括《佛录》《道录》。

阮孝绪在《七录序》中自述:"天下之遗书秘记,庶几穷于是矣!"③ 这表明了阮孝绪编纂书目的宏大志向,要总集天下书籍之目录。他也用事实证明了所纂书目、收集书目数量之庞大:"新集《七录》内外篇图书,凡五十五部,六千二百八十八种,八千五百四十七帙,四万四千五百二十六卷。内篇:五录,四十六部,三千四百五十三种,五千四百九十三帙,三万七千九百八十三卷。外篇:二录,九部,二千八百三十五种,三千五十四帙,六千五百三

---

① 阮孝绪:《七录序》,载释道宣辑《广弘明集》卷三,上海书店1989年据商务印书馆1926年版重印本。
② 阮孝绪:《七录序》,载释道宣辑《广弘明集》卷三,上海书店1989年据商务印书馆1926年版重印本。
③ 阮孝绪:《七录序》,载释道宣辑《广弘明集》卷三,上海书店1989年据商务印书馆1926年版重印本。

十八卷。"①

（二）目录学思想

1. 简要记述了中国古代图书史

阮孝绪简要记述了中国古代图书史。具体而言，在《七录序》中，阮孝绪首先论述了文字和图书对于形成良好社会风俗与道德伦常，对于文化传播与文明传承，都有着潜移默化而影响深远的意义。紧接着，阮孝绪简述了自文字出现以后，至他自己编撰成《七录》期间的图书史。结绳记事和仓颉造字开创了文明时代；孔子删定诗书礼乐，奠定六艺文化之道。随后又经历百家争鸣和焚书坑儒等图书文化史上的巨大波澜起伏，图书数量因搜访聚集而增多，又因兵火战乱等各种书厄而减少，具体变化除了有《七录序》中文字记述的存亡情况，还可以从"古今书最"中所著录书目数量增减情况得知。

2. 开创了目录学史的研究和书写

阮孝绪开创了目录学史的研究和书写。阮孝绪在《七录序》中重点阐述了自刘向、刘歆开始的目录学发展史。刘向、刘歆整理文献形成目录《七略》，"歆等，雠校篇籍，每一篇已，辄录而奏之。会向亡丧，帝使歆嗣其前业，乃徙温室中书于天禄阁上，歆遂总括群篇，奏其《七略》"②；汉代班固在《七略》基础上编撰而成《汉书·艺文志》，魏秘书郎郑默编撰目录《中经》，晋秘书监荀勖主持

---

① 阮孝绪：《七录序》，载释道宣辑《广弘明集》卷三，上海书店1989年据商务印书馆1926年版重印本。
② 阮孝绪：《七录序》，载释道宣辑《广弘明集》卷三，上海书店1989年据商务印书馆1926年版重印本。

编成《新簿》，著作佐郎李充等又编成《晋元帝四部书目》，后来又有多部《四部目录》出现，"宋秘书监谢灵运、丞王俭，齐秘书丞王亮、监谢朏等，并有新进，更撰目录。宋秘书殷淳，撰大四部目"①；王俭依循《别录》之体，撰成目录《七志》；阮孝绪进而编撰了《七录》。阮孝绪不仅记录了中国古代目录学发展史，而且简要梳理了这些目录之间的继承与变革关系。我们依此对古代目录学发展的源流有了较为清晰的了解和认识。"阮孝绪是我国历史上首位对目录本身展开研究的学者"②，可谓中国古代目录学史的开山鼻祖。阮孝绪著录了当时他所见到的重要图书目录。主要包括：《七略》《汉书·艺文志》《晋中经簿》《晋元帝书目》《晋义熙四年秘阁四部目录》《宋元嘉八年秘阁四部目录》《宋元徽元年秘阁四部书目录》《齐永明元年秘阁四部目录》《梁天鉴四年文德正御四部及术数书目录》《七录》。这些目录被称为"古今书最"，傅荣贤认为"古今书最"是指古今图书的总会，即图书总财产账。③ 这些书目之后，主要记载了所著录的图书数量和存亡情况。阮孝绪在研究前人目录成果的基础上编撰《七录》。阮孝绪常年独居不外出，没有机会接触皇家藏书，因而只能根据某些私人藏书家的目录和流传的官家藏书目录，进行研究和编目。他继承和汲取了前人目录的合理成果④，总结改进了《七略》《七志》的分类表，斟酌了佛道典籍的最新目

---

① 阮孝绪：《七录序》，载释道宣辑《广弘明集》卷三，上海书店1989年据商务印书馆1926年版重印本。
② 傅荣贤：《浅论阮孝绪〈七录·序〉的目录学思想及其影响》，《图书馆理论与实践》2011年第5期。
③ 傅荣贤：《浅论阮孝绪〈七录·序〉的目录学思想及其影响》，《图书馆理论与实践》2011年第5期。
④ 申畅：《中国目录学家传略》，中州古籍出版社，1987年，第22页。

录成就，参考校核了其他目录著作的著录①，最终编成《七录》。

3.最早著录图书存亡情况

《七录》最早著录图书存亡情况。② 阮孝绪考证了以往书目著录图书的存亡情况，并将存亡数量著录在"古今书最"中。例如，他考证《七略》后，发现"五百七十二家亡，三十一家存"③。考证《汉书·艺文志》后，著录有"五百五十二家亡，四十四家存"。其存亡数量记录得如此精确详细，令人叹服。《晋中经簿》后著录有"其中十六卷佛经书簿少二卷，不详所载多少，一千一百一十九部亡，七百六十六部存"④。虽然阮孝绪未说明当时是如何考证出这些目录中的存亡情况的，但是这些简要的记载为后人开辟了一种视角，即通过记录目录存亡让后世知晓图书文化传播传承中的变迁，也体现出著录图书存亡是编撰目录的一个重要部分。因而，乔好勤认为阮孝绪编撰的"古今书最"，不仅记录了古今书目的名称，著录了图书种、帙、卷数，并且核对了当时现有图书的存亡数目，对于了解古代书目工作、图书的发展及其流传，有着重要参考价值。⑤

---

① 黄复超：《阮孝绪及其对目录学的贡献》，《郑州大学学报》（哲学社会科学版）1988年第2期。
② 傅荣贤：《浅论阮孝绪〈七录·序〉的目录学思想及其影响》，《图书馆理论与实践》2011年第5期。
③ 阮孝绪：《七录序》，载释道宣辑《广弘明集》卷三，上海书店1989年据商务印书馆1926年版重印本。
④ 阮孝绪：《七录序》，载释道宣辑《广弘明集》卷三，上海书店1989年据商务印书馆1926年版重印本。
⑤ 乔好勤编著：《中国目录学史》，武汉大学出版社，1992年，第106页。

（三）分类学思想

1. 分类学思想及特征

（1）"讨论研核，标判宗旨"

阮孝绪在《七录序》中表达了自己编撰目录的要求和理念，即"讨论研核，标判宗旨"①。阮孝绪编撰的《七录》中著录图书数量庞大，"总括群书四万余卷"。面对这么多图书，要做到"讨论研核，标判宗旨"是极其困难的，但是阮孝绪旨在为自己编撰目录树立一个严苛的标准，意在完成一部传之后世的杰作。"傥欲寻检，内寡卷轴，如有疑滞，旁无沃启，其为纰缪，不亦多乎？将恐后之罪予者，岂不在于斯录"②，可见阮孝绪治学态度之严谨和学术使命之崇高。这样的理念和要求也为后来的目录学家树立了标杆。

（2）"斟酌王、刘"

阮孝绪自述其编撰《七录》的核心思路是"斟酌王、刘"。阮孝绪在继承王俭《七志》和刘歆《七略》分类方法的基础上，斟酌和采纳他们分类中的可取之处，研判古今分类变迁，结合"部类之分合，随宜而定"③，最终形成《七录》。阮孝绪"斟酌王、刘"，以定《经典录》。《七录序》曰："王以六艺之称，不足标榜经目，改

---

① 阮孝绪：《七录序》，载释道宣辑《广弘明集》卷三，上海书店1989年据商务印书馆1926年版重印本。
② 阮孝绪：《七录序》，载释道宣辑《广弘明集》卷三，上海书店1989年据商务印书馆1926年版重印本。
③ 余嘉锡：《目录学发微》，巴蜀书社，1991年，第142页。

为经典，今则从之，故序《经典录》为《内篇》第一。"① 阮孝绪继承王俭《经典志》的类目，设为《经典录》。阮孝绪"斟酌王、刘"，以单列《记传录》。《七录序》曰："刘王并以众史合于《春秋》，刘氏之世，史书甚寡，附见《春秋》，诚得其例。今众家记传，倍于经典，犹从此志，实为繁芜。且《七略》诗赋，不从六艺诗部，盖由其书既多，所以别为一略。今依拟斯例，分出众史序记传录为内篇第二。"② 阮孝绪根据当时史传类书籍增多的现实，参照《七略》中将诗赋略单独成类的做法，将王、刘之前附于《春秋》类的史传书籍，提升到上位类并单独列为《记传录》。阮孝绪"斟酌王、刘"，"部类分合，随宜而定"，以合并出《子兵录》。《七录序》曰："诸子之称，刘王并同，又刘有《兵书略》。王以兵字浅薄，军言深广，故改兵为军。窃谓古有兵革、兵戎、治兵、用兵之言，斯则武事之总名也，所以还改军从兵。兵书既少，不足别录。今附于子末，总以子兵为称，故序《子兵录》为内篇第三。"③ 阮孝绪认为当时兵书较少，不适宜单独成为一录，就将其附在子书之后，合并成《子兵录》。阮孝绪"斟酌王、刘"，继承和创新，以创制《文集录》。《七录序》曰："王以诗赋之名，不兼余制，故改为文翰。窃以顷世文词，总谓之集，变翰为集，于名尤显。故序《文

---

① 阮孝绪：《七录序》，载释道宣辑《广弘明集》卷三，上海书店1989年据商务印书馆1926年版重印本。
② 阮孝绪：《七录序》，载释道宣辑《广弘明集》卷三，上海书店1989年据商务印书馆1926年版重印本。
③ 阮孝绪：《七录序》，载释道宣辑《广弘明集》卷三，上海书店1989年据商务印书馆1926年版重印本。

集录》为内篇第四。"① 阮孝绪继承王俭《文翰志》，又改翰为集，创制出《文集录》。阮孝绪"斟酌王、刘"，以合并出《术技录》。《七录序》曰："王以数术之称，有繁杂之嫌，故改为阴阳。方伎之言，事无典据，又改为艺术，窃以阴阳偏有所系，不如数术之该通，术艺则滥六艺与数术，不逮方伎之要显，故还依刘氏，各守本名。但房中神仙，既入仙道，医经经方，不足别创，故合术伎之称，以名一录，为内篇第五。"② 阮孝绪辨析了王俭《七志》和刘歆《七略》的类目之长短，兼取其中《术艺志》和《方技略》之所长，合并成《术技录》。阮孝绪"斟酌王、刘"，以排序外篇《佛法录》和《仙道录》之先后。《七录序》曰："释氏之教，实被中土，讲说讽味，方轨孔籍，王氏虽载于篇，而不在志限，即理求事，未是所安。故序《佛法录》为外篇第一。仙道之书，由来尚矣，刘氏神仙，陈于方技之末，王氏道经，书于七志之外。今合序《仙道录》为外篇第二。"③ 阮孝绪在王俭《七志》和刘歆《七略》的基础上，单列《佛法录》和《仙道录》，并依据"所宗有不同，亦由其教有浅深也"的思路，确定外篇"先佛而后道"④的顺序。

2. 分类学方面的创获

阮孝绪在编撰《七录》的过程中，以"讨论研核，标判宗旨"

---

① 阮孝绪：《七录序》，载释道宣辑《广弘明集》卷三，上海书店1989年据商务印书馆1926年版重印本。
② 阮孝绪：《七录序》，载释道宣辑《广弘明集》卷三，上海书店1989年据商务印书馆1926年版重印本。
③ 阮孝绪：《七录序》，载释道宣辑《广弘明集》卷三，上海书店1989年据商务印书馆1926年版重印本。
④ 阮孝绪：《七录序》，载释道宣辑《广弘明集》卷三，上海书店1989年据商务印书馆1926年版重印本。

为标准和方向，以"斟酌王、刘"为核心思路，以"部类分合，随宜而定"为方法，取舍、合并、创制和设定类目，编成中国目录学史上重要的《七录》。《七录》集中体现了阮孝绪在分类学方面的一些创获和贡献。阮孝绪在《七录》中，适应变化，将《七略》附属于"春秋"的下位类目，提升为一级类目《记传录》，确立了史部的类目地位，并进一步将《记传录》分为12类，实在是史学分类的创举，为史部目录学的发展奠定了基础。① 阮孝绪首次将书目类文献列入《七录》的著录范围。他在《七录·记传录》中首列"簿录"类，著录包括《七略》在内的各种"名簿"和"官目"计36种。这是我国"书目之书目"的最早见存，并成为《隋书·经籍志》在史部设立"簿录"类的先响。② 阮孝绪合并"诸子"及兵书，创设了《子兵录》；合并术数与方技的相关类目，设立《术技录》。阮孝绪在王俭《文翰志》的基础上，用"集"的概念替换"翰"字，设立《文集录》，为后来进一步凝练形成"集"部作出了巨大贡献。阮孝绪《七录》第一次将佛道经目列入综合性目录分类体系。③ 此外，阮孝绪《七录》针对图谱类，提出分散著录的思路，"图画之篇，宜从所图为部，故随其名题，各附本录。谱既注记之类，宜与史体相参，故载于记传之末"④。阮孝绪认为图画类书籍应依所在主题著录，谱牒类书籍应著录于《记传录》下。

---

① 乔好勤编著：《中国目录学史》，武汉大学出版社，1992年，第107页。
② 傅荣贤：《浅论阮孝绪〈七录·序〉的目录学思想及其影响》，《图书馆理论与实践》2011年第5期。
③ 乔好勤编著：《中国目录学史》，武汉大学出版社，1992年，第107页。
④ 阮孝绪：《七录序》，载释道宣辑《广弘明集》卷三，上海书店1989年据商务印书馆1926年版重印本。

三、阮孝绪目录学思想的影响

阮孝绪《七录》,是除《汉书·艺文志》总序外,保存至今最早、最完整的一篇目录学论著,是研究汉魏六朝目录学的发展,特别是阮氏的目录学思想的一部非常珍贵的文献。[①] 其学术贡献和影响,可谓继往开来,承前启后,意义深远,颇得后世学者的肯定与赞许。《隋书·经籍志》称《七录》"分部题目,颇有次序"[②]。《隋书·经籍志》的分类体系是在继承《七录》基础上的进一步凝练和创新,姚名达高度肯定了《七录》之于《隋书·经籍志》的意义:"《阮录》最大的影响,就是做《隋书·经籍志》的范本。"[③] 姚名达还认为:"《阮录》的目录分类,对于后世的影响,亦是非常大的。如道佛的分类,一直影响到后世的目录学家;而其将文字集略的另列,亦开后世将类书另列的风气。"[④]

傅荣贤认为阮孝绪《七录》,"开启了我国最早的、真正意义上的目录学研究之先河。其序言的研究内容,诸如分类和文献发展的关系、类名的选择和分类系统的原则等,一直是我国古代目录学研究的主体内容。郑樵'类例论'、章学诚'部次条别,将以辨章学术,考镜源流'观,都可导源于此"[⑤]。

---

① 乔好勤编著:《中国目录学史》,武汉大学出版社,1992年,第108页。
② 魏徵、令狐德棻:《隋书》卷三十二,中华书局,1973年,第907页。
③ 姚名达:《中国目录学年表》,上海书店,1989年,第125页。
④ 姚名达:《中国目录学年表》,上海书店,1989年,第126页。
⑤ 傅荣贤:《浅论阮孝绪〈七录·序〉的目录学思想及其影响》,《图书馆理论与实践》2011年第5期。

以上，我们在叙述藏书发展的社会历史背景基础上，论述了藏书聚散与访求、图书机构及藏书实践等重要传统藏书管理经验，进而按照历史轨迹，分章节论述了先秦、秦汉、魏晋南北朝时期藏书整理的理论成就，让读者对古代图书馆学发展的特征和规律有了一定的了解和认识。虽然先秦秦汉魏晋南北朝时期能够挖掘到和可诠释的图书馆学理念与思想火花较为有限，但是这些源头珍贵的智慧之光，为我们开启了中国古代图书馆学的理念之门，也为图书馆学的未来发展奠定了基础。以《别录》和《七略》为例，刘向、刘歆通过校书，总结校书方法和理念，进而编纂成图书目录，不仅在我国目录学发展史上具有开创性，而且其提出的图书分类思想，对后世图书馆事业和图书馆学发展都产生了深远的影响。后来的官府、私家等藏书机构的藏书目录，基本都继承于此或者在此基础上不断演进，从而形成了《汉书·艺文志》《隋书·经籍志》等影响中华文化传承与文明发展的重要目录学著作。因此，我们站在中国古代图书馆学发展的起点上，有信心展望图书馆学在继承和创新的过程中不断向前发展。

主要参考文献

巴兆祥.方志学新论.上海：学林出版社，2004.

白国应.杜威十进分类法对我国图书分类法的影响：纪念杜威十进分类法出版120周年.上海高校图书情报学刊，1996（3）.

白国应.钱亚新的图书分类思想.江苏图书馆学报，2001（2）.

白国应.中国近代文献分类法的里程碑：纪念沈祖荣、胡庆生合编的《仿杜威书目十类法》出版80周年.图书情报论坛，1997（3）.

班固.汉书.北京：中华书局，1962.

班固撰，颜师古注.汉书艺文志.上海：商务印书馆，1955.

北京大学信息管理系编.王重民先生百年诞辰纪念文集.北京：北京图书馆出版社，2003.

毕沅校正.三辅黄图.北京：商务印书馆，1936.

蔡成普.邓衍林对我国参考咨询事业的贡献.山东图书馆学刊，2018（6）.

仓修良.方志学通论.济南：齐鲁书社，1990.

曹慕樊.目录学纲要.重庆：西南师范大学出版社，1988.

曹子西、朱明德主编.中国现代方志学.北京：方志出版社，2005.

柴纯青.中国图书馆学史：传统及其分析.图书馆，1993（3）.

陈传夫.近代目录学的基本流派及其理论成就.四川图书馆学报，1985（5）.

陈传夫.略论中国现代"新目录学"的基本流派.晋图学刊，1991（3）.

陈德弟.秦汉至五代官私藏书研究.天津：天津古籍出版社，2012.

陈登原.古今典籍聚散考.上海：华东师范大学出版社，2010.

陈国符.道藏源流考.北京：中华书局，1963.

陈林.程俱与郑樵图书馆学思想之比较.福州大学学报（哲学社会科学版），2000（4）.

陈少川.祁承㸁藏书建设思想浅析.山东图书馆季刊，1988（1）.

陈少川.周永年藏书建设理论浅探.河南图书馆学刊，1988（4）.

陈寿撰，裴松之注.三国志.北京：中华书局，1959.

陈戍国点校.周礼·仪礼·礼记.长沙：岳麓书社，2006.

陈源蒸.重读《图书馆学要旨》：也谈图书馆学前辈学术著作的传与读.中国图书馆学报，2008（1）.

陈祖武.清儒学术拾零.长沙：湖南人民出版社，2002.

程焕文.百年沧桑　世纪华章：20世纪中国图书馆事业回顾与展望.图书馆建设，2004（6）.

程焕文.藏而致用　流通开放：中国古代私人藏书的本质和主流.图书馆学研究，1987（4）.

程焕文.晚清图书馆学术思想史.北京：北京图书馆出版社，2004.

程焕文.中国图书文化导论.广州：中山大学出版社，1995.

程焕文.中华民国时期图书馆学术史序说.中山大学学报（哲学社会科学版），1988（2）.

程千帆.校雠目录辨.文献，1981（1）.

程亚男.书海听涛：图书馆散论.北京：北京图书馆出版社，2001.

崔广社、崔云格.简论梁启超的中国图书馆学思想.图书情报工作，1995（3）.

崔然.第一代图书馆学人群体形象描述.河南图书馆学刊，2015（7）.

戴南海.校勘学概论.西安：陕西人民出版社，1986.

戴煜滨.论李小缘先生超时代的图书馆学思想.图书情报工作，1997（5）.

邓小昭.陈誉先生的图书馆学情报学教育思想与实践.上海高校图书情报学刊，2000（3）.

邸念雄.评王振鹄的图书馆学思想与方法.图书馆学研究，1989（3）.

董诰等编.全唐文.北京：中华书局，1983.

杜佑.通典.长沙：岳麓书社，1995.

杜预注，孔颖达等正义.春秋左传正义：附校勘记.上海：上海古籍出版社，1990.

范并思、邱五芳、潘卫等编著.20世纪西方与中国的图书馆学：基于德尔斐法测评的理论史纲.北京：北京图书馆出版社，2004.

范凡.杜定友访日开启中日图书馆学双向交流的"圕时代".山东图书馆学刊，2014（4）.

范凡.民国时期图书馆学人.图书与情报，2011（1）.

范凡.民国时期图书馆学著作出版与学术传承.北京：国家图书馆出版社，2011.

范凤书.中国私家藏书史.郑州：大象出版社，2001.

范晔撰，李贤等注.后汉书.北京：中华书局，1965.

房玄龄等撰.晋书.北京：中华书局，1974.

封演.封氏闻见记.北京：中华书局，1985.

傅荣贤、李满花、刘伟等.中国古代图书馆学为什么没有被建构为一门成熟的现代学科：中国古代图书馆学学科建设研究之一.山东图书馆学刊，2009（1）.

傅荣贤.《汉书·艺文志》研究源流考.合肥：黄山书社，2007.

傅荣贤.《中国古代图书馆学史》课程应该教什么.大学图书馆学报，2008（3）.

傅荣贤.浅论阮孝绪《七录·序》的目录学思想及其影响.图书馆理论与实践，2011（5）.

傅荣贤.什么是"中国古代图书馆学思想史".图书情报工作，2011（23）.

傅荣贤.中国古代图书馆学思想史.合肥：黄山书社，2016.

傅璇琮、谢灼华主编.中国藏书通史.宁波：宁波出版社，2001.

高传章.《周礼》的图书馆学思想.图书馆学研究，1988（6）.

龚蛟腾.古代图书馆学学理反思与秉承.大学图书馆学报，2011（3）.

顾烨青.中国近现代图书馆学人史料建设：现状与展望.大学图书馆学报，2010（3）.

管锡华.汉语古籍校勘学.成都：巴蜀书社，2003.

何官峰."求书"文化史与文化解释：中国藏书文化史研究的一种新视角//天一阁博物馆编.天一阁文丛：第8辑.杭州：浙江古籍出版社，2010.

何官峰.古代图书馆学人及论著研究综述.山东图书馆学刊，2016（1）.

何官峰.图书馆学史理论研究综述.图书馆研究，2015（8）.

何官峰.中国图书馆学史研究述评.图书馆论坛，2015（4）.

何休解诂，徐彦疏，刁小龙整理.春秋公羊传注疏.上海：上海古籍出版社，2014.

洪迈.容斋随笔.长春：吉林文史出版社，1994.

胡应麟.少室山房笔丛.北京：中华书局，1958.

黄复超.阮孝绪及其对目录学的贡献.郑州大学学报（哲学社会科学版），1988（2）.

黄晖.论衡校释（附刘盼遂集解）.北京：中华书局，1990.

黄宗忠、郭玉湘、陈冠忠.关于图书馆学的对象和任务.图书馆学通讯，1960（5）.

黄宗忠编著.图书馆学导论.武汉：武汉大学出版社，1988.

贾连翔.战国竹书形制及相关问题研究：以清华大学藏战国竹简为中心.上海：中西书局，2015.

蒋冬清.周永年《儒藏说》及其图书馆学思想论.四川图书馆学报，1998（2）.

蒋光煦著，梁颖校点.东湖丛记.沈阳：辽宁教育出版社，2001.

蒋永福.图书馆学通论.哈尔滨：黑龙江大学出版社，2009.

蒋元卿编.中国图书分类之沿革.上海：中华书局，1937.

金敏甫.中国图书馆学术史.中山大学图书馆周刊，1928（2）.

柯平、岳修志、李卓卓.图书馆学发展规律探究.情报资料工作，2006（4）.

柯平.王重民与姚名达的目录学思想比较研究.图书与情报，2003（4）.

况能富.东西方图书馆学奠基者事略.图书情报工作，1983（6）.

况能富.略论图书馆学知识的萌芽和积累过程.图书与情报，1985（C1）.

况能富.图书馆学思想发展论纲.图书情报知识，1982（4）.

来新夏、柯平主编.目录学读本.上海：上海交通大学出版社，2014.

来新夏.古典目录学.北京：中华书局，1991.

来新夏等.中国古代图书事业史.上海：上海人民出版社，1990.

李昉等.太平御览.北京：中华书局，1960.

李刚、倪波.分期的意识形态：兼论"20世纪中国图书馆学".图书情报工作，2002（6）.

李刚、倪波.中国现代图书馆学的确立.图书情报工作，2000（1）.

李剑平编著.中国古建筑名词图解辞典.太原：山西科学技术出版社，2011.

李民、王健.尚书译注.上海：上海古籍出版社，2004.

李彭元.试论杜定友先生的公共图书馆思想.图书馆，2012（1）.

李瑞良.中国古代图书流通史.上海：上海人民出版社，2000.

李万健.中国著名目录学家传略.北京：书目文献出版社，1993.

李文瑞主编.刘国钧文集.南京：南京师范大学出版社，2001.

李延寿.北史.北京：中华书局，1974.

李延寿.南史.北京：中华书局，2000.

梁启超.饮冰室合集.北京：中华书局，1989.

梁元帝.金楼子.北京：中华书局，1985.

林艾园.应用校勘学.上海：华东师范大学出版社，1997.

刘国钧.什么是图书馆学.中国科学院图书馆通讯，1957（1）.

刘纪泽.目录学概论.上海：中华书局，1931.

刘亮、杨玉麟.30年来民国图书馆学思想研究述略.图书馆，2011（3）.

刘亮.民国时期图书馆学思想的特征、影响和局限.图书馆建设，2011（12）.

刘琳、吴洪泽.古籍整理学.成都：四川大学出版社，2003.

刘盼遂、郭预衡主编.中国历代散文选：下.北京：北京出版社，1980.

刘毅.丘濬图书馆学思想评价.广东图书馆学刊，1985（2）.

刘应芳.从中西文化观看梁启超的图书馆学本土化理念.图书馆学研究，2015（7）.

刘渝生.中国藏书起源史.南昌：江西人民出版社，1994.

刘兹恒.20世纪初我国图书馆学家在图书馆学本土化中的贡献.图书与情报，2009（3）.

陆德明.经典释文.上海：上海古籍出版社，1985.

马端临.文献通考.北京：中华书局，1986.

宓浩主编，宓浩、刘迅、黄纯元编著.图书馆学原理.上海：华东师范大学出版社，1988.

南开大学图书馆学系等编.理论图书馆学教程.天津：南开大学出

版社，1981.

倪士毅.中国古代目录学史.杭州：杭州大学出版社，1998.

倪晓建.刘向、刘歆和《别录》《七略》.图书情报知识.1980（1）.

牛红亮.祁承爜的澹生堂藏书及其目录学思想.图书馆建设，2000（4）.

潘铉.略论郑樵对图书馆学的贡献.江苏图书馆工作，1983（4）.

潘吉星.中国造纸技术史稿.北京：文物出版社，1979.

潘燕桃.近60年来中国公共图书馆思想研究（1949—2009）.广州：中山大学出版社，2011.

潘勇.余嘉锡与张舜徽目录学思想比较研究.湖北经济学院学报（人文社会科学版），2006（5）.

彭斐章、付先华.20世纪中国目录学研究的回眸与思考.图书馆论坛，2004（6）.

彭斐章、王心裁.20世纪中国目录学：发展历程、成就与局限.高校图书馆工作，1999（2）.

彭斐章、谢灼华、乔好勤编.目录学研究文献汇编.武汉：武汉大学出版社，1996.

钱大昕.补元史艺文志.北京：中华书局，1985.

钱鹏.议"图书馆学史"研究.图书馆建设，2005（3）.

钱玄.校勘学.南京：江苏古籍出版社，1988.

钱亚新、白国应编.杜定友图书馆学论文选集.北京：书目文献出版社，1988.

钱亚新.祁承爜——我国图书馆学的先驱者.图书馆，1962（1）.

钱亚新.我国图书馆学的奠基人——郑樵.安徽大学学报（哲学社会科学版），1980（3）.

乔好勤.关于《七志》的几个问题.四川图书馆学报，1987（4）.

乔好勤编著.中国目录学史.武汉：武汉大学出版社，1992.

卿希泰主编.中国道教史：第1卷.成都：四川人民出版社，1988.

丘濬著，蓝田玉、王家忠、许山河等校点.大学衍义补.郑州：中州古籍出版社，1995.

任继愈主编.中国藏书楼.沈阳：辽宁人民出版社，2001.

申畅.中国目录学家传略.郑州：中州古籍出版社，1987.

沈约.宋书.北京：中华书局，1974.

史永元、张树华编.刘国钧图书馆学论文选集.北京：书目文献出版社，1983.

舒大刚.中国孝经学史.福州：福建人民出版社，2013.

司马迁撰，裴骃集解，司马贞索隐，张守节正义.史记.北京：中华书局，2000.

孙钦善.中国古文献学史简编.北京：高等教育出版社，2001.

谭迪昭编著.图书馆学概论.广州：中山大学出版社，1996.

谭迪昭主编.图书馆学基础知识.广州：中山大学出版社，1986.

谭华军.知识分类：以文献分类为中心.南京：东南大学出版社，2003.

汤一介.魏晋南北朝时期的道教.西安：陕西师范大学出版社，1988.

唐明元.魏晋南北朝目录学研究.成都：巴蜀书社，2009.

涂晶晶.管窥刘向、刘歆对目录学之贡献.学术探索，2012（8）.

万国鼎编.中国历史纪年表.北京：中华书局，1978.

汪辟疆.目录学研究.上海：商务印书馆，1934.

汪荣祖.史传通说：中西史学之比较.北京：中华书局，1989.

王国维.观堂集林.北京：中华书局，1959.

王鸣盛撰，黄曙辉点校.十七史商榷.上海：上海古籍出版社，2013.

王先慎集解，姜俊俊校点.韩非子.上海：上海古籍出版社，2015.

王心裁.从古典目录学到现代目录学：中国目录学产生发展演变的轨迹.图书情报工作，1999（4）.

王余光、汪涛、陈幼华.中国文献学理论研究百年概述.图书与情报，1999（3）.

王余光."民国图书馆学学人研究"引言.图书馆杂志，2020（1）.

王余光."中国图书馆学史研究"引言.图书馆建设，2019（2）.

王余光.藏书家、文献家与文献学家.图书情报工作，2009（11）.

王余光.略论20世纪中国文献学家.图书情报工作，2006（2）.

王余光.清以来史志书目补辑研究.图书馆学研究，2002（3）.

王余光.试论中国图书馆学史研究中的几个问题.图书馆论坛，2015（4）.

王余光.图书馆学前辈学术著作的传与读.图书情报工作，2005（1）.

王余光.图书馆学史研究与学术传承.山东图书馆学刊，2009（2）.

王余光.王重民先生的生平与著述.图书情报工作，2003（5）.

王余光.文献学研究的新进展.江西图书馆学刊，2005（2）.

王余光.再论文献学.图书情报知识，1997（1）.

王余光.中国图书馆学史研究专题导言.图书馆.2015（11）.

王重民.《七志》与《七录》.图书馆，1962（1）.

王子今.20世纪中国历史文献研究.北京：清华大学出版社，2002.

王子舟.20世纪中国图书馆学发展的三次高潮.图书情报工作，1998（2）.

王子舟.杜定友和中国图书馆学.北京：北京图书馆出版社，2002.

王子舟.建国六十年来中国的图书馆学研究.图书情报知识，2011（1）.

王子舟.图书馆学基础教程.武汉：武汉大学出版社，2003.

王子舟.中国图书馆学教育九十年回望与反思.中国图书馆学报，

2009（6）.

王宗昱. 《道教义枢》研究. 上海：上海文化出版社，2001.

韦庆媛、邓景康主编. 戴志骞文集. 北京：国家图书馆出版社，2016.

韦庆媛. 对民国时期图书馆学者研究的回顾与展望. 图书馆论坛，2016（7）.

韦庆媛. 记文华图书科第二届毕业生王文山. 图书情报知识，2010（4）.

韦庆媛. 民国时期涉华外国图书馆学者群体的构成及分析. 图书馆，2018（5）.

魏收. 魏书. 北京：中华书局，1974.

魏徵、令狐德棻. 隋书. 北京：中华书局，1973.

吴稌年. 文献分类与学术转型. 图书馆理论与实践，2008（3）.

吴稌年. 中华图书馆协会对外交流的首件大事：鲍士伟考察中国图书馆85周年. 图书馆，2011（2）.

吴慰慈、张久珍. 新中国图书馆学研究六十年. 图书馆杂志，2009（5）.

吴慰慈主编. 图书馆学新探. 北京：北京图书馆出版社，2007.

吴晞. 论中国图书馆的产生. 图书馆工作与研究，1992（2）.

吴则田. 韦棣华在中国近代图书馆史上的活动. 图书情报知识，1983（4）.

吴仲强. 论毛坤的图书馆学思想. 四川图书馆学报，1998（2）.

吴仲强. 中国古代图书馆学史论. 图书情报工作，1992（4）.

吴仲强. 中国图书馆学史论. 中国图书馆学报，1992（4）.

吴仲强等. 中国图书馆学史. 长沙：湖南出版社，1991.

伍若梅、张杰. 我国图书馆学史理论研究综述. 图书馆，2012（6）.

奚椿年. 中国书源流. 南京：江苏古籍出版社，2002.

夏含夷. 古史异观. 上海：上海古籍出版社，2005.

萧统选，李善注. 昭明文选. 北京：京华出版社，2000.

萧子显.南齐书.北京：中华书局，1972.

谢欢.中国图书馆学学人研究宏观考察.中国图书馆学报，2016（6）.

谢灼华.孙庆增其人及其书.图书馆学通讯，1986（4）.

谢灼华.中国图书馆学史序论.武汉大学学报（社会科学版），1985（3）.

熊静.论中国图书馆学的历史分期.山东图书馆学刊，2016（1）.

熊静.民国目录学研究述评.图书馆杂志，2017（11）.

熊静.明清常熟派藏书"措理之术"探析.图书馆建设，2019（2）.

徐国仟主编.目录学.北京：中国医药科技出版社，1994.

徐仕敏.过去千年中国图书馆学发展的形式特征.图书情报工作，2000（9）.

徐昕.论《汉书·艺文志》附注的价值.古籍整理研究学刊，1994（4）.

徐雁、王雁均主编.中国历史藏书论著读本.成都：四川大学出版社，1990.

徐雁.我国古代藏书实践和藏书思想的历史总结：中国古代藏书学述略.四川图书馆学报，1986（1）.

姚宽、陆游撰，孔凡礼点校.西溪丛语·家世旧闻.北京：中华书局，1993.

姚名达.中国目录学年表.上海：上海书店，1989.

姚名达.中国目录学史.长春：吉林人民出版社，2013.

姚思廉.梁书.北京：中华书局，1973.

易雪梅.刘国钧先生与国立西北图书馆：兼论刘国钧的办馆思想.图书与情报，1986（4）.

尹吉星、邓小昭.关于第二代学人图书馆学思想研究的综述.图书馆，2011（6）.

永瑢等.四库全书总目.北京：中华书局，1965.

余嘉锡.目录学发微.成都：巴蜀书社，1991.

张君房编，李永晟点校.云笈七签.北京：中华书局，2003.

张树华.刘国钧教授生平及学术思想简介.吉林省图书馆学会会刊，1981（4）.

张树华.中国"前图书馆学"的发展及有关文献.大学图书馆学报，2012（3）.

张舜徽.中国文献学.武汉：华中师范大学出版社，2004.

张舜徽选编.文献学论著辑要.西安：陕西人民出版社，1985.

章学诚.章学诚遗书.北京：文物出版社，1985.

章学诚著，王重民通解，傅杰导读，田映曦补注.校雠通义通解.上海：上海古籍出版社，2009.

章学诚著，叶瑛校注.文史通义校注.北京：中华书局，1985.

赵国璋、潘树广主编.文献学辞典.南昌：江西教育出版社，1991.

赵令志编著.中国民族历史文献学.北京：中央民族大学出版社，2006.

赵晓.民国图书馆学学人研究述评（1999—2019）.图书馆杂志，2020（1）.

赵元斌.民国图书馆学人综论.图书馆，2015（11）.

郑锦怀.中国图书馆学教育的肇始者——克乃文生平略考.图书馆，2013（1）.

郑锦怀.中国现代图书馆先驱戴志骞研究.青岛：中国海洋大学出版社，2017.

郑锦怀.中国现代图书馆学人对美国汉学的3种贡献.图书馆建设，2013（9）.

郑樵.通志.杭州：浙江古籍出版社，2000.

郑全太.我国图书馆学史学科建设亟待加强.图书馆学研究，2001（3）.

郑玄注.周礼郑氏注.北京：中华书局，1985.

郑永田.试论刘迅先生的图书馆学思想.图书馆建设，2009（1）.

中国科学技术协会主编，中国图书馆学会编著.中国图书馆学学科史.北京：中国科学技术出版社，2014.

钟肇鹏.七略别录考.文献，1985（3）.

周少川.文献传承与史学研究.北京：北京师范大学出版社，2011.

周文骏、王红元编.中国图书馆学研究史稿.北京：北京大学出版社，2011.

周晓燕.论杨昭悊及其图书馆学思想.四川图书馆学报，1999（5）.

周欣娟.图书馆学理论先驱郑樵.学理论，2011（13）.

周余姣.邓衍林之生平、著述与贡献.中国图书馆学报，2017（1）.

朱崇先主编.中国少数民族古典文献学.北京：民族出版社，2005.

邹振环.中国图书分类法的沿革与知识结构的变化.复旦学报（社会科学版），1987（3）.

左玉河.从四部之学到七科之学：学术分科与近代中国知识系统之创建.上海：上海书店出版社，2004.

左玉河.中国近代学术体制之创建.成都：四川人民出版社，2008.

索　引

【人　名】

B

班固 8，58，62，65，162，209，211，246，258，260—265，267，272—276，278，300，318

鲍士伟 84

C

蔡邕 221，222，224

蔡元培 39

曹溶 59，62，66

曹曾 221，222

曹之 127，128

晁公武 65，164，258

陈登原 16，147，189，190

陈东原 83

陈光祚 116

陈国符 229，230

陈垣 88，96，99，102，116，117，148

陈振孙 65，164，258

程俱 38，58—60，62，65

程千帆 114，116，148，149

D

戴志骞 75，83，87，88，171

丁申 66

杜定友 6，7，23，34，36，40，42，51，57，75，80，81，83，89，116—118，121，122，147，168

杜林 220，267

杜威 6，110，120，121，122，123

F

范钦 65

封演 187

伏生 219

傅璇琮 146，213

傅增湘 88，116，117，147，148

G

高濂 59，66，164

顾颉刚 89

顾实 88，280

顾廷龙 90，147，148

郭泰 221

H

韩非 64，162，178，233，242—244

洪迈 188

洪业 89，116

洪有丰 57，89，171

胡道静 88

胡适 82，116，119

胡应麟 59，66，164，188

桓谭 220，221

黄侃 116

黄永年 97，98，127，130

黄宗羲 59，66

黄宗忠 21，35，44，59，152，154，155，236

惠施 218

J

蒋伯潜 107，116，117，147

焦竑 59，65，164

金敏甫 34，36，84，91，151

K

康有为 116，117，126，181

克乃文 84，168

孔鲋 219

孔腾 219

孔天监 58，59，65

孔子 58，64，117，162，178，202，217，218，222，233，238—242，264，268，269，273，318

况能富 37，38，43，48，60，152，154，236，237

L

来新夏 53，97，104，107，

132，134，260

老子 64，162，178，207，233，238，239

李大钊 40，82，88

李斯 188—190

李小缘 40，57，75，83，89，114，116，124，168，171

李约瑟 146

梁启超 17，19，33，39，82，88，113，116，117，125，126，148，228，276，280

梁思庄 91

刘安 220，222，289

刘德 219，221，222

刘国钧 7，8，36，40—42，51，53，57，75，80，81，83，90，116，120，122，168

刘向 7，34，58，59，62，65，151，162，210，211，220，222，245—249，251—260，264，265，267—269，271，273，275，279，296，297，311，318，326

刘歆 34，58，59，62，65，151，162，190，191，211，220，222，245，248，253—256，258—260，264，265，271，273，275，279，

280，300，308，311，318，321，323，326

柳诒徵 83，88，116，117，147，148

鲁迅 116

陆德明 65，312

陆深 188

吕绍虞 83，91，105，109，171

伦明 88，116，147，171

M

马丁·施雷廷格 6

马端临 65，164，190，236，246

麦耶 7

毛晋 66

毛坤 41，90，116

宓浩 35，62，152，154，155

缪荃孙 116，117

墨子 178，217，218，222

N

牛弘 58，59，65，163，187，188，190—192

P

皮高品 41，53，90，120，171

Q

祁承㸁 39，59—62，66，164

钱存训 145

钱基博 88，116，117，148

钱谦益 59，66

钱亚新 39，41，59，83，90，116，171

钱曾 66

丘濬 39，59，60，62，65，164，188，190

裘开明 83，87，89

R

任继愈 146

容肇祖 116

阮孝绪 34，65，162，192，225，230，246，257，259，277，279，306，308，310，312，313，315—325

S

沈祖荣 39，42，51，57，75，83，88，89，116，117，120，121，123，168

施廷镛 89，116，127

司马迁 189，209，238，239，263，279，300

苏秦 218

孙殿起 116，117，171

孙楷第 89，116，117，147，148

孙庆增 59，60，62，66

孙诒让 116

孙毓修 88，117

W

汪辟疆 114，116，119，148

汪荣祖 280，281

汪应文 91

王国维 88，116，117，147，148，205

王俭 34，65，162，225，259，277，279，306—315，319，321—324

王肃 65，162，282—285

王应麟 190，268

王云五 83，88，116，117

王重民 40，41，90，104，106，116—118，126，147，148，171，312

韦棣华 39，71，75，84，167，168，171

魏徵 58，59，62，65，163，235

文不识 220

毋煚 65，257

X

萧绎 162，188，192，282，286—293

徐乃昌 116

荀勖 34，65，162，192，227，259，292，295—302，304，318

Y

严文郁 91

杨守敬 116，117

杨昭悊 6，40，75，88，171

姚际恒 116

姚名达 90，105，109，116—118，126，148，171，252，260，325

叶昌炽 116

叶德辉 66，116，117，147

尤袤 65，164

余嘉锡 116—118，126，148

袁同礼 75，83，87，89，116，117，168，171

Z

张华 182，223，224，296，297

张树华 11，40，44，63

张舜徽 25，99，107，116，118，133，148，149，171，253，267，280

张元济 39，82，88，116，147，148

张政烺 116

张之洞 117

章新民 92

章学诚 8，59，61，62，66，132，137，207，237，247，251，253，325

赵元任 82

郑观应 82

郑鹤声 19，116，148

郑默 259，292，296—298，318

郑樵 8，34，38，39，58—62，65，163，164，311，314，325

郑振铎 116，117，119，147

周永年 59—63，66，151

周作人 82

【文献名】

B

《别录》 58，59，62，65，162，222，245—247，249，251，253—260，265，267，272，275，279，296，297，300，308，319，326

C

《藏书记》 59，65

《藏书记要》 59，60，62，63，66

《藏书十约》 66

《出三藏记集》 228

D

《澹生堂藏书目》 60

《澹生堂藏书约》 59，60，62，63，66

《读书敏求记》 66

F

《范氏东明书目》 65

《方志学》 132，133

《方志学通论》 132，136

《方志学综论》 132

《仿杜威书目十类法》 89，123

《访求遗书疏》 59，62，65

G

《庚申整书小记》 60，62，66

《古籍版本学》 127

《古籍整理概论》 97，98

《古籍整理教程》 98

《古籍整理散论》 97

《古籍整理学》 96，98

《古今书录》 257

《古书版本学概论》 127

《国史经籍志》 65

H

《韩非子》 242—244

《汉书》 209，212，262—264，279，287，290，300

《汉书·艺文志》 58，59，62，63，65，162，194，211，219，229，246—249，251，252，255，256，258，261，263—281，313，318—320，325，326

《华林佛殿众经目录》 228

J

《汲古阁书目》 66

《绛云楼书目》 66

《绛云楼题跋》 66

《校雠通义》 8，59，62，66，247

《校雠新义》 118

《校勘学概论》 99

《金楼子·聚书》 286

《金楼子·著书》 286，291—293

《晋元帝四部书目》 292，303—305，319

《经典释文》 65

《旧唐书·经籍志》 246，276，305

《郡斋读书志》 65，164，305

L

《理论图书馆学教程》 35

《麟台故事》 59，61—63，65

《刘国钧文集》 81

《流通古书约》 62，63，66，201

《论秘书丞郎表》 65，282—284

《论图籍之储》 62，65

M

《秘书不应属少府表》 65，282—285

《明史·艺文志》 276

《目录学》 21，103，111，118

《目录学发微》 110，117，118

《目录学概论》 103，110，114，118

《目录学研究》 114

Q

《七录》 65，225，230，257，

259，277，279，312，313，315—321，323—325

《七略》 8，58，59，62，65，162，190，191，211，222，245，247，249，251，253—256，258—260，264，265，271，272，274，275，280，281，298—301，307—314，318—324，326

《七志》 65，225，259，277，279，306—315，319，321，323

《齐世众经目录》 228

《清代图书馆发展史》 90

《清史稿·艺文志》 276

《请开献书之路表》 59，65，163，187，190，191

R

《儒藏说》 59，61—63，66，151

S

《三洞经书目录》 230

《三洞珠囊》 230

《尚书·金縢》 64，162，233—235

《少室山房笔丛》 66

《书林清话》 66

《四明范氏书目》 65

《宋史·艺文志》 164，276，288，305

《隋书·经籍志》 59，62—65，163，185，191，192，212，214，215，246，262，276—279，283，288，293，296—299，304，305，307，308，310，313，316，324—326

《遂初堂书目》 65，164

《索引和索引法》 90

T

《陶隐居经目》 230

《天一阁藏书记》 66

《通志》 61，308

《通志·校雠略》 59，61—63，65，163

《通志·图谱略》 65，311，314

《通志·艺文略》 63，65，164

《图书馆》 88，123

《图书馆学》 6，88，89

《图书馆学导论》 35，59，152

《图书馆学概论》 3，36，89

《图书馆学基础教程》 20，36，62

《图书馆学通论》 36，59，90

《图书馆学新探》 35

《图书馆学要旨》 41，90

《图书馆学原理》 35，62，152

W

《魏中经簿》 296，297

《文献通考》 190，213

《武林藏书录》 66

X

《西学书目表》 113，115，117

《新唐书·艺文志》 246，276，305

《玄都经目》 230

Y

《燕间清谈笺·论藏书》 66

《隐湖题跋》 66

《元魏众经目录》 228

Z

《直斋书录解题》 65，164，258

《中国藏书楼》 146

《中国藏书通史》 146，213

《中国古代图书流通史》 145

《中国古籍版本学》 127，128

《中国近现代目录学简史》 110

《中国目录学家辞典》 108，117

《中国目录学家传略》 117

《中国目录学史》 105，106，109，110，117，118

《中国目录学史稿》 105，109

《中国目录学思想史》 105，110

《中国图书编目法》 89

《中国图书馆学史》 19，21，22，34—36，42，47，58，152，159—161，171

《中国图书馆学研究史稿》 35

《中国文献史》 22，144

《中国现代图书馆概况》 91

《中国纸和印刷文化史》 145

《中国著名目录学家传略》 108，117

《中经新簿》 65，217，227，259，292，295—302，304，305

《众经目录》227

《周礼·秋官》64

【专有名词】

B

版本学 8，11，16，18，23，29，36，41，97，98，104，107，127，128，131，148，151，154，201

C

藏书家精神 201，225

藏书楼 11—15，17，22，60，63，68—70，165，170，201

藏书票 201

藏书文化 8，17，27，146，175，179，180，193，194，199，201，214，215，223，225，226，230，231，234，244

藏书印 201

传统图书馆学 11，29，32，70，157，158，166，175

措理之术 16—18，22，23，

《综理众经目录》227

《遵生八笺》66

159，162，166

D

东观令 216

F

方志学 131—134，136，137

G

古代图书馆学 9—12，15，16，18—23，28，29，31，33，36，37，39，43，48，49，56，58，59，61—67，69—71，95，152—155，157，159，161，164

官府藏书 64，162，163，201—203，205—208，210—217，256，274，275，301，316

广内 210，211

J

简帛 99，100，143，180，182，

184，201

校雠学 11，18，19，23，28，29，36，61，66，100，107，114，151，154，166，247，251，253，260

校勘学 8，11，96，99—103，105，107，128，201，251

金匮 209—211

L

兰台 187，191，195，209，211，212，216，221，262，285，311

M

秘府 210，211，216，247，264，297

秘书监 163，164，192，213，216，282，284—286，296—299，318，319

秘书令 216

秘书省 216

P

辟藏 64，162，233，235—237

Q

麒麟阁 210，211

求书 63，163，193—200，211，215

S

石渠阁 210

石室 187，191，195，209—212

史志目录 124，143，163，259，265，274—276，278，279

书厄 162，186—190，192，193，318

书院藏书 162，201

私家藏书 201，217，222—225

T

太史令 203，211，248，256，264

天禄阁 210，211，318

X

现代图书馆学 10，11，16，27，

29，32，36，41，64，75，77，152，153，158，166，171

Y

延阁 194，210，211

Z

纸书 178，180，181，201

治书 65，162，233，239，240

中华图书馆协会 17，33，86，169，170

周守藏室之史 162，207，233，238